高校图书馆发展蓝皮书
2015

教育部高等学校图书情报工作指导委员会　编

高等教育出版社·北京

内容提要

　　《高校图书馆发展蓝皮书》是反映中国高校图书馆发展现状的第一部正式报告。该书内容全面而深入，包括高校图书馆发展概况、高校图书馆从业人员状况、高校图书馆年度经费状况、高校图书馆文献资源状况、高校图书馆服务状况、高校图书馆科学研究与专业人才培养、高校图书馆合作与共享状况和高校图书馆发展趋势八个部分，以翔实的数据和事实资料比较完整地勾画了我国高校图书馆事业的发展现状和发展特点。本书旨在促进各图书馆的科学管理；为各级相关主管部门和高校图书馆制定政策与进行决策提供借鉴；为广大社会公众了解高校图书馆事业发展提供重要的渠道和窗口。

　　本书适用对象：高等教育管理者、图书馆从业人员、图书馆学学生、关心图书馆发展的社会人士。

图书在版编目（CIP）数据

　　高校图书馆发展蓝皮书 . 2015/教育部高等学校图书情报工作指导委员会编 . --北京：高等教育出版社，2016. 12

　　ISBN 978-7-04-047188-5

　　Ⅰ.①高… Ⅱ.①教… Ⅲ.①院校图书馆-图书馆发展-研究报告-中国-2015 Ⅳ.①G258.6

　　中国版本图书馆 CIP 数据核字（2016）第 308822 号

高校图书馆发展蓝皮书
Gaoxiao Tushuguan Fazhan Lanpishu

策划编辑	刘涤非	责任编辑　刘涤非	封面设计　张　志	版式设计　张　杰		
插图绘制	杜晓丹	责任校对　高　歌	责任印制　毛斯璐			

出版发行	高等教育出版社	网　　址	http://www.hep.edu.cn
社　　址	北京市西城区德外大街4号		http://www.hep.com.cn
邮政编码	100120	网上订购	http://www.hepmall.com.cn
印　　刷	三河市骏杰印刷有限公司印刷		http://www.hepmall.com
开　　本	787mm×960mm　1/16		http://www.hepmall.cn
印　　张	19.75		
字　　数	250 千字	版　　次	2016年12月第1版
购书热线	010-58581118	印　　次	2016年12月第1次印刷
咨询电话	400-810-0598	定　　价	58.00 元

序　言

为全面把握我国高校图书馆建设现状,促进高校图书馆事业的科学发展,教育部高等学校图书情报工作指导委员会(以下简称教育部高校图工委)战略规划工作组第一次工作会议初步提出了《高校图书馆发展蓝皮书(2015)》(以下简称《蓝皮书》)的编撰方案。经教育部高校图工委各工作组推选,成立了《蓝皮书》编撰工作组,并于 2015 年 6 月,在北京大学图书馆召开了《蓝皮书》编撰工作座谈会,正式启动了《蓝皮书》的编撰工作。

编撰工作组希望通过《蓝皮书》的编撰,一方面能加强各图书馆之间的相互了解和资源共享,促进各图书馆的科学管理,引领高校图书馆事业的科学发展;另一方面对我国高校图书馆建设现状有一个宏观的了解和总体把握,为各级相关主管部门和高校图书馆制定政策与进行决策提供借鉴,有的放矢地指导工作;同时,也为高等教育工作者特别是图书馆从业人员深入开展图书馆事业研究提供基础资料,为广大社会公众了解高校图书馆事业发展提供重要的渠道和窗口。

《蓝皮书》内容全面而深入,包括高校图书馆发展概况、高校图书馆从业人员状况、高校图书馆年度经费状况、高校图书馆文献资源状况、高校图书馆服务状况、高校图书馆科学研究与专业人才培养、高校图书馆合作与共享状况和高校图书馆发展趋势八个部分,以翔实的数据和事实资料比较完整地勾画了我国高校图书馆事业的发展现状和发展特点,并基于数据分析进行了对比研究。

《蓝皮书》是反映中国高校图书馆发展现状的第一部正式报告,由教育部立项。其编撰受到教育部相关部门的重视和图书馆界的广泛关注,得到了多所高校图书馆人员的参与和支持。《蓝皮书》的撰写工作由教育部图工委主任、北京大学图书馆朱强馆长牵头并负责项目策划,由教育部高校图工委战略规划组副组长、西南交通大学图书馆高凡馆长负责组织协调;教育部高校图工委馆舍与环境建设工作组副组长、东南大学图书馆顾建新馆长负责第一章"高校图书馆发展概况"的编撰;教育部高校图工委人力资源建设工作组成员、北京师范大学图书馆张奇伟馆长负责第二章"高校图书馆从业人员状况"的编撰;高凡馆长负责第三章"高校图书馆年度经费状况"、第四章"高校图书馆文献资源状况"4.1至4.3节的编撰和《蓝皮书》的统稿工作;厦门大学图书馆钟建法研究馆员负责第四章"高校图书馆文献资源状况"4.4节的编撰;教育部高校图工委古籍、特藏整理与保护工作组成员,复旦大学图书馆严峰书记负责第四章"高校图书馆文献资源状况"4.5节的编撰;教育部高校图工委读者服务创新与推广工作组成员、华中师范大学李玉海馆长负责第五章"高校图书馆服务状况"5.1至5.4节的编撰;教育部高校图工委信息素养教育工作组副组长、沈阳师范大学图书馆王宇馆长负责第五章"高校图书馆服务状况"5.5节的编撰;教育部高校图工委期刊及信息计量研究工作组副组长、中国人民大学图书馆索传军副馆长负责第六章"高校图书馆科学研究与专业人才培养"的编撰;教育部高校图工委秘书长、北京大学图书馆陈凌副馆长负责第七章"高校图书馆合作与共享状况"的编撰;教育部高校图工委信息技术应用工作组副组长、重庆大学图书馆彭晓东书记负责第八章"高校图书馆发展趋势"初稿的编撰,兰州大学图书馆沙勇忠馆长负责撰写8.1节"技术发展趋势",南方医科大学图书馆顾萍馆长负责撰写8.2节"服务发展趋势",上海交通大学图书馆陈进馆长负责撰写8.3节"管理体制创新",安徽大学图书馆储节旺馆长负责撰写8.4节"人才队伍建设"。除此之外,数据的采集得到了各高校图书馆相关人员的大力支持,在此表示衷心的感谢。

数据主要来源有:教育部官方网站、"高校图书馆事实数据库"、教育部高校图工委秘书处于2015年7月向全国高校图书馆发放的"高校图书馆发展状况(蓝皮书)调查问卷""馆长调查问卷"、国家社科基金网站、研究生招生信息网、各高校图书馆官方网站、中国知网、万方数据、维普数据、e线图情等。由于各高校管理体制、机制等多方面的原因,个别高校图书馆的数据统计口径有一定差异,使用者在分析具体图书馆时应予以注意。

第一次编撰这样一部《蓝皮书》,我们的经验和准备均有不足,错漏和缺憾也在所难免,欢迎读者予以批评指正。

《高校图书馆发展蓝皮书》编撰工作组

2016年8月

目　　录

第1章 高校图书馆发展概况

本章从高校图书馆的类型及数量、高校图书馆的地区分布、高校图书馆的馆舍状况三个维度,反映了我国高校图书馆的发展状况,对我国高校图书馆分布的特点、馆舍状况既从宏观层面进行了分析,又按类型对各高校图书馆的地区分布情况、馆舍建筑面积及生均面积、读者座位总数及生均座位数、在建馆舍面积等情况进行了横向对比,得出相关结论。

本章数据主要来源于"高校图书馆事实数据库"①。

1.1 高校图书馆的类型及数量

教育部网上公布全国共有 2 553 所普通高等学校,含独立设置民办普通高校 447 所,独立学院 275 所,中外合作办学 7 所。"高校图书馆事实数据库"中共收录 2 033 所高校图书馆,通过对该数据库中相关数据的统计以及对重复、无效数据的清理,全国普通高等学校图书馆有效数据为 1 972 所。其中,"985""211"院校图书馆 109 所,见表 1-1;普通本科院校图书馆 828 所;高职高专院校图书馆 1 035 所。表 1-2为 92 所国家级示范性高职院校图书馆。

表 1-1 "985""211"院校图书馆名单

北京(23)	*北京大学图书馆	*中国人民大学图书馆	*清华大学图书馆
	*北京航空航天大学图书馆	*北京理工大学图书馆	*中国农业大学图书馆

---

① 高校图书馆事实数据库,http://libdata.scal.edu.cn/Index.action.

北京 (23)	*北京师范大学图书馆 北京中医药大学图书馆 中央财经大学图书馆 北京邮电大学图书馆 中国政法大学图书馆 北京交通大学图书馆 中央音乐学院图书馆	*中央民族大学图书馆 北京化工大学图书馆 对外经济贸易大学图书馆 中国政法大学图书馆 北京科技大学图书馆 中国传媒大学图书馆	北京工业大学图书馆 北京外国语大学图书馆 北京体育大学图书馆 华北电力大学图书馆 北京林业大学图书馆
天津 (3)	*南开大学图书馆	*天津大学图书馆	天津医科大学图书馆
河北 (1)	河北工业大学图书馆		
上海 (9)	*复旦大学图书馆 *华东师范大学图书馆 上海大学图书馆	*同济大学图书馆 东华大学图书馆 华东理工大学图书馆	*上海交通大学图书馆 上海外国语大学图书馆 上海财经大学图书馆
江苏 (11)	*南京大学图书馆 南京理工大学图书馆 南京农业大学图书馆 南京航空航天大学图书馆	*东南大学图书馆 中国矿业大学图书馆 中国药科大学图书馆 江南大学图书馆	苏州大学图书馆 河海大学图书馆 南京师范大学图书馆
浙江 (1)	*浙江大学图书馆		
福建 (2)	*厦门大学图书馆	福州大学图书馆	
山东 (3)	*山东大学图书馆	*中国海洋大学图书馆	中国石油大学图书馆
广东 (4)	*中山大学图书馆 华南师范大学图书馆	*华南理工大学图书馆	暨南大学图书馆
海南 (1)	海南大学图书馆		
辽宁 (4)	*大连理工大学图书馆 大连海事大学图书馆	*东北大学图书馆	辽宁大学图书馆
吉林 (3)	*吉林大学图书馆	延边大学图书馆	东北师范大学图书馆
黑龙江 (4)	*哈尔滨工业大学图书馆 东北农业大学图书馆	哈尔滨工程大学图书馆	东北林业大学图书馆
山西 (1)	太原理工大学图书馆		
安徽 (3)	*中国科学技术大学图书馆	安徽大学图书馆	合肥工业大学图书馆

江西 (1)	南昌大学图书馆		
河南 (1)	郑州大学图书馆		
湖北 (7)	＊武汉大学图书馆 华中农业大学图书馆 武汉理工大学图书馆	＊华中科技大学图书馆 华中师范大学图书馆	中国地质大学图书馆 中南财经政法大学图书馆
湖南 (3)	＊湖南大学图书馆	＊中南大学图书馆	湖南师范大学图书馆
重庆 (2)	＊重庆大学图书馆	西南大学图书馆	
四川 (5)	＊四川大学图书馆 西南财经大学图书馆	＊电子科技大学图书馆 四川农业大学图书馆	西南交通大学图书馆
贵州 (1)	贵州大学图书馆		
云南 (1)	云南大学图书馆		
西藏 (1)	西藏大学图书馆		
陕西 (7)	＊西安交通大学图书馆 西北大学图书馆 西安电子科技大学图书馆	＊西北工业大学图书馆 长安大学图书馆	＊西北农林科技大学图书馆 陕西师范大学图书馆
甘肃 (1)	＊兰州大学图书馆		
宁夏 (1)	宁夏大学图书馆		
青海 (1)	青海大学图书馆		
新疆 (2)	新疆大学图书馆	石河子大学图书馆	
内蒙古 (1)	内蒙古大学图书馆		
广西 (1)	广西大学图书馆		

注：＊为"985 工程"学校图书馆。

表1-2 国家级示范性高职高专院校图书馆名单①

北京 (22)	北京工业职业技术学院图书馆 北京财贸职业学院图书馆	北京电子科技职业学院图书馆	北京农业职业学院图书馆
天津 (27)	天津职业大学图书馆 天津电子信息职业技术学院图书馆	天津中德职业技术学院图书馆	天津医学高等专科学校图书馆
河北 (60)	邢台职业技术学院图书馆	承德石油高等专科学校图书馆	河北工业职业技术学院图书馆
上海 (30)	上海医药高等专科学校图书馆 上海旅游高等专科学校图书馆	上海公安高等专科学校图书馆	上海工艺美术职业学院图书馆
江苏 (85)	南京工业职业技术学院图书馆 常州信息职业技术学院图书馆	无锡职业技术学院图书馆 苏州工业园区职业技术学院图书馆	江苏农林职业技术学院图书馆
浙江 (46)	宁波职业技术学院图书馆 浙江警官职业学院图书馆	浙江金融职业学院图书馆 温州职业技术学院图书馆	浙江机电职业技术学院图书馆 金华职业技术学院图书馆
福建 (34)	福建交通职业技术学院图书馆	漳州职业技术学院图书馆	
山东 (41)	青岛职业技术学院图书馆 淄博职业学院图书馆	威海职业学院图书馆 日照职业技术学院图书馆	山东商业职业技术学院图书馆 山东科技职业学院图书馆
广东 (80)	番禺职业技术学院图书馆 广东轻工职业技术学院图书馆	深圳职业技术学院图书馆	广州民航职业技术学院图书馆
海南 (11)	海南职业技术学院图书馆		
辽宁 (32)	大连职业技术学院图书馆	辽宁农业职业技术学院图书馆	

---

① 各省份括号内为"高校图书馆事实数据库"中实有的全部图书馆数量。

吉林 (17)	长春汽车工业高等专科学校图书馆	长春职业技术学院图书馆	吉林工业职业技术学院图书馆
黑龙江 (19)	黑龙江建筑职业技术学院图书馆	黑龙江农业工程职业学院图书馆	黑龙江农业经济职业学院图书馆
山西 (48)	山西财政税务专科学校图书馆	山西工程职业技术学院图书馆	
安徽 (36)	芜湖职业技术学院图书馆	安徽水利水电职业技术学院图书馆	安徽职业技术学院图书馆
江西 (40)	九江职业技术学院图书馆		
河南 (49)	黄河水利职业技术学院图书馆 河南职业技术学院图书馆	平顶山工业职业技术学院图书馆	商丘职业技术学院图书馆
湖北 (50)	武汉职业技术学院图书馆 武汉铁路职业技术学院图书馆	武汉船舶职业技术学院图书馆	湖北职业技术学院图书馆
湖南 (83)	长沙民政职业技术学院图书馆 湖南交通职业技术学院图书馆	湖南铁道职业技术学院图书馆 湖南工业职业技术学院图书馆	永州职业技术学院图书馆
重庆 (20)	重庆工业职业技术学院图书馆	重庆工程职业技术学院图书馆	
四川 (58)	成都航空职业技术学院图书馆 四川建筑职业技术学院图书馆	四川工程职业技术学院图书馆 绵阳职业技术学院图书馆	四川交通职业技术学院图书馆 四川电力职业技术学院图书馆
贵州 (11)	贵州交通职业技术学院图书馆		
云南 (14)	云南交通职业技术学院图书馆	昆明冶金高等专科学校图书馆	
西藏 (1)	西藏职业技术学院图书馆		
陕西 (28)	杨凌职业技术学院图书馆	西安航空职业技术学院图书馆	陕西工业职业技术学院图书馆
甘肃 (13)	兰州石化职业技术学院图书馆	甘肃林业职业技术学院图书馆	
宁夏 (10)	宁夏职业技术学院图书馆	宁夏财经职业技术学院图书馆	

青海 (5)	青海畜牧兽医职业技术学 院图书馆	
新疆 (12)	新疆农业职业技术学院图 书馆	克拉玛依职业技术学院图 书馆
内蒙古 (14)	内蒙古建筑职业技术学院 图书馆	包头职业技术学院图书馆
广西 (39)	南宁职业技术学院图书馆	柳州职业技术学院图书馆

注:普通本科院校(含"985""211"院校)图书馆、高职高专院校图书馆和中外合作办学院校图书馆详细名单分别见附录一、二、三。

1.2 高校图书馆的地区分布

按照目前普遍认可的三大经济区划分方法,即东部(北京、天津、河北、上海、江苏、浙江、福建、山东、广东、海南、辽宁)、中部(吉林、黑龙江、山西、安徽、江西、河南、湖北、湖南)、西部(重庆、四川、贵州、云南、西藏、陕西、甘肃、宁夏、青海、新疆、内蒙古、广西),"高校图书馆事实数据库"中的 109 所"985""211"院校图书馆、828 所普通本科院校图书馆、1 035 所高职高专院校图书馆在东、中、西部地区所占比重如图 1-1 所示。

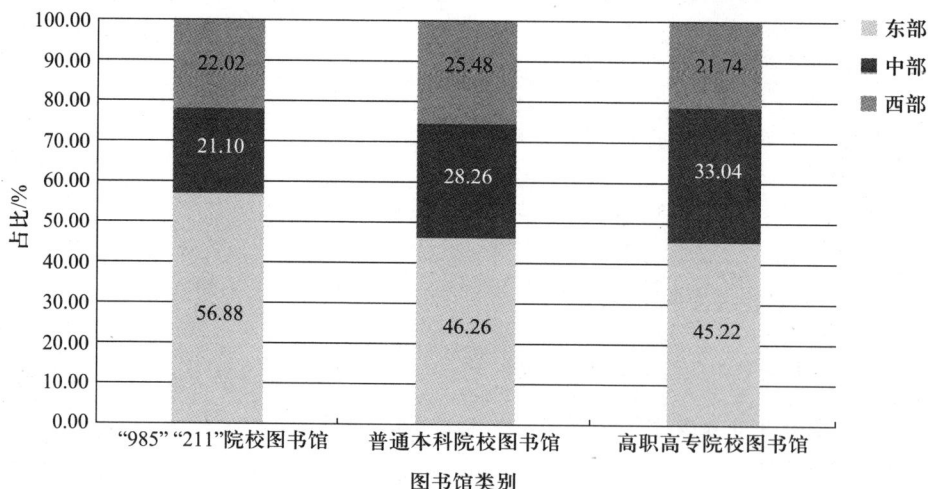

图 1-1 高校图书馆地区分布比重

从图1-1来看,三种类别图书馆均是东部地区所占比重最高,"985""211"院校图书馆主要分布在北京(23所)、江苏(11所)、上海(9所)、湖北(7所)、陕西(7所)和四川(5所),河北、浙江、海南、山西、江西、河南、贵州、云南、西藏、甘肃、宁夏、青海、内蒙古、广西各有1所,其余省、自治区、直辖市各有2至4所不等。普通本科院校图书馆主要集中分布在广东(58所)、江苏(53所)、湖北(51所)、山东(47所)、陕西(43所)、北京(42所)、四川(41所)。分布较少的是海南(5所)、宁夏(4所)、青海(3所)、西藏(2所)。高职高专院校图书馆,主要分布在江苏(85所)、湖南(83所)、广东(80所)、河北(60所)、四川(58所)、湖北(50所)、河南(49所)等中、东部省份,分布较少的是宁夏(10所)、青海(5所)、西藏(1所)等西部省(自治区)。

我国高校图书馆分布具有如下特点:(1)全面性,每省都有若干所普通本科院校图书馆和多所高职高专院校图书馆,并且每省至少有1所"985""211"院校图书馆。(2)层次性,我国高校图书馆包括了"985"院校图书馆、"211"院校图书馆、普通本科院校图书馆、高职高专院校图书馆、民办院校图书馆等类型,结构特征明显、层次感较强。高职高专院校图书馆是我国高校图书馆发展的重要力量,已占高校图书馆总数的52.48%。民办院校图书馆成为我国高校图书馆事业的有机组成部分,在东中西部均有分布,如北京城市学院图书馆、三江学院图书馆、三亚学院图书馆、西安外事学院图书馆、黄河科技学院图书馆等。(3)非均衡性,在数量上,主要集中在广东、江苏、湖南、湖北等省;在类型上,"985""211"院校图书馆集中在北京、上海、江苏等东部经济发达地区,并且普通本科院校图书馆数量优势明显,高职高专院校图书馆主要分布在江苏、湖南、广东、河北、四川、湖北等省。

1.2.1 东部地区

东部 11 省(直辖市)"985"院校图书馆共 24 所,"211"院校图书馆 62 所,普通本科院校图书馆 383 所,高职高专院校图书馆 468 所,图书馆数量占总数的 46.30%。在东部地区,高校图书馆数量居前三位的是江苏、广东和河北,占东部地区高校图书馆总数的 41.95%。其中,"211"院校图书馆居前三位是北京、江苏和上海,占东部"211"院校图书馆总数的 69.35%;普通本科院校图书馆较多的是广东、江苏、山东和北京,海南仅为 5 所;高职高专院校图书馆居前三位是江苏、广东、河北,占东部高职高专院校图书馆总数的 48.08%。具体情况如表 1-3 所示。

表 1-3 东部地区高校图书馆分布

省、自治区、直辖市	图书馆类型			合计	
	"985""211"院校/所	普通本科院校/所	高职高专院校/所	总数/所	占全国比例/%
江苏	11	53	85	149	7.56
广东	4	58	80	142	7.20
河北	1	31	60	92	4.67
山东	3	47	41	91	4.61
北京	23	42	22	87	4.41
浙江	1	37	46	84	4.26
辽宁	4	39	32	75	3.80
上海	9	25	30	64	3.25
福建	2	21	34	57	2.89
天津	3	25	27	55	2.79
海南	1	5	11	17	0.86

1.2.2 中部地区

中部 8 省"985"院校图书馆 7 所,"211"院校图书馆 23 所,普通本科院校图书馆 234 所,高职高专院校图书馆 342 所,中部高校图书馆数量占总数的 30.38%。在中部地区,高校图书馆数量居前三位是湖南、湖北和河南,占中部地区高校图书馆总数的51.09%。其中,"985" "211"院校图书馆和普通本科院校图书馆较多的是湖北;高职高专院校图书馆居前三位是湖南、湖北和河南。具体情况如表1-4所示。

表1-4 中部地区高校图书馆分布

省、自治区、直辖市	图书馆类型			合计	
	"985""211"院校/所	普通本科院校/所	高职高专院校/所	总数/所	占全国比例/%
湖南	3	26	83	112	5.68
湖北	7	51	50	108	5.48
河南	1	36	49	86	4.36
山西	1	25	48	74	3.75
安徽	3	29	36	68	3.45
江西	1	23	40	64	3.25
黑龙江	4	24	19	47	2.38
吉林	3	20	17	40	2.03

1.2.3 西部地区

西部11省(自治区、直辖市)"985"院校图书馆共7所,"211"院校图书馆24所,普通本科院校图书馆211所,高职高专院校图书馆225所,高校图书馆数量占总数的23.33%。在西部地区,高校图书馆数量居前三位是四川、陕西和广西,占西部地区高校图书馆总数的53.70%。其中"985""211"院校图书馆最多的是陕西和四川;普通本科院校图书馆较多的是陕西和四川,西藏仅有2所(西藏藏医学院图书馆、西藏民族大学图书馆);高职高专院校图书馆居前三位是四川、广西和陕西,西藏仅有1所(西藏职业技术学院图书馆)。具体情况如表1-5所示。

表1-5 西部地区高校图书馆分布

省、自治区、直辖市	图书馆类型			合计	
	"985""211"院校/所	普通本科院校/所	高职高专院校/所	总数/所	占全国比例/%
四川	5	41	58	104	5.27
陕西	7	43	28	78	3.96

省、自治区、直辖市	图书馆类型			合计	
	"985""211"院校/所	普通本科院校/所	高职高专院校/所	总数/所	占全国比例/%
广西	1	25	39	65	3.30
重庆	2	21	20	43	2.18
云南	1	17	14	32	1.62
贵州	1	18	11	30	1.52
甘肃	1	15	13	29	1.47
内蒙古	1	12	14	27	1.37
新疆	2	10	12	24	1.22
宁夏	1	4	10	15	0.76
青海	1	3	5	9	0.46
西藏	1	2	1	4	0.20

1.3 高校图书馆的馆舍状况

1.3.1 馆舍建筑面积及生均面积

2014 年度,590 所高校图书馆提交了有效的馆舍总面积数据[1],包括 68 所"985""211"院校图书馆,318 所普通本科院校图书馆及 204 所高职高专院校图书馆。2014 年度的高校图书馆馆舍面积总值为 1 461.60 万平方米,馆舍总面积的平均值[2]为 2.48 万平方米,比 2013 年的 2.26 万平方米有所增长;标准差[3]为 1.79 万平方米,略高于 2013 年的 1.71 万平方米。

图书馆馆舍面积居前 20 位的高校图书馆如表 1-6 所示。其中,扬

[1] 此处指各高校图书馆上报至"高校图书馆事实数据库"中的数据。本章节中 2013 及 2014 年度的数据均依据"高校图书馆事实数据库"进行分析。

[2] 平均值是指各高校图书馆填报有效数据之和除以填报有效数据的高校图书馆数量所得到的值。

[3] 标准差是指各高校图书馆填报的有效数据偏离平均数距离的总平均数,它能描述出各高校图书馆填报此项数据集合的离散程度。

州大学图书馆、广东工业大学图书馆、临沂大学图书馆、青岛科技大学图书馆、福建农林大学图书馆是普通本科院校图书馆,其他 15 所图书馆均为"985""211"院校图书馆。

表 1-6　高校图书馆馆舍总面积 TOP 20

单位:万平方米

序号	机构名称	馆舍总面积
1	中山大学图书馆	11.67
2	厦门大学图书馆	10.26
3	贵州大学图书馆	8.93
4	浙江大学图书馆	8.64
5	郑州大学图书馆	8.43
6	大连理工大学图书馆	8.30
7	暨南大学图书馆	8.01
8	苏州大学图书馆	7.99
9	扬州大学图书馆	7.52
10	安徽大学图书馆	7.44
11	广东工业大学图书馆	7.40
12	南京大学图书馆	7.31
13	临沂大学图书馆	7.07
14	电子科技大学图书馆	6.70
15	东南大学图书馆	6.69
16	同济大学图书馆	6.67
17	青岛科技大学图书馆	6.60
18	福建农林大学图书馆	6.53
19	华中科技大学图书馆	6.46
20	重庆大学图书馆	6.39

590 所高校图书馆中,546 所提交了有效的折合在校生数,包括 63 所"985""211"院校图书馆,292 所普通本科院校图书馆及 191 所高职高专院校图书馆。这 546 所图书馆的馆舍面积总计 1 347.71 万平方米,折合在校生总计 1 031.66 万人,生均馆舍面积①的平均值为 1.50

---

①　生均馆舍面积等于馆舍面积与折合在校生数之比。

本书中折合在校生人数计算方式按照教育部办学条件指标测算办法进行,即:折合在校生数＝普通本、专科(高职)生数＋硕士生数×1.5＋博士生数×2＋留学生数×3＋预科生数＋进修生数＋成人脱产班学生数＋夜大(业余)学生数×0.3＋函授生数×0.1。

平方米,标准差为 0.95 平方米。8 所高校图书馆生均馆舍面积超过 5 平方米,161 所高校图书馆生均馆舍面积低于 1 平方米。相比之下,2013 年度,582 所高校图书馆上报了有效的折合在校生数,其馆舍面积总计 1 296.58 万平方米,折合在校生总计 1 006.74 万人,生均馆舍面积的平均值为 1.52 平方米,标准差为 1.16 平方米。

生均馆舍面积位居前 20 位的高校图书馆如表 1-7 所示。这 20 所高校图书馆中,有 10 所普通本科院校图书馆——南方科技大学图书馆、辽宁石油化工大学图书馆、西安交通工程学院图书馆、江苏警官学院图书馆、浙江海洋学院图书馆、湖北警官学院图书馆、广东警官学院图书馆、温州大学图书馆、江西公安专科学校图书馆、宁德师范学院图书馆,其他 10 所均为高职高专院校图书馆。

表 1-7　高校图书馆生均馆舍面积 TOP 20

单位:平方米

序号	机构名称	生均馆舍面积
1	广东行政职业学院图书馆	9.52
2	南方科技大学图书馆	9.19
3	厦门安防科技职业学院图书馆	6.24
4	德化陶瓷职业技术学院图书馆	5.94
5	辽宁石油化工大学图书馆	5.78
6	西安交通工程学院图书馆	5.60
7	重庆电信职业学院图书馆	5.17
8	江苏警官学院图书馆	4.61
9	广东创新科技职业学院图书馆	4.15
10	浙江海洋学院图书馆	3.90
11	湖北警官学院图书馆	3.88
12	广东警官学院图书馆	3.82
13	广州体育职业技术学院图书馆	3.80
14	上海海关高等专科学校图书馆	3.67
15	三亚理工职业学院图书馆	3.64
16	河南工业职业技术学院图书馆	3.57
17	宁波职业技术学院图书馆	3.47
18	温州大学图书馆	3.44
19	江西公安专科学校图书馆	3.42
20	宁德师范学院图书馆	3.42

1.3.1.1 "985""211"院校图书馆

2014年度,68所"985""211"院校图书馆提交了有效的馆舍面积数据,馆舍面积总计为343.27万平方米,占同年提交有效馆舍面积数据的高校图书馆建筑总面积的23.49%。这68所高校馆舍面积的平均值为5.05万平方米,高于2013年的4.47万平方米;标准差为2.11万平方米,略低于2013年的2.16万平方米。馆舍面积居前20位的"985""211"院校图书馆见表1-8。

表1-8 "985""211"院校图书馆馆舍总面积 TOP 20

单位:万平方米

序号	机构名称	馆舍总面积
1	中山大学图书馆	11.67
2	厦门大学图书馆	10.26
3	贵州大学图书馆	8.93
4	浙江大学图书馆	8.64
5	郑州大学图书馆	8.43
6	大连理工大学图书馆	8.30
7	暨南大学图书馆	8.01
8	苏州大学图书馆	7.99
9	安徽大学图书馆	7.44
10	南京大学图书馆	7.31
11	电子科技大学图书馆	6.70
12	东南大学图书馆	6.69
13	同济大学图书馆	6.67
14	华中科技大学图书馆	6.46
15	重庆大学图书馆	6.39
16	四川大学图书馆	6.31
17	西南大学图书馆	6.14
18	上海交通大学图书馆	6.12
19	中国矿业大学图书馆	6.00
20	西安电子科技大学图书馆	5.97

可见,"985""211"院校图书馆馆舍面积都较大,且有2所高校图

书馆馆舍面积超过了 10 万平方米,有 36 所超过了 5 万平方米。

68 所高校图书馆中,有 63 所提交了有效的折合在校生数。这 63 所高校图书馆生均馆舍面积的平均值为 1.17 平方米,略低于 2013 年的 1.18 平方米,标准差为 0.40 平方米,低于 2013 年的 0.65 平方米。其中,有 27 所高校图书馆生均馆舍面积低于 1 平方米,数量占比 42.86%。生均馆舍面积居前 20 位的"985""211"院校图书馆分别见表 1-9 所示。

表 1-9 "985""211"院校图书馆生均馆舍面积 TOP 20

单位:平方米

序号	机构名称	生均馆舍面积
1	安徽大学图书馆	2.19
2	厦门大学图书馆	2.01
3	西南财经大学图书馆	1.91
4	大连理工大学图书馆	1.86
5	东华大学图书馆	1.74
6	西北大学图书馆	1.72
7	东北林业大学图书馆	1.64
8	新疆大学图书馆	1.60
9	哈尔滨工程大学图书馆	1.59
10	南京大学图书馆	1.58
11	苏州大学图书馆	1.54
12	中国药科大学图书馆	1.53
13	中国矿业大学图书馆	1.52
14	贵州大学图书馆	1.50
15	华东理工大学图书馆	1.49
16	西安电子科技大学图书馆	1.48
17	上海财经大学图书馆	1.47
18	江南大学图书馆	1.47
19	陕西师范大学图书馆	1.46
20	东南大学图书馆	1.45

1.3.1.2 普通本科院校图书馆

2014 年度,318 所普通本科院校图书馆提交了有效的馆舍面积数据,馆舍面积总计为 863.73 万平方米,占同年提交有效馆舍面积数据的高校图书馆馆舍总面积的 59.09%,其馆舍面积的平均值为 2.72 万平方米,高于 2013 年的 2.43 万平方米;标准差为 1.43 万平方米,略低于 2013 年的 1.45 万平方米。

图书馆馆舍面积居前 20 位的普通本科院校图书馆如表 1-10 所示。这 20 所图书馆的馆舍面积都超过了 5 万平方米。

表 1-10　普通本科院校图书馆馆舍总面积 TOP 20

单位:万平方米

序号	机构名称	馆舍总面积
1	扬州大学图书馆	7.52
2	广东工业大学图书馆	7.40
3	临沂大学图书馆	7.07
4	青岛科技大学图书馆	6.60
5	福建农林大学图书馆	6.53
6	贵州财经大学图书馆	6.36
7	华侨大学图书馆	6.16
8	江西师范大学图书馆	6.00
9	浙江工业大学图书馆	5.95
10	广州大学图书馆	5.90
11	浙江工商大学图书馆	5.78
12	浙江农林大学图书馆	5.69
13	福建师范大学图书馆	5.56
14	广东药学院图书馆	5.46
15	西安石油大学图书馆	5.40
16	江苏大学图书馆	5.36
17	浙江师范大学图书馆	5.30
18	温州大学图书馆	5.22
19	江西理工大学图书馆	5.20
20	武汉科技学院图书馆	5.03

318 所普通本科院校图书馆中,有 292 所提交了有效的折合在校生数。这 292 所高校图书馆生均馆舍面积的平均值为 1.53 平方米,与 2013 年的平均值相等;标准差为 0.89 平方米,低于 2013 年的 1.25 平方米。其中,72 所高校图书馆生均馆舍面积低于 1 平方米,数量占比 24.66%。生均馆舍面积居前 20 位的普通本科院校图书馆见表 1-11。

表 1-11 普通本科院校图书馆生均馆舍面积 TOP 20

单位:平方米

序号	机构名称	生均馆舍面积
1	南方科技大学图书馆	9.19
2	辽宁石油化工大学图书馆	5.78
3	西安交通工程学院图书馆	5.60
4	江苏警官学院图书馆	4.61
5	浙江海洋学院图书馆	3.90
6	湖北警官学院图书馆	3.88
7	广东警官学院图书馆	3.82
8	温州大学图书馆	3.44
9	江西公安专科学校图书馆	3.42
10	宁德师范学院图书馆	3.42
11	萍乡高等专科学校图书馆	3.36
12	成都工业学院图书馆	3.35
13	仰恩大学图书馆	3.13
14	浙江传媒学院图书馆	3.12
15	中国人民公安大学图书馆	3.08
16	贵州财经大学图书馆	2.93
17	东北石油大学图书馆	2.85
18	凯里学院图书馆	2.82
19	福建警察学院图书馆	2.80
20	四川美术学院图书馆	2.76

1.3.1.3 高职高专院校图书馆

2014 年度,204 所高职高专院校图书馆提交了有效的馆舍面积数据,馆舍面积总计为 254.40 万平方米,占同年提交有效建筑面积数据的高校图书馆建筑总面积的 17.41%,馆舍面积的平均值为 1.25 万平方米,与 2013 年的 1.20 万平方米相比略有增长;标准差为 0.91 万平方米,略高于 2013 年的 0.88 万平方米。图书馆馆舍面积居前 20 位的高职高专院校图书馆见表 1-12。

表 1-12   高职高专院校图书馆馆舍总面积 TOP 20

单位:万平方米

序号	机构名称	馆舍总面积
1	广东行政职业学院图书馆	4.79
2	金华职业技术学院图书馆	4.75
3	平顶山学院图书馆	4.40
4	深圳职业技术学院	4.23
5	广东创新科技职业学院图书馆	4.11
6	河南工业职业技术学院图书馆	3.89
7	宁波职业技术学院图书馆	3.74
8	青岛港湾职业技术学院图书馆	3.50
9	广东科学技术职业学院图书馆	3.37
10	苏州职业大学图书馆	3.34
11	广东轻工职业技术学院图书馆	3.23
12	连云港师范高等专科学校图书馆	3.20
13	广州番禺职业技术学院图书馆	3.10
14	漳州卫生职业学院图书馆	3.03
15	郑州师范学院图书馆	3.00
16	陕西国防工业职业技术学院图书馆	2.89
17	河源职业技术学院图书馆	2.80
18	扬州市职业大学图书馆	2.72
19	清远职业技术学院图书馆	2.70
20	民办南华工商学院图书馆	2.51

204 所高职高专院校图书馆中,有 191 所提交了有效折合在校生数。这 191 所高校图书馆生均馆舍面积的平均值为 1.56 平方米,略低于 2013 年的 1.62 平方米;标准差为 1.14 平方米,高于 2013 年的 1.11平方米。其中,有 62 所高校图书馆生均馆舍面积低于 1 平方米,数量占比 32.46%。生均馆舍面积居前 20 位的高职高专院校图书馆见

表 1-13。

表 1-13　高职高专院校图书馆生均馆舍面积 TOP 20

单位:平方米

序号	机构名称	生均馆舍面积
1	广东行政职业学院图书馆	9.52
2	厦门安防科技职业学院图书馆	6.24
3	德化陶瓷职业技术学院图书馆	5.94
4	重庆电信职业学院图书馆	5.17
5	广东创新科技职业学院图书馆	4.15
6	广州体育职业技术学院图书馆	3.80
7	上海海关高等专科学校图书馆	3.67
8	三亚理工职业学院图书馆	3.64
9	河南工业职业技术学院图书馆	3.57
10	宁波职业技术学院图书馆	3.47
11	厦门华厦职业学院图书馆	3.33
12	青岛港湾职业技术学院图书馆	3.18
13	商洛职业技术学院图书馆	3.12
14	盐城卫生职业技术学院图书馆	3.12
15	连云港师范高等专科学校图书馆	3.11
16	德州职业技术学院图书馆	3.07
17	泉州理工职业学院图书馆	3.03
18	武夷山职业学院图书馆	2.80
19	厦门南洋职业学院图书馆	2.78
20	浙江体育职业技术学院图书馆	2.69

　　总体而言,我国高校图书馆馆舍面积较大,仅有 126 所图书馆馆舍面积低于 1 万平方米。同时,不同类型的高校图书馆间馆舍面积差距较大。各类院校图书馆 2014 年度馆舍面积及生均馆舍面积数据见表 1-14、表 1-15。从表 1-14 中可以看出,2014 年度,"985" "211"院校图书馆馆舍总面积的平均值是普通本科院校图书馆馆舍总面积平均值的 1.86 倍,是高职高专院校图书馆馆舍总面积平均值的 4.04 倍。

表 1–14　各类院校图书馆 2014 年度馆舍面积

单位:万平方米

图书馆类型	样本量	平均值	标准差	最大值	最小值
"985""211"院校图书馆	68	5.05	2.11	11.67	1.09
普通本科院校图书馆	318	2.70	1.44	7.52	0.20
高职高专院校图书馆	204	1.27	0.93	4.79	0.07

表 1–15　各类院校图书馆 2014 年度生均馆舍面积

单位:平方米

图书馆类型	年份	样本量	平均值	最大值	最小值
"985""211"院校图书馆	2014	63	1.17	2.19	0.50
普通本科院校图书馆	2014	292	1.53	9.19	0.32
高职高专院校图书馆	2014	191	1.56	9.52	0.25

从表 1–15 中看出,高职高专院校图书馆生均馆舍面积的平均值略高于普通本科院校图书馆和"985""211"院校图书馆。

1.3.2　读者座位总数及生均座位数

2014 年度,580 所高校图书馆提交了有效的读者座位数,包括 65 所"985""211"院校图书馆,303 所普通本科院校图书馆,212 所高职高专院校图书馆。高校图书馆读者座位数总值为 142.49 万个,读者座位数的平均值为 2 457 个,读者座位数的标准差为 1 702 个。

读者座位数居前 20 位的图书馆如表 1–16 所示。其中,盐城工学院图书馆、安徽理工大学图书馆、四川理工学院图书馆、扬州大学图书馆、西北民族大学图书馆、临沂大学图书馆、浙江工业大学图书馆为普通本科院校图书馆,泉州理工职业学院图书馆为高职高专院校图书馆,其他的均为"985""211"院校图书馆。

表 1–16　高校图书馆读者座位数 TOP 20

单位:个

序号	机构名称	读者座位总数
1	四川大学图书馆	9 195
2	盐城工学院图书馆	8 321
3	暨南大学图书馆	8 082

序号	机构名称	读者座位总数
4	安徽理工大学图书馆	7 700
5	同济大学图书馆	7 588
6	四川理工学院图书馆	7 300
7	扬州大学图书馆	7 121
8	中山大学图书馆	7 013
9	兰州大学图书馆	6 968
10	苏州大学图书馆	6 813
11	泉州理工职业学院图书馆	6 724
12	西北民族大学图书馆	6 694
13	电子科技大学图书馆	6 600
14	大连理工大学图书馆	6 544
15	长安大学图书馆	6 530
16	南京师范大学图书馆	6 523
17	安徽大学图书馆	6 507
18	临沂大学图书馆	6 486
19	东北林业大学图书馆	6 400
20	浙江工业大学图书馆	6 400

580 所高校图书馆中,有 541 所图书馆提交了有效的折合在校生数,包括 58 所"985""211"院校图书馆,285 所普通本科院校图书馆,198 所高职高专院校图书馆。这 541 所高校图书馆的读者座位数总计131.93 万个,折合在校生总计 1 012.06 万人,生均座位数①的平均值为0.15 个,标准差为 0.10 个。共有 5 所高校图书馆生均座位数超过0.50 个,有 131 所高校图书馆生均座位数低于 0.10 个。

生均座位数排名居前 20 位的图书馆如表 1-17 所示。其中,南方科技大学图书馆、辽宁石油化工大学图书馆、复旦大学上海视觉艺术学院图书馆、萍乡高等专科学校图书馆、四川师范大学成都学院图书馆、

---

① 生均座位数等于读者座位数与折合在校生数之商。

广东警官学院图书馆、浙江财经大学东方学院图书馆、盐城工学院图书馆、上海金融学院图书馆,这9所为普通本科院校图书馆,其余11所为高职高专院校图书馆。

表1-17　高校图书馆读者生均座位数TOP 20

单位:个

序号	机构名称	生均座位数
1	泉州理工职业学院图书馆	1.33
2	南方科技大学图书馆	0.97
3	武夷山职业学院图书馆	0.70
4	辽宁石油化工大学图书馆	0.62
5	广州体育职业技术学院图书馆	0.57
6	复旦大学上海视觉艺术学院图书馆	0.48
7	广东司法警官职业学院图书馆	0.47
8	广州番禺职业技术学院图书馆	0.38
9	肇庆医学高等专科学校图书馆	0.37
10	西藏职业技术学院图书馆	0.36
11	萍乡高等专科学校图书馆	0.35
12	四川师范大学成都学院图书馆	0.35
13	广东警官学院图书馆	0.35
14	上海海关高等专科学校图书馆	0.34
15	浙江财经大学东方学院图书馆	0.33
16	盐城工学院图书馆	0.33
17	福建华南女子职业学院图书馆	0.32
18	上海金融学院图书馆	0.32
19	凯里学院图书馆	0.32
20	西安电力高等专科学校图书馆	0.32

1.3.2.1 "985""211"院校图书馆

2014年度,65所"985""211"院校图书馆提交了有效的读者座位数,总计为28.04万个,占同年提交有效读者座位数的高校图书馆读者座位总数的19.68%;其读者座位数的平均值为4 315个,标准差为1 909个。读者座位数居前20位的"985""211"院校图书馆见表1-18。

"985""211"院校图书馆读者座位数都较多,且其中已有 2 所高校图书馆读者座位数超过了 8 000 个,40% 的图书馆(共 26 所)超过了 5 000 个座位。

表 1-18　"985""211"院校图书馆读者座位数 TOP 20

单位:个

序号	机构名称	读者座位总数
1	四川大学图书馆	9 195
2	暨南大学图书馆	8 082
3	同济大学图书馆	7 588
4	中山大学图书馆	7 013
5	兰州大学图书馆	6 968
6	苏州大学图书馆	6 813
7	电子科技大学图书馆	6 600
8	大连理工大学图书馆	6 544
9	长安大学图书馆	6 530
10	南京师范大学图书馆	6 523
11	安徽大学图书馆	6 507
12	东北林业大学图书馆	6 400
13	华中科技大学图书馆	6 104
14	四川农业大学图书馆	6 100
15	厦门大学图书馆	5 898
16	中国科学技术大学图书馆	5 881
17	西南大学图书馆	5 872
18	湖南师范大学图书馆	5 866
19	上海交通大学图书馆	5 833
20	南京大学图书馆	5 661

65 所"985""211"院校图书馆中,有 58 所提交了有效的 2014 年度折合在校生数。这 58 所高校图书馆生均座位数的平均值为 0.10 个,标准差为 0.04 个。生均座位数居前 20 位的"985""211"院校图书馆见表 1-19。

表 1-19 "985""211"院校图书馆生均读者座位数 TOP 20

单位:个

序号	机构名称	生均座位数
1	东北林业大学图书馆	0.25
2	西南财经大学图书馆	0.20
3	中国药科大学图书馆	0.18
4	中国科学技术大学图书馆	0.17
5	长安大学图书馆	0.17
6	南京师范大学图书馆	0.17
7	四川农业大学图书馆	0.16
8	北京中医药大学图书馆	0.15
9	兰州大学图书馆	0.15
10	西安电子科技大学图书馆	0.14
11	福州大学图书馆	0.14
12	苏州大学图书馆	0.13
13	哈尔滨工程大学图书馆	0.13
14	东北师范大学图书馆	0.13
15	湖南师范大学图书馆	0.12
16	上海财经大学图书馆	0.12
17	南京大学图书馆	0.12
18	东南大学图书馆	0.12
19	东华大学图书馆	0.12
20	厦门大学图书馆	0.12

1.3.2.2 普通本科院校图书馆

2014 年度,303 所普通本科院校图书馆提交了有效的读者座位数,总计为 87.37 万个,占同年提交有效读者座位数的高校图书馆读者座位数的 61.31%,读者座位数的平均值为 2 883 个,标准差为 1 543 个。

读者座位数居前 20 位的普通本科院校图书馆见表 1-20。普通本科院校图书馆读者座位数较多,有 1 所高校图书馆读者座位数超过了 8 000 个,超过 50% 的图书馆(共 164 所)座位数超过了 2 500 个。

表 1-20　普通本科院校图书馆读者座位数 TOP 20

单位:个

序号	机构名称	读者座位总数
1	盐城工学院图书馆	8 321
2	安徽理工大学图书馆	7 700
3	四川理工学院图书馆	7 300
4	扬州大学图书馆	7 121
5	西北民族大学图书馆	6 694
6	临沂大学图书馆	6 486
7	浙江工业大学图书馆	6 400
8	江西理工大学图书馆	6 398
9	华侨大学图书馆	6 288
10	广东工业大学图书馆	6 251
11	延安大学图书馆	6 092
12	西安翻译学院图书馆	6 029
13	贵州财经大学图书馆	6 000
14	四川师范大学成都学院图书馆	5 991
15	西安建筑科技大学图书馆	5 924
16	佳木斯大学图书馆	5 701
17	徐州工程学院图书馆	5 696
18	浙江农林大学图书馆	5 689
19	江西师范大学图书馆	5 679
20	兰州商学院图书馆	5 596

303 所普通本科院校图书馆中,有 285 所提交了有效的折合在校生数。这 285 所高校图书馆生均座位数的平均值为 0.16 个,标准差为 0.09 个。生均座位数居前 20 位的普通本科院校图书馆见表 1-21。

表 1-21　普通本科院校图书馆生均读者座位数 TOP 20

单位:个

序号	机构名称	生均座位数
1	南方科技大学图书馆	0.97
2	辽宁石油化工大学图书馆	0.62
3	复旦大学上海视觉艺术学院图书馆	0.48
4	萍乡高等专科学校图书馆	0.35
5	四川师范大学成都学院图书馆	0.35

序号	机构名称	生均座位数
6	广东警官学院图书馆	0.35
7	浙江财经大学东方学院图书馆	0.33
8	盐城工学院图书馆	0.33
9	上海金融学院图书馆	0.32
10	凯里学院图书馆	0.32
11	辽宁对外经贸学院图书馆	0.31
12	天津外国语大学图书馆	0.31
13	四川美术学院图书馆	0.31
14	上海电机学院图书馆	0.30
15	成都工业学院图书馆	0.29
16	安徽理工大学图书馆	0.29
17	包头钢铁学院图书馆	0.29
18	西安交通工程学院图书馆	0.28
19	西安翻译学院图书馆	0.28
20	西昌学院图书馆	0.28

1.3.2.3 高职高专院校图书馆

2014 年度,212 所高职高专院校图书馆提交了有效的读者座位数,总计为 27.08 万个,占同年提交有效读者座位数的高校图书馆读者座位数的 18.94%,读者座位数的平均值为 1 278 个,标准差为 847 个。读者座位数居前 20 位的高职高专院校图书馆见表 1-22。

表 1-22 高职高专院校图书馆读者座位数 TOP 20

单位:个

序号	机构名称	读者座位总数
1	泉州理工职业学院图书馆	6 724
2	深圳职业技术学院	4 500
3	广州番禺职业技术学院图书馆	4 349
4	扬州市职业大学图书馆	3 600
5	苏州职业大学图书馆	3 590
6	赤峰民族师范高等专科学校图书馆	3 226
7	福建交通职业技术学院图书馆	3 185

序号	机构名称	读者座位总数
8	河南工业职业技术学院图书馆	2 854
9	四川工程职业技术学院图书馆	2 830
10	湖南生物机电职业技术学院图书馆	2 800
11	萍乡高等专科学校图书馆	2 744
12	山东商务职业学院图书馆	2 700
13	广东农工商职业技术学院图书馆	2 635
14	肇庆医学高等专科学校图书馆	2 600
15	连云港师范高等专科学校图书馆	2 509
16	宝鸡职业技术学院图书馆	2 500
17	河源职业技术学院图书馆	2 500
18	四川托普信息技术职业学院图书馆	2 500
19	广东食品药品职业学院图书馆	2 500
20	漳州职业技术学院图书馆	2 476

212 所高职高专院校图书馆中,有 198 所提交了有效的折合在校生数。这 198 所高校图书馆生均座位数的平均值为 0.16 个,标准差为 0.12 个。生均座位数位居前 20 位的高职高专院校图书馆见表 1-23。

表 1-23　高职高专院校图书馆生均读者座位数 TOP 20

单位:个

序号	机构名称	生均座位数
1	泉州理工职业学院图书馆	1.33
2	武夷山职业学院图书馆	0.70
3	广州体育职业技术学院图书馆	0.57
4	广东司法警官职业学院图书馆	0.47
5	广州番禺职业技术学院图书馆	0.38
6	肇庆医学高等专科学校图书馆	0.37
7	西藏职业技术学院图书馆	0.36
8	上海海关高等专科学校图书馆	0.34
9	福建华南女子职业学院图书馆	0.32
10	西安电力高等专科学校图书馆	0.32
11	厦门华厦职业学院图书馆	0.31
12	上海立达职业技术学院图书馆	0.30
13	泉州经贸职业技术学院图书馆	0.30
14	德化陶瓷职业技术学院图书馆	0.30

序号	机构名称	生均座位数
15	浙江水利水电学院图书馆	0.30
16	阿坝师范高等专科学校图书馆	0.27
17	四川托普信息技术职业学院图书馆	0.27
18	杭州万向职业技术学院图书馆	0.26
19	海南科技职业学院图书馆	0.26
20	河南工业职业技术学院图书馆	0.26

各类院校图书馆 2014 年度读者座位数及生均座位数见表 1-24 及表 1-25。总体而言,我国高校图书馆的读者座位数较多,从表 1-24 中看出,三种类型的高校图书馆读者座位数的平均值均超过了 1 000 个,仅有 121 所图书馆的读者座位数低于 1 000 个。同时,不同类型的高校图书馆间读者座位数差距较大。2014 年度,"985""211"院校图书馆读者座位总数平均值约是普通本科院校图书馆读者座位总数平均值的 1.50 倍,是高职高专院校图书馆读者座位总数平均值的 3.38 倍,这与"985""211"院校的办学规模和办学条件正相关。从表 1-25 中看出,2014 年度高职高专院校图书馆的生均读者座位数与普通本科院校图书馆的生均读者座位数的平均值相同,均高于"985""211"院校图书馆。

表 1-24 各类院校图书馆 2013—2014 年度读者座位数

单位:个

图书馆类型	读者座位总数	样本量	平均值	最大值	最小值
"985""211"院校图书馆	280 443	65	4 315	9 195	583
普通本科院校图书馆	873 058	303	2 883	8 321	150
高职高专院校图书馆	270 166	212	1 278	6 724	60

表 1-25 各类院校图书馆 2013—2014 年度生均座位数

单位:个

图书馆类型	生均座位数总和	样本量	平均值	最大值	最小值
"985""211"院校图书馆	5.77	58	0.10	0.25	0.02
普通本科院校图书馆	46.36	290	0.16	0.97	0.02
高职高专院校图书馆	31.19	193	0.16	1.33	0.02

1.3.3 高校图书馆当年建设情况

2014 年,116 所高校图书馆提交了在建馆舍数据,数据有效的为 94 所,包括 14 所"985""211"院校图书馆,47 所普通本科院校图书馆,及 33 所高职高专院校图书馆。

高校图书馆在建馆舍设计建筑面积总计为 221.70 万平方米,新建馆舍建筑面积的平均值为 2.36 万平方米;标准差为 1.46 万平方米。

在建馆舍面积居前 20 位的图书馆如表 1-26 所示,其中,天津大学图书馆、武汉理工大学图书馆、南开大学图书馆、东北大学图书馆、合肥工业大学图书馆为"985""211"院校图书馆,其他 15 所为普通本科院校图书馆。

表 1-26 高校图书馆在建馆舍面积 TOP 20

单位:万平方米

序号	机构名称	馆舍总面积
1	贵州师范大学图书馆	6.80
2	天津天狮学院图书馆	6.80
3	安徽工程大学图书馆	5.60
4	山东师范大学图书馆	5.10
5	遵义师范学院图书馆	5.00
6	天津大学图书馆	4.95
7	武汉理工大学图书馆	4.70
8	南开大学图书馆	4.60
9	安徽理工大学图书馆	4.50
10	东北大学图书馆	4.37
11	南京林业大学图书馆	4.36
12	贵州民族大学图书馆	4.20
13	成都理工大学图书馆	4.10
14	遵义医学院图书馆	4.10
15	合肥工业大学图书馆	4.00
16	西安理工大学图书馆	3.98
17	绵阳师范学院图书馆	3.80

序号	机构名称	馆舍总面积
18	湖南理工学院图书馆	3.60
19	杭州师范大学图书馆	3.58
20	广东技术师范学院图书馆	3.50

1.3.3.1 "985""211"院校图书馆

2014年度,14所"985""211"院校图书馆提交了有效的在建馆舍的面积数据,馆舍面积总计为41.52万平方米,占同年提交有效馆舍面积数据的高校图书馆在建馆舍建筑总面积的18.73%。这14所高校在建馆舍面积的平均值为2.97平方米,标准差为1.48万平方米。其中有5所高校图书馆在建馆舍面积超过了4万平方米;有3所高校图书馆在建馆舍面积低于1.6万平方米,应该是分馆的在建馆舍面积。在建馆舍面积居前5位的"985""211"院校图书馆见表1-27。

表1-27 "985""211"院校图书馆在建馆舍面积 TOP 5

单位:万平方米

序号	机构名称	馆舍总面积
1	天津大学图书馆	4.95
2	武汉理工大学图书馆	4.70
3	南开大学图书馆	4.60
4	东北大学图书馆	4.37
5	合肥工业大学图书馆	4.00

1.3.3.2 普通本科院校图书馆

2014年度,47所普通本科院校图书馆提交了有效的在建馆舍的面积数据,馆舍面积总计为128.03万平方米,占同年提交有效馆舍面积数据的高校图书馆在建馆舍建筑总面积的57.75%。这47所高校在建馆舍面积的平均值为2.72平方米,标准差为1.58平方米。普通本科院校图书馆在建馆舍面积差距很大,有12所高校图书馆的在建馆舍面积超过了4万平方米,有5所高校图书馆的在建馆舍面积低于1万平方米。在建馆舍居前 5 位的普通本科院校图书馆见表 1-28。

表 1-28　普通本科院校图书馆在建馆舍面积 TOP 5

单位:万平方米

序号	机构名称	馆舍总面积
1	贵州师范大学图书馆	6.80
2	天津天狮学院图书馆	6.80
3	安徽工程大学图书馆	5.60
4	山东师范大学图书馆	5.10
5	遵义师范学院图书馆	5.00

1.3.3.3　高职高专院校图书馆

2014 年度,33 所高职高专院校图书馆提交了有效的在建馆舍的面积数据,馆舍面积总计为 52.15 万平方米,占同年提交有效馆舍面积数据的高校图书馆在建馆舍建筑总面积的 23.52%。这 33 所高校在建馆舍面积的平均值为 1.58 万平方米,标准差为 0.85 平方米。高职高专院校图书馆的在建馆舍中,有 11 所高校的面积超过了 2 万平方米,有 5 所高校图书馆的面积低于 5 000 平方米。在建馆舍居前 5 位的高职高专院校图书馆见表 1-29。

表 1-29　高职高专院校图书馆在建馆舍面积 TOP 5

单位:万平方米

序号	机构名称	馆舍总面积
1	榆林职业技术学院图书馆	3.37
2	天津职业大学图书馆	3.10
3	铜陵职业技术学院图书馆	2.90
4	广东理工职业学院图书馆	2.80
5	延安职业技术学院图书馆	2.70

总体而言,我国高校图书馆在建馆舍面积较大,各类院校图书馆 2014 年度在建馆舍面积数据见表 1-30。从该表中可以看出,三种类型的高校图书馆在建馆舍面积的平均值均超过了 1 万平方米,总计仅有 15 所图书馆在建馆舍面积低于 1 万平方米。同时,不同类型的高校图书馆在建馆舍设计建筑面积的差距较大。2014 年度,"985""211"院校

图书馆在建馆舍面积的平均值约为普通本科院校图书馆在建馆舍面积平均值的 1.10 倍,为高职高专院校图书馆在建馆舍面积平均值的 1.89 倍。

表 1-30　各类院校图书馆 2014 年度在建馆舍面积

单位:万平方米

图书馆类型	在建馆舍面积总和	样本量	平均值	最大值	最小值
"985""211"院校图书馆	41.52	14	2.97	4.95	0.23
普通本科院校图书馆	128.03	47	2.72	6.8	0.1
高职高专院校图书馆	52.15	33	1.58	3.37	0.2

参 考 文 献

[1] 2015 年全国高等学校名单 . http://www.moe.gov.cn/srcsite/A03/moe_634/201505/t20150521_189479.html[2015-09-04].

[2] "211 工程"学校名单 . http://www.moe.gov.cn/publicfiles/business/htmlfiles/moe/moe_94/201002/82762.html[2016-10-31].

第2章 高校图书馆从业人员状况

本章反映了国内"985""211"院校图书馆、普通本科院校图书馆、高职高专院校图书馆这三类高校图书馆馆长、馆员、辅助工作人员的从业状况,并对全国高校图书馆从业人员特点、趋势等进行宏观分析,对各类高校图书馆之间的情况进行纵横比较,得出相关结论。其中包括对各类高校图书馆馆长年龄、专业技术职务、学历及学科背景,馆员总量、年龄、学历、专业技术职务,以及辅助人员(外聘人员、志愿者、勤工助学学生)数量与服务内容等方面的数据分析。

本章数据主要来源于"高校图书馆事实数据库"、教育部高校图工委秘书处于 2015 年 7 月向全国高校图书馆发放的"高校图书馆发展状况(蓝皮书)调查问卷",以及教育部高校图工委人力资源建设工作组于 2015 年 6 月向全国高校图书馆发放的"馆长调查问卷"。

2.1 馆长

本节反映了全国高校图书馆馆长的年龄、专业技术职务、学历及学科背景状况,并对"985""211"院校图书馆、普通本科院校图书馆、高职高专院校图书馆三类图书馆馆长年龄分布的特点与趋势、专业技术职务、学历等情况进行比较分析。

2.1.1 年龄状况

2015 年 7 月,教育部高校图工委秘书处向全国各个高校图书馆发放了"高校图书馆发展状况(蓝皮书)调查问卷",共回收问卷 474 份,涉及馆长年龄统计数据的有效问卷467份。其中,"985""211"院校图书馆52所,普通本科院校图书馆262所,高职高专院校图书馆150所,其他类别图书馆3所(中共广西区委党校图书馆、深圳大学城图书馆、中欧国际商学院图书馆)。

从表2-1可以看出,2014年度,467所高校图书馆馆长年龄≥50岁的有275人,占调查总数的59.1%;40岁~<50岁的有172人,占37.0%;30岁~<40岁的有18人,占3.9%;<30岁的有0人。有2所普通本科院校图书馆目前暂时未设馆长。总体来说,我国高校图书馆馆长年龄分布有如下特点:(1)超过一半馆长年龄集中在50岁以上。"985""211"院校图书馆馆长年龄在50岁以上的占75.0%;普通本科院校图书馆馆长年龄在50岁以上的占62.7%;高职高专院校图书馆馆长年龄在50岁以上的占46.7%。(2)高职高专院校图书馆馆长呈年轻化趋势。高职高专院校图书馆馆长年龄在50岁以上的不超过一半,年龄在50岁以下的馆长却占53.3%,其中年龄在30岁~39岁之间的馆长比例占9.3%,与其他类型高校图书馆相比所占比例最高。

表2-1 各类高校图书馆馆长年龄统计表

年龄分组	所有院校		"985""211"院校		普通本科院校		高职高专院校		其他类别院校	
	人数/人	占比/%	人数/人	占比/%	人数/人	占比/%	人数/人	占比/%	人数/人	占比/%
<30岁	0	0.0	0	0.0	0	0.0	0	0.0	0	0.0
30岁~<40岁	18	3.9	0	0.0	4	1.5	14	9.3	0	0.0
40岁~<50岁	172	37.0	13	25.0	93	35.8	66	44.0	0	0.0
≥50岁	275	59.1	39	75.0	163	62.7	70	46.7	3	100.0

2.1.1.1 "985""211"院校图书馆

如图2-1所示,52所"985""211"院校图书馆中,年龄在≥50岁的馆长有39人,占总数的75.0%;40岁~<50岁有13人,占25.0%;30岁~<40岁有0人;<30岁的有0人。可见,50岁以上的馆长是"985"

"211"院校图书馆馆长队伍的主力军。

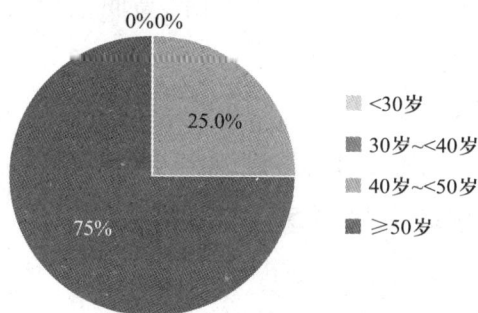

图 2-1 "985""211"院校图书馆馆长年龄分布情况

2.1.1.2 普通本科院校图书馆

如图 2-2 所示,260 所普通本科院校图书馆中,年龄在≥50 岁的馆长有 163 人,占总数的 62.7% ;40 岁～<50 岁的有 93 人,占 35.8% ;30 岁～<40 岁的有 4 人,占 1.5% ;<30 岁的 0 人。可以看出,在普通本科院校图书馆中,30 岁以上各个年龄阶段的馆长均有涉及,其中年龄在≤50 岁的比例最高,超过一半;40 岁～<50 岁之间的也占相当比例;年龄在 30 岁～<40 岁之间的馆长比例最少。

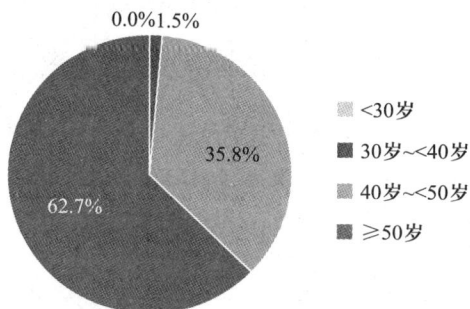

图 2-2 普通本科院校图书馆馆长年龄分布情况

2.1.1.3 高职高专院校图书馆

如图 2-3 所示,在 150 所高职高专院校图书馆中,≥50 岁的馆长有 70 人,占总数的 46.7%;40 岁~<50 岁的有 66 人,占 44.0%;30 岁~<40 岁的有 14 人,占 9.3%;<30 岁的 0 人。从中可以看出,高职高专院校图书馆年龄在 50 岁以下的馆长比例略高于 50 岁以上的馆长比例,馆长呈年轻化趋势。

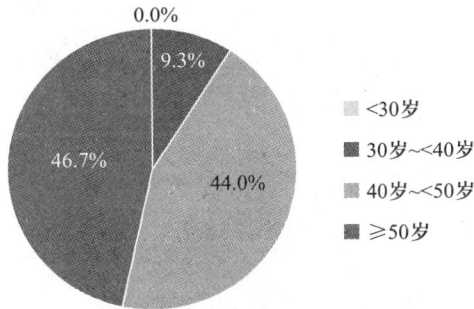

图 2-3　高职高专院校图书馆馆长年龄分布情况

2.1.2　专业技术职务状况

如图 2-4 所示,301 所高校图书馆馆长专业技术职务情况分布如下:具备正高级专业技术职务的人数为 122 人,占调查总数的 40.5%;具备副高级专业技术职务的人数为 133 人,占 44.2%;具备中级专业技术职务的人数为 46 人,占 15.3%。目前高校图书馆馆长以副高级专业技术职务以上为主体,正高级专业技术职务馆长比例略低于副高级专业技术职务。

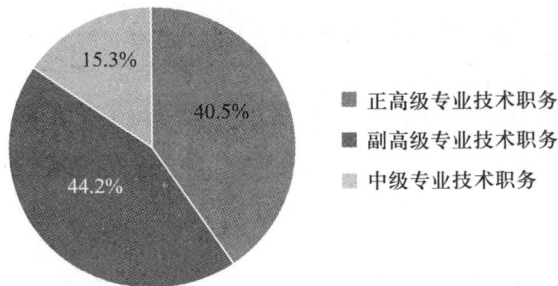

图 2-4　高校图书馆馆长职称分布情况

2.1.3 学历及学科背景状况

图 2-5 显示,301 所高校图书馆馆长中,具有博士学历的人数为 36 人,占调查总数的 12.0%;具有硕士学历的人数为 97 人,占 32.0%;具有本科学历的人数为 168 人,占 56.0%。从图 2-6 可以看出,在 301 所高校图书馆馆长中,具有图书馆学、情报学专业背景的人数为 84 人,占总数的 28.0%;具有其他学科背景的人数为 217 人,占 72.0%。

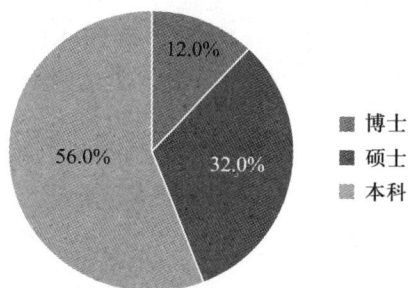

图 2-5　高校图书馆馆长学历分布情况

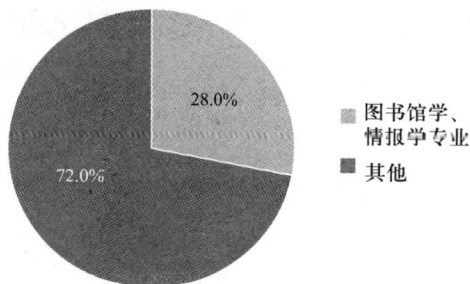

图 2-6　高校图书馆馆长学科背景分布情况

总体而言,目前我国高校图书馆馆长学历层次仍以本科学历为主,博士学历馆长数量较少。从学科背景上看,大多数馆长为非图书情报专业,只有 28.0% 的馆长为图书情报专业。

2.2 馆员

本节对全国高校图书馆馆员数量、年龄、学历、职称情况进行统计，并对"985""211"院校图书馆、普通本科院校图书馆、高职高专院校图书馆三类高校图书馆馆员数量、年龄分布、学历及专业技术职务等情况进行比较，总结分析我国高校图书馆馆员在以上几方面的概况、趋势及特点。

2.2.1 馆员总量

通过对"高校图书馆事实数据库"中相关数据的统计以及对重复、无效数据的清理，2014年度提交有效馆员总量数据的高校图书馆为649所。其中，"985""211"院校图书馆70所，普通本科院校图书馆325所，高职高专院校图书馆252所，其他类高校图书馆2所（贵州广播电视大学图书馆、浙江广播电视大学图书馆）。

2014年度，649所高校图书馆共有26 235名馆员，平均每馆有40名馆员。从表2-2可以看出，2014年，各类高校图书馆馆员平均数量均略有提高。但如表2-3所示，各类高校图书馆馆员数量差异较大，具体分布有如下特点：（1）绝大多数高校图书馆馆员数量在100人以下。其中高职高专院校图书馆馆员数量少于100人，96.6%的普通本科院校图书馆馆员数量在100人以下。（2）相比其他几类高校图书馆，"985""211"院校图书馆馆员数量明显偏多。"985""211"院校图书馆中，馆员数量在100～≤300人之间的占据一半比例，而普通本科院校图书馆中，只有3.4%的图书馆馆员数量超过100人。（3）"985""211"院校图书馆馆员数量最多，其次为普通本科高校图书馆，馆员人数最少的为高职高专院校图书馆。

表 2-2　2014 年各类高校图书馆馆员总量分布情况

单位:人

机构类别	总数	平均人数	有效样本量
所有院校	26 235	40.4	649
"985""211"院校	7 723	110.3	70
普通本科院校	14 627	45.0	325
高职高专院校	3 863	15.3	252
其他类别院校	22	11.0	2

表 2-3　2014 年各类高校图书馆馆员数量分布情况统计表

馆员数量	所有院校		"985""211"院校		普通本科院校		高职高专院校		其他类别院校	
	人数/人	占比/%	人数/人	占比/%	人数/人	占比/%	人数/人	占比/%	人数/人	占比/%
<100 人	603	92.9	35	50.0	314	96.6	252	100.0	2	100.0
100 人 ~ ≤300 人	46	7.1	35	50.0	11	3.4	0	0.0	0	0.0
总计	649	100.0	70	100.0	325	100.0	252	100.0	2	100.0

2014 年度,馆员总量最多的高校图书馆是武汉大学图书馆("985""211"院校图书馆),为 286 人;馆员总量最少的图书馆是西安医学高等专科学校图书馆(高职高专院校图书馆),为 1 人。可见,"985""211"院校图书馆与高职高专院校图书馆在建馆规模、馆员数量上相差非常悬殊。馆员总量居前 20 位的全国高校图书馆如表 2-4,其中 19 所为"985""211"院校图书馆,1 所为普通本科院校图书馆。

表 2-4　高校图书馆馆员总量 TOP 20

单位:人

序号	机构名称	馆员总量
1	武汉大学图书馆	286
2	中山大学图书馆	259
3	上海交通大学图书馆	207
4	四川大学图书馆	199
5	华中科技大学图书馆	183
6	复旦大学图书馆	178
7	武汉理工大学图书馆	176
8	浙江大学图书馆	176

序号	机构名称	馆员总量
9	北京大学图书馆	164
10	厦门大学图书馆	164
11	扬州大学图书馆	164
12	上海大学图书馆	159
13	苏州大学图书馆	157
14	同济大学图书馆	152
15	湖南大学图书馆	137
16	西安交通大学图书馆	136
17	华东师范大学图书馆	135
18	南京大学图书馆	134
19	西北农林科技大学图书馆	134
20	中国人民大学图书馆	132

2.2.1.1 "985""211"院校图书馆

2014 年度,70 所"985""211"院校图书馆馆员总量为 7 723 名,平均每馆有 110 名馆员。馆员总数小于 100 人的馆与馆员总数在 100 人～≤300 人之间的馆各占 50.0%。排名第一的武汉大学图书馆(286 人)与排名最后的北京中医药大学图书馆(33 人)馆员数量相差 253 人,差距显著。馆员总量居前 20 位的"985""211"院校图书馆如表 2-5。

表 2-5 "985""211"院校图书馆馆员总量 TOP 20

单位:人

序号	机构名称	馆员总量
1	武汉大学图书馆	286
2	中山大学图书馆	259
3	上海交通大学图书馆	207
4	四川大学图书馆	199
5	华中科技大学图书馆	183
6	复旦大学图书馆	178
7	武汉理工大学图书馆	176
8	浙江大学图书馆	176
9	北京大学图书馆	164
10	厦门大学图书馆	164

序号	机构名称	馆员总量
11	上海大学图书馆	159
12	苏州大学图书馆	157
13	同济大学图书馆	152
14	湖南大学图书馆	137
15	西安交通大学图书馆	136
16	华东师范大学图书馆	135
17	南京大学图书馆	134
18	西北农林科技大学图书馆	134
19	中国人民大学图书馆	132
20	华南理工大学图书馆	129
21	清华大学图书馆	129

2.2.1.2 普通本科院校图书馆

2014 年度,325 所普通本科院校图书馆馆员总量为 14 627 名,平均每馆有 45 名馆员。与"985""211"院校图书馆 110 人的平均值相比,普通本科院校图书馆明显落后。经统计,普通本科院校图书馆馆员总量小于 100 人的有 314 所,占总数的 96.6%;馆员总量在 100 人~≤300 人之间的有 11 所,占总数的 3.4%。排名第一的扬州大学图书馆(164 人)与排名最后的浙江理工大学科技与艺术学院图书馆(2 人)馆员数量相差 162 人。馆员总量居前 20 位的普通本科院校图书馆如表 2-6。

表 2-6 普通本科院校图书馆馆员总量 TOP 20

单位:人

序号	机构名称	馆员总量
1	扬州大学图书馆	164
2	深圳大学图书馆	126
3	黑龙江大学图书馆	120
4	江苏大学图书馆	119
5	江苏师范大学图书馆	114
6	临沂大学图书馆	113
7	上海师范大学图书馆	113

序号	机构名称	馆员总量
8	浙江师范大学图书馆	113
9	河北师范大学图书馆	108
10	集美大学图书馆	106
11	福建师范大学图书馆	105
12	温州大学图书馆	100
13	佳木斯大学图书馆	96
14	江西师范大学图书馆	93
15	浙江工业大学图书馆	92
16	南京财经大学图书馆	90
17	南通大学图书馆	90
18	山东师范大学图书馆	90
19	中南林业科技大学图书馆	90
20	武汉科技学院图书馆	87

2.2.1.3 高职高专院校图书馆

2014 年度,252 所高职高专院校图书馆馆员总量为 3 863 人,平均每馆有 15 名馆员。经统计,所有高职高专院校图书馆馆员总数均小于 100 人。其中,馆员数量最多的为 55 人。馆员总量居前 20 位的高职高专院校图书馆如表 2-7。

表 2-7 高职高专院校图书馆馆员总量 TOP 20

单位:人

序号	机构名称	馆员总量
1	深圳职业技术学院	55
2	呼伦贝尔学院图书馆	50
3	南京中医药大学图书馆	49
4	绥化学院图书馆	45
5	扬州市职业大学图书馆	42
6	成都纺织高等专科学校图书馆	35
7	漯河职业技术学院图书馆	35
8	苏州职业大学图书馆	34

序号	机构名称	馆员总量
9	四川托普信息技术职业学院图书馆	33
10	杨凌职业技术学院图书馆	33
11	永州职业技术学院图书馆	33
12	郑州师范学院图书馆	33
13	达州职业技术学院图书馆	31
14	广东金融学院图书馆	31
15	广州工商学院图书馆	30
16	河南工业职业技术学院图书馆	30
17	海南经贸职业技术学院图书馆	30
18	陕西工业职业技术学院图书馆	30
19	温州职业技术学院图书馆	30
20	广州航海高等专科学校图书馆	29

2.2.2 年龄分布

2014 年,在 641 所提供馆员年龄有效数据的高校图书馆中,"985""211"院校图书馆 70 所,普通本科院校图书馆 320 所,高职高专院校图书馆 249 所,其他类高校图书馆 2 所(贵州广播电视大学图书馆、浙江广播电视大学图书馆)。

641 所高校图书馆有效馆员年龄数据总数为 26 283 个。如表 2-8 所示,我国高校图书馆馆员年龄分布有如下特点:(1)年龄在 30 岁 ~ <50 岁之间的中青年馆员是高校图书馆馆员的主力军。所有高校图书馆中,年龄在 40 岁 ~ <50 岁之间的馆员比例偏高,占 38.5%;年龄在 30 岁 ~ <40 岁之间和 ≥50 岁的馆员比例基本相当,分别占约 27.2% 和 26.8%;年龄在 <30 岁的馆员数量最少,只占 7.5%。(2)除 <30 岁以下馆员数量较少,馆员在 30 岁、40 岁、50 岁三个年龄阶段的分布比较均衡,差距不是特别显著。

表 2-8   各类高校图书馆馆员年龄分布情况

年龄分组	所有院校		"985""211"院校		普通本科院校		高职高专院校		其他类别院校	
	人数/人	占比/%	人数/人	占比/%	人数/人	占比/%	人数/人	占比/%	人数/人	占比/%
<30 岁	1 971	7.5	563	7.3	1 004	6.9	401	10.3	3	13.6
30 岁 ~ <40 岁	7 148	27.2	1 933	25.0	4 048	27.7	1 159	29.7	8	36.4
40 岁 ~ <50 岁	10 131	38.5	2 968	38.4	5 757	39.4	1 400	35.8	6	27.3
≥50 岁	7 033	26.8	2 261	29.3	3 819	26.1	948	24.3	5	22.7
总计	26 283	100.0	7 725	100.0	14 628	100.0	3 908	100.0	22	100.0

2.2.2.1 "985""211"院校图书馆

2014 年度,70 所"985""211"院校图书馆馆员总量为 7 725 人。如图 2-7 所示,其中<30 岁及以下的馆员共 563 人,占 7.3%;30 岁 ~ <40 岁的馆员共 1 933 人,占 25.0%;40 岁 ~ <50 岁的馆员共有 2 968 人,占 38.4%;≥50 岁的馆员共有 2 261 人,占 29.3%。在"985""211"院校图书馆中,年龄在 30 岁 ~ <50 岁之间的馆员占 63.4%,是馆员队伍的主力军,30 岁以下馆员比例最低。

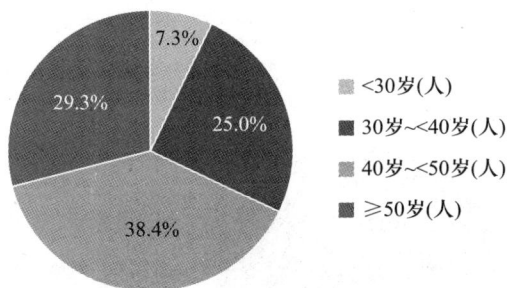

图 2-7   "985""211"院校图书馆馆员年龄分布情况

2.2.2.2 普通本科院校图书馆

320 所普通本科院校图书馆馆员总量为 14 628 人。如图 2-8 所示,<30 岁的馆员共 1 004 人,占 6.9%;30 岁 ~ <40 岁的馆员共 4 048

人,占 27.7%;40 岁～<50 岁的馆员共 5 757 人,占 39.4%;≥50 岁的馆员共 3 819 人,占 26.1%。在普通本科院校图书馆中,年龄在 30 岁～<50 岁之间的馆员占 67.1%,所占比例与"985""211"院校图书馆相差不多,人数比例最少的仍然是 30 岁及以下年龄段馆员。

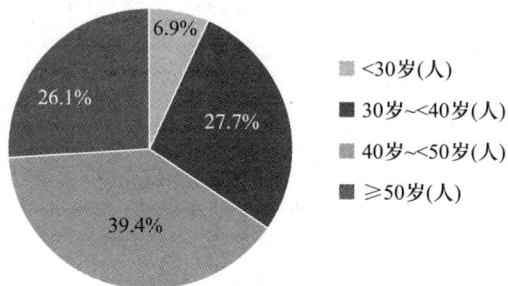

图 2-8 普通本科院校图书馆馆员年龄分布情况

2.2.2.3 高职高专院校图书馆

249 所高职高专院校图书馆共有 3 908 名馆员。如图 2-9 所示,高职高专院校图书馆<30 岁的馆员共 401 人,占 10.3%;30 岁～<40 岁的馆员共有 1 159 人,占 29.7%;40 岁～<50 岁的馆员共有 1 400 人,占 35.8%;≥50 岁的馆员共有 948 人,占 24.3%。同样,在高职高专院校图书馆中,年龄在 30 岁～<50 岁之间的馆员所占比例最高,<30 岁的馆员比例最少。

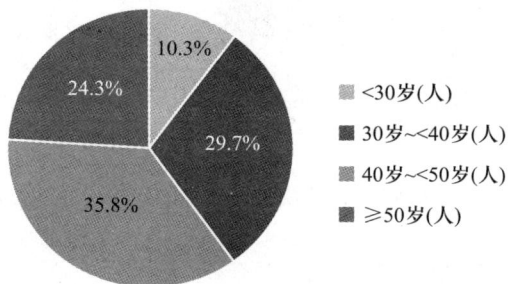

图 2-9 高职高专院校图书馆馆员年龄分布情况

2.2.3 学历分布

648 所提供有效学历数据的高校图书馆中,"985""211"院校图书馆 70 所,普通本科院校图书馆 324 所,高职高专院校图书馆 252 所,其他类别图书馆 2 所(贵州广播电视大学图书馆、浙江广播电视大学图书馆)。

2014 年度,在 648 所高校图书馆的 26 463 名馆员中,具有博士学历的馆员共 605 人,占 2.3%;具有硕士学历的馆员有 6 441 人,占 24.3%;具有第二学士学历的馆员有 229 人,占 0.9%;具有本科学历的馆员有 12 480 人,占 47.2%;具有大专学历的馆员 4 841 人,占 18.3%;学历为大专以下的馆员共 1 867 人,占 7.1%。从表 2-9 可以看出,目前各类高校图书馆馆员学历分布有如下特征:(1)馆员学历仍以本科为主。本科学历馆员接近总数的一半;其次为硕士学历与大专及以下学历;具有博士学历的馆员人数最少。由此可见,各馆在引进高学历人才方面仍有很大的发展空间。(2)不同学历层次的馆员在各类高校图书馆的分布有所差异。各类高校图书馆中,具有博士学历和硕士学历的馆员在"985""211"院校图书馆所占比例最高;具备第二学士学位的馆员在普通本科院校图书馆所占比例最高;具有大专学历的馆员在高职高专院校图书馆所占比例最高;具有大专以下学历的馆员在"985""211"院校图书馆所占比例最高。

表 2-9　2014 年各类高校图书馆馆员学历分布情况

学历分布	所有院校		"985""211"院校		普通本科院校		高职高专院校		其他类别院校	
	人数/人	占比/%	人数/人	占比/%	人数/人	占比/%	人数/人	占比/%	人数/人	占比/%
博士	605	2.3	341	4.4	242	1.6	22	0.6	0	0.0
硕士	6 441	24.3	2 375	30.6	3 376	22.9	689	17.5	1	4.3
第二学士学位	229	0.9	43	0.6	166	1.1	20	0.5	0	0.0
本科	12 480	47.2	3 159	40.7	7 161	48.6	2 140	54.5	20	87.0

学历分布	所有院校		"985""211"院校		普通本科院校		高职高专院校		其他类别院校	
	人数/人	占比/%	人数/人	占比/%	人数/人	占比/%	人数/人	占比/%	人数/人	占比/%
大专	4 841	18.3	1 233	15.9	2 792	18.9	815	20.8	1	4.3
大专以下	1 867	7.1	620	8.0	1 005	6.8	241	6.1	1	4.3
总计	26 463	100.0	7 771	100.0	14 742	100.0	3 927	100.0	23	100.0
有效样本量	648		70		324		252		2	

2.2.3.1 "985""211"院校图书馆

如图 2-10 所示,70 所"985""211"院校图书馆的 7 771 名馆员中,具有博士学历的人数为 341 人,占 4.4%;具有硕士学历的人数为 2 375 人,占 30.6%;具有第二学士学位的人数为 43 人,占 0.6%;具有本科学历的人数为 3 159 人,占 40.7%;具有大专学历的人数为 1 233 人,占 15.9%;大专以下学历人数为 620 人,占 8.0%。"985""211"院校图书馆中,75.7% 的馆员学历在本科以上,但博士学历人数较少,只占 4.4%。

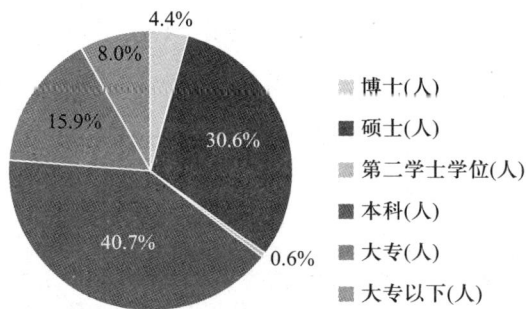

图 2-10 "985""211"院校图书馆馆员学历分布情况

2.2.3.2 普通本科院校图书馆

如图 2-11 所示,324 所普通本科院校图书馆的 14 742 名馆员中,具有博士学历的人数为 242 人,占总数的 1.6%;具有硕士学历的人数为 3 376 人,占 22.9%;具有第二学士学历的人数为 166 人,占 1.1%;具有本科学历的人数为 7 161 人,占 48.6%;具有大专学历的人数为 2 792 人,占 18.9%;具有大专以下学历的人数为 1 005 人,占 6.8%。在普通本科院校图书馆中,具有本科和硕士学历的馆员比例与"985""211"院校图书馆基本相当,占 71%,其他学历纬度馆员所占比例较少,博士学历人数最少,只占 1.6%。

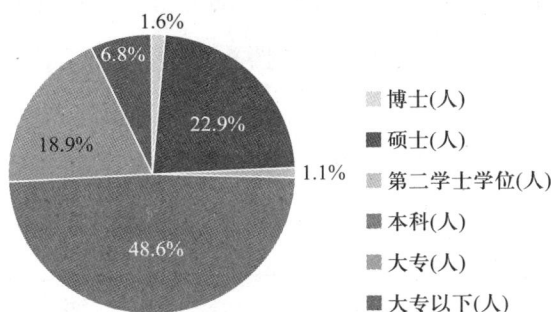

图 2-11   普通本科院校图书馆馆员学历分布情况

2.2.3.3   高职高专院校图书馆

如图 2-12 所示,252 所高职高专院校图书馆的 3 927 名馆员中,具有博士学历的人数为 22 人,占总数的 0.6%;具有硕士学历的人数为 689 人,占 17.5%;具有第二学士学历的人数为 20 人,占 0.5%;具有本科学历的人数为 2 140 人,占 54.5%;具有大专学历的人数为 815 人,占 20.8%;具有大专以下学历的人数为 241 人,占 6.1%。在高职高专

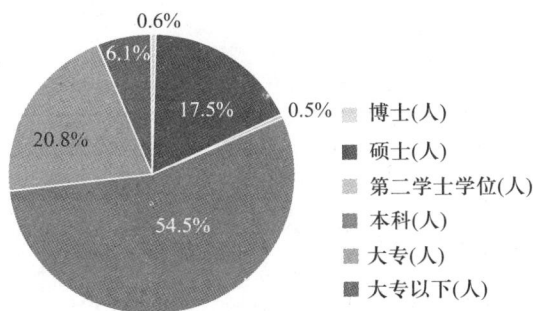

图 2-12   高职高专院校图书馆馆员学历分布情况

院校图书馆中,具有本科学历的馆员人数超过一半,是其馆员队伍的主要组成部分。大专学历相比其他两类高校图书馆有所增加,而硕士、博士学历馆员却相对偏少,其中博士学历只占0.6%。

2.2.4 专业技术职务分布

646所提供有效专业技术职务数据的高校图书馆中,"985""211"院校图书馆70所,普通本科院校图书馆323所,高职高专院校图书馆251所,其他类图书馆2所(贵州广播电视大学图书馆、浙江广播电视大学图书馆)。

646所高校图书馆共有馆员26 052人。从表2-10可以看出,2014年度,各类高校图书馆具有正高级专业技术职务的馆员人数为1 009人,占3.9%;具有副高级专业技术职务的人数为4 873人,占18.7%;具有中级专业技术职务的馆员有12 053人,占46.3%;具有初级专业技术职务的馆员人数为4 302人,占16.5%;其他类别馆员有3 815人,占14.6%。总体而言,我国高校图书馆馆员专业技术职务分布有如下特点:(1)中级专业技术职务馆员仍是我国高校图书馆馆员的主力,占接近一半的比例。副高级专业技术职务馆员数量相对较少,正高级专业技术职务馆员数量最少。(2)在各类高校图书馆中,普通本科院校图书馆副高级专业技术职务馆员所占比例在所有类型高校图书馆中最高;"985""211"院校图书馆中级专业技术职务馆员所占比例在所有类型高校图书馆中最高。

表2-10 2014年各类高校图书馆馆员专业技术职务分布情况

专业技术职务类别	所有院校		"985""211"院校		普通本科院校		高职高专院校		其他类别院校	
	人数/人	占比/%	人数/人	占比/%	人数/人	占比/%	人数/人	占比/%	人数/人	占比/%
正高级专业技术职务	1 009	3.9	254	3.3	649	4.5	104	2.7	2	10.0

专业技术职务类别	所有院校		"985""211"院校		普通本科院校		高职高专院校		其他类别院校	
	人数/人	占比/%	人数/人	占比/%	人数/人	占比/%	人数/人	占比/%	人数/人	占比/%
副高级专业技术职务	4 873	18.7	1 462	19.0	2 819	19.4	589	15.6	3	15.0
中级专业技术职务	12 053	46.3	3 860	50.2	6 598	45.3	1 588	42.0	7	35.0
初级专业技术职务	4 302	16.5	1 023	13.3	2 389	16.4	885	23.4	5	25.0
其他	3 815	14.6	1 085	14.1	2 108	14.5	619	16.4	3	15.0
总计	26 052	100.0	7 684	100.0	14 563	100.0	3 785	100.0	20	100.0
有效样本量	646		70		323		251		2	

2.2.4.1 "985""211"院校图书馆

70所"985""211"院校图书馆共有7 684名馆员。如图2-13所示,其中具有正高级专业技术职务的馆员共有254人,占总数的3.3%;具有副高级专业技术职务的馆员为1 462人,占19.0%;具有中级专业技术职务的馆员为3 860人,占50.2%;具有初级专业技术职务的馆员有1 023人,占13.3%;其他类型馆员有1 085人,占14.1%。可以看出,在"985""211"院校图书馆中,中级专业技术职务馆员占一半以上,

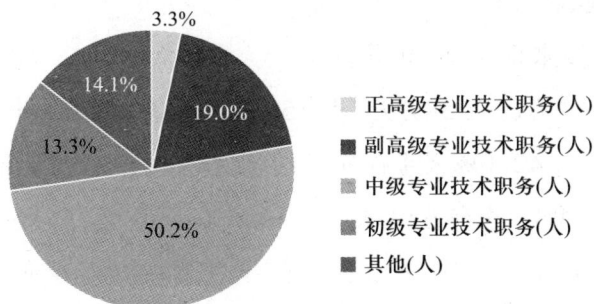

图2-13 "985""211"院校图书馆馆员专业技术职务分布情况

而正高级专业技术职务馆员比例最少。

2.2.4.2 普通本科院校图书馆

323 所普通本科院校图书馆共有 14 563 名馆员。如图 2-14 所示，具有正高级专业技术职务的馆员有 649 人，占 4.5%；具有副高级专业技术职务的馆员有 2 819 人，占 19.4%；具有中级专业技术职务的馆员有 6 598 人，占 45.3%；具有初级专业技术职务的馆员有 2 389 人，占 16.4%；其他馆员有 2 108 人，占 14.5%。普通本科院校图书馆副高级专业技术职务馆员比例与"985""211"院校图书馆相当，正高级专业技术职务馆员所占比例略高于"985""211"院校图书馆，中级专业技术职务馆员所占比例略低于"985""211"院校图书馆。

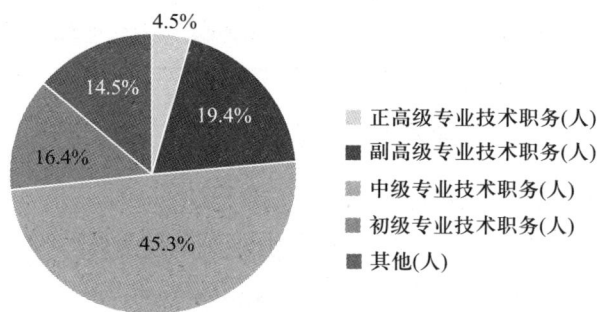

图 2-14 普通本科院校图书馆馆员专业技术职务分布情况

2.2.4.3 高职高专院校图书馆

252 所高职高专院校图书馆的 3 785 名馆员中，如图 2-15 所示，具有正高级专业技术职务的馆员有 104 人，占总数的 2.7%；具有副高级专业技术职务的馆员有 589 人，占 15.6%；具有中级专业技术职务的馆员有 1 588 人，占 42.0%；具有初级专业技术职务的馆员有 885 人，占 23.4%；其他类型馆员有 619 人，占 16.4%。可见，中级专业技术职务馆员仍然是此类高校图书馆馆员队伍的主体，初级专业技术职务馆员相比其他两类高校有所增加。

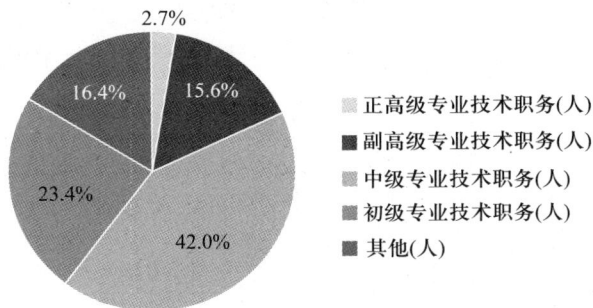

图 2-15 高职高专院校图书馆馆员专业技术职务分布情况

2.3 辅助人员

本节对全国高校图书馆外聘人员、志愿者、勤工助学学生的数量、工作内容等情况进行统计分析,并分别对"985""211"院校图书馆、普通本科院校图书馆、高职高专院校图书馆三类高校图书馆相关情况进行分析比较。

2.3.1 外聘人员

2014 年度,有 576 所各类高校图书馆在"高校图书馆事实数据库"中提交了外聘人员有效数据,其中,"985""211"院校图书馆 52 所,普通本科院校图书馆 271 所,高职高专院校图书馆 191 所,其他类高校图书馆无外聘人员。

从表 2-11 可以看出,2014 年,576 所高校图书馆外聘人员的总数达 24 849 人,平均每馆外聘人员数量为 43 人。从各类高校图书馆的平均值来看,"985""211"院校图书馆外聘人员最多,平均为 32 人;其次是普通本科院校图书馆,平均 19 人;第三为高职高专院校图书馆,平均 8 人。

表 2-11 2014 年各类高校图书馆外聘人员分布情况

单位:人

机构类别	总人数	平均人数	有效样本量
所有院校	24 849	43. 1	376
"985""211"院校	2 054	32. 1	64
普通本科院校	5 035	18. 6	271
高职高专院校	1 590	8. 3	191
其他类别院校	0	0	0

　　2014 年度,外聘人员数量最多的高校图书馆是西北民族大学图书馆,为 145 人;数量最少的是北京工业大学图书馆等 13 所高校图书馆,各为 1 人。各馆外聘人员的规模和数量差异显著。外聘人员总数居前 20 位的高校图书馆如表 2-12。

表 2-12 高校图书馆外聘人员总数 TOP 20

单位:人

序号	机构名称	外聘人员总数
1	西北民族大学图书馆	145
2	浙江大学图书馆	118
3	西南交通大学图书馆	77
4	华中科技大学图书馆	72
5	四川大学图书馆	70
6	西安建筑科技大学图书馆	69
7	华南师范大学图书馆	68
8	广州中医药大学图书馆	68
9	北京大学图书馆	66
10	南京大学图书馆	64
11	哈尔滨商业大学图书馆	59
12	上海交通大学图书馆	57
13	暨南大学图书馆	56
14	兰州交通大学图书馆	56
15	陕西师范大学图书馆	55
16	江西理工大学图书馆	51
17	中南民族大学图书馆	51
18	福建农林大学图书馆	49

序号	机构名称	外聘人员总数
19	陕西科技大学图书馆	49
20	西安石油大学图书馆	48

470 份有关外聘人员工作内容的有效调查问卷包括"985""211"院校图书馆52所,普通本科院校图书馆262所,高职高专院校图书馆153所,其他类别图书馆3所(中共广西区委党校图书馆、深圳大学城图书馆、中欧国际商学院图书馆)。

470 所高校图书馆中,78 所图书馆无外聘人员,占总数的 16.6% ;其余 392 所图书馆均设有外聘人员,占 83.4% 。各类高校图书馆外聘人员的工作内容主要包括:编目、流通、咨询、综合保障及其他工作内容(包括古籍修复、技术服务等技术支持工作,以及文印服务、门卫、收发、保洁、整架、文明督导等基础性服务工作)。如表 2-13、图 2-16 所示,编目业务占 15.7% ,流通业务占 42.5% ,咨询业务占 8.5% ,综合保障业务占 20.3% ,其他工作内容占 13.0% 。可见,流通业务是目前各类高校图书馆外聘人员的主要工作内容,而外聘人员参与咨询业务人数的比例最少。"985""211"院校图书馆与普通本科院校图书馆外聘人员在编目、流通、咨询、综合保障几方面业务上的分布比例基本相当。高职高专院校图书馆外聘人员参与咨询业务的比例略高于以上两类高校图书馆,而参与综合保障业务的比例略低于以上两类高校图书馆。

表 2-13   各类高校图书馆外聘人员工作情况

业务类别	所有院校		"985""211"院校		普通本科院校		高职高专院校		其他类别院校	
	人数/人	占比/%	人数/人	占比/%	人数/人	占比/%	人数/人	占比/%	人数/人	占比/%
编目	121	15.7	16	16.3	63	14.5	37	16.2	3	20.0
流通	327	42.5	43	43.9	185	42.7	99	43.2	3	20.0
咨询	65	8.5	6	6.1	32	7.4	23	10.0	3	20.0
综合保障	156	20.3	21	21.4	94	21.7	42	18.3	3	20.0
其他	100	13.0	12	12.2	59	13.6	28	12.2	3	20.0

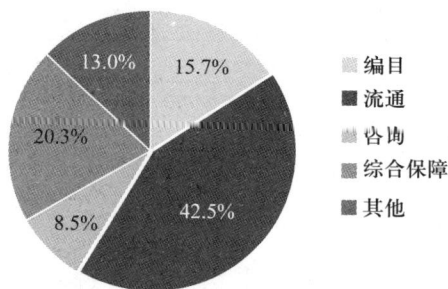

图2-16 高校图书馆外聘人员工作内容分布情况

2.3.1.1 "985""211"院校图书馆

52所"985""211"院校图书馆外聘人员的总数为2 054人,平均每馆外聘人员人数为39.5人。其中,浙江大学图书馆外聘人员数量最多,为118人;北京工业大学图书馆外聘人员数量最少,为1人。外聘人员总数居前20位的"985""211"院校图书馆如表2-14。

表2-14 "985""211"院校图书馆外聘人员人数 TOP 20

单位:人

序号	机构名称	外聘人员总数
1	浙江大学图书馆	118
2	西南交通大学图书馆	77
3	华中科技大学图书馆	72
4	四川大学图书馆	70
5	华南师范大学图书馆	68
6	北京大学图书馆	66
7	南京大学图书馆	64
8	上海交通大学图书馆	57
9	暨南大学图书馆	56
10	陕西师范大学图书馆	55
11	复旦大学图书馆	54
12	长安大学图书馆	52
13	重庆大学图书馆	52
14	东北师范大学图书馆	51
15	西安电子科技大学图书馆	51
16	清华大学图书馆	49
17	海南大学图书馆	47

序号	机构名称	外聘人员总数
18	南京师范大学图书馆	45
19	中国人民大学图书馆	45
20	同济大学图书馆	44

52 所"985""211"院校图书馆中,6 所图书馆没有外聘人员,占 11.5%;46 所图书馆有外聘人员,占 88.5%。如图 2-17 所示,在"985""211"院校图书馆外聘人员的工作内容中,编目业务占 16.3%,流通业务占 43.9%,咨询业务占 6.1%,综合保障业务占 21.4%,其他工作内容占 12.2%。其中,流通业务所占比例最高,咨询业务所占比例最少。

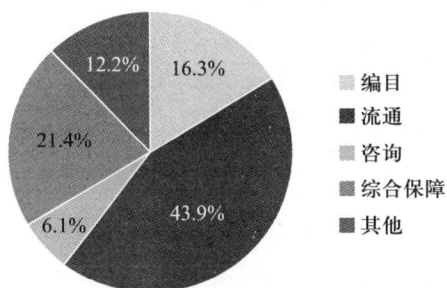

图 2-17　"985""211"院校图书馆外聘人员工作分布情况

2.3.1.2　普通本科院校图书馆

271 所普通本科院校图书馆外聘人员的总数达 5 035 人,平均每馆外聘人员人数为 19 人。其中,西北民族大学图书馆外聘人员数量最多,为 145 人;重庆三峡学院图书馆外聘人员数量最少,为 1 人。外聘人员总数居前 20 位的普通本科院校图书馆如表 2-15。

表 2-15　普通本科院校图书馆外聘人员人数 TOP 20

单位:人

序号	机构名称	外聘人员总数
1	西北民族大学图书馆	145
2	西安建筑科技大学图书馆	69
3	广州中医药大学图书馆	68

序号	机构名称	外聘人员总数
4	哈尔滨商业大学图书馆	59
5	兰州交通大学图书馆	56
6	江西理工大学图书馆	51
7	中南民族大学图书馆	51
8	福建农林大学图书馆	49
9	陕西科技大学图书馆	49
10	西安石油大学图书馆	48
11	兰州商学院图书馆	47
12	深圳大学图书馆	45
13	西南科技大学图书馆	45
14	南通大学图书馆	44
15	江西师范大学图书馆	43
16	闽江学院图书馆	43
17	西北政法大学图书馆	43
18	中国人民公安大学图书馆	43
19	盐城工学院图书馆	42
20	广西工学院图书馆	41

262 所普通本科院校图书馆中,41 所图书馆无外聘人员,占 15.6% ;221 所图书馆有外聘人员,占 84.4% 。如图 2-18 所示,在普通本科院校图书馆外聘人员的工作内容中,编目业务占 14.5% ,流通业务占 42.7% ,咨询业务占 7.4% ,综合保障业务占 21.7% ,其他工作内容占 13.6% 。普通本科院校与"985""211"院校图书馆外聘人员在编目等相关业务领域参与的人数比例基本相当。

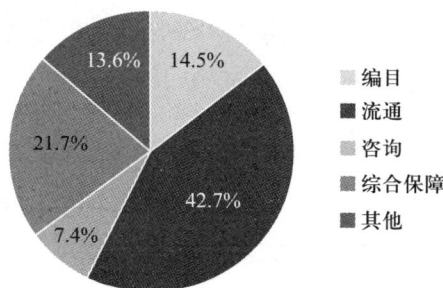

图 2-18　普通本科院校图书馆外聘人员工作分布情况

2.3.1.3 高职高专院校图书馆

191 所高职高专院校图书馆外聘人员的总数为 1 590 人,平均每馆外聘人员人数为 8 人。其中外聘人员最多的图书馆是呼伦贝尔学院图书馆,为 39 人;最少的是湛江教育学院图书馆等,为 1 人。外聘人员总数居前 20 位的高职高专院校图书馆如表 2-16。

表 2-16 高职高专院校图书馆外聘人员人数 TOP 20

单位:人

序号	机构名称	外聘人员总数
1	呼伦贝尔学院图书馆	39
2	山东协和职业技术学院图书馆	34
3	广东科学技术职业学院图书馆	33
4	深圳职业技术学院	32
5	四川建筑职业技术学院图书馆	30
6	深圳职业技术学院图书馆	30
7	郑州师范学院图书馆	30
8	威海职业学院图书馆	28
9	咸阳职业技术学院图书馆	28
10	山东商务职业学院图书馆	26
11	广东金融学院图书馆	23
12	四川职业技术学院图书馆	23
13	浙江工商职业技术学院图书馆	23
14	顺德职业技术学院图书馆	22
15	陕西铁路工程职业技术学院图书馆	22
16	苏州职业大学图书馆	22
17	北京理工大学珠海学院图书馆	20
18	成都纺织高等专科学校图书馆	20
19	广州大学华软软件学院图书馆	20
20	琼台师范高等专科学校图书馆	19

153 所高职高专院校图书馆中,31 所图书馆无外聘人员,占 20.3%;122 所图书馆有外聘人员,占 79.7%。如图 2-19 所示,在高职高专院校图书馆外聘人员的工作中,编目业务占 16.2%,流通业务占 43.2%,咨询业务占 10.0%,综合保障业务占 18.3%,其他工作内容占 12.2%。高职高专院校图书馆外聘人员参与咨询业务的人数比例略高

于前两类高校图书馆。

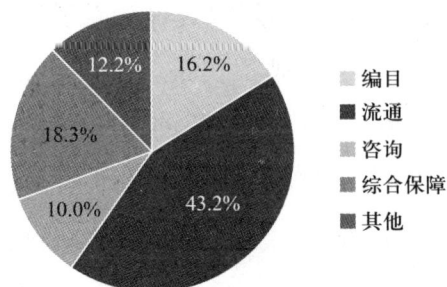

图 2-19　高职高专院校图书馆外聘人员工作分布情况

2.3.2　志愿者

435 份有效的志愿者调查问卷包括"985""211"院校图书馆 47 所，普通本科院校图书馆 246 所，高职高专院校图书馆 140 所，其他类别图书馆 2 所(中共广西区委党校图书馆、深圳大学城图书馆)。

435 所高校图书馆志愿者总数为 40 946 人，平均每馆志愿者人数为 126 人。其中 111 所高校图书馆没有志愿者，占 25.5%；其余 324 所高校图书馆均有志愿者，占 74.5%。志愿者人数最多的是广西科技大学图书馆，为 5 076 人；志愿者人数最少的是广东创新科技职业学院图书馆，为 1 人。各馆志愿者规模与数量相差悬殊。志愿者总人数居前 20 位的高校图书馆如表 2-17。

表 2-17　高校图书馆志愿者总数 TOP 20

单位:人

序号	机构名称	总人数
1	广西科技大学图书馆	5 076
2	江苏大学图书馆	2 000
3	上海交通大学图书馆	1 813
4	华中科技大学图书馆	1 322
5	泉州师范学院图书馆	1 200
6	福建工程学院图书馆	1 200
7	福建医科大学图书馆	1 050

序号	机构名称	总人数
8	长沙理工大学图书馆	1 000
9	广西科技大学鹿山学院图书馆	1 000
10	长沙理工大学图书馆	1 000
11	兰州大学图书馆	640
12	湖南农业大学图书馆	600
13	武汉科技大学图书馆	600
14	厦门大学图书馆	500
15	贵州师范学院图书馆	500
16	南京审计学院图书馆	500
17	厦门大学图书馆	500
18	常州纺织服装职业技术学院图书馆	500
19	西北师范大学图书馆	460
20	闽南师范大学图书馆	400

　　高校图书馆志愿者工作内容主要为：编目、流通、咨询、综合保障及其他(包括打扫库室卫生,擦书架、擦玻璃窗,扫地、拖地、搬运书包和桌椅等保障性工作;数字图书馆资源维护、自建数据库建设、设备维修管理等技术性工作,以及其他活动辅助工作)。如表2-18、图2-20所示,在各类高校图书馆的志愿者工作中,编目业务占4.4%,流通业务占37.2%,咨询业务占10.1%,综合保障业务占24.7%,其他工作内容占23.6%。可见,流通业务是各馆志愿者承担的主要工作内容,而他们承担编目业务的比例最少。在各类型高校图书馆中,志愿者承担编目业务人数比例最多的为普通本科院校图书馆,承担流通业务人数比例最多的为"985""211"院校图书馆,承担咨询业务人数比例最多为高职高专院校图书馆,承担综合保障业务人数比例最多的为高职高专院校图书馆。

表2-18　各类高校图书馆志愿者工作情况

业务类别	所有院校		"985""211"院校		普通本科院校		高职高专院校	
	人数/人	占比/%	人数/人	占比/%	人数/人	占比/%	人数/人	占比/%
编目	25	4.4	1	1.4	17	5.3	7	3.9

业务类别	所有院校		"985""211"院校		普通本科院校		高职高专院校	
	人数/人	占比/%	人数/人	占比/%	人数/人	占比/%	人数/人	占比/%
流通	213	37.2	30	42.3	119	37.0	64	35.8
咨询	58	10.1	9	12.7	26	8.1	23	12.8
综合保障	141	24.7	17	23.9	78	24.2	46	25.7
其他	135	23.6	14	19.7	82	25.5	39	21.8

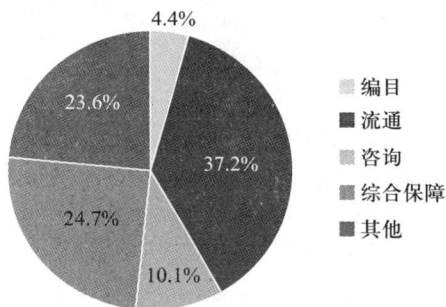

图 2-20　高校图书馆志愿者工作分布情况

2.3.2.1 "985""211"院校图书馆

47 所"985""211"院校图书馆中,有 10 所图书馆没有志愿者,占 21.3%;37 所图书馆有志愿者,占 78.7%。志愿者总人数为 8 009 人,平均每馆志愿者人数为 216 人。志愿者人数最多的是上海交通大学图书馆,人数达 1 813 人;志愿者人数最少的是北京大学图书馆,人数为 10 人。志愿者总人数居前 20 位的"985""211"院校图书馆如表 2-19。

表 2-19　"985""211"院校图书馆志愿者总人数 TOP 20

单位:人

序号	机构名称	志愿者总数
1	上海交通大学图书馆	1 813
2	华中科技大学图书馆	1 322
3	兰州大学图书馆	640
4	厦门大学图书馆	500

序号	机构名称	志愿者总数
5	福州大学图书馆	300
6	华东理工大学图书馆	250
7	南京师范大学图书馆	220
8	四川农业大学图书馆	200
9	南京航空航天大学图书馆	200
10	重庆大学图书馆	160
11	中国药科大学图书馆	150
12	复旦大学图书馆	150
13	山东大学图书馆	145
14	西南交通大学图书馆	140
15	辽宁大学图书馆	100
16	南京大学图书馆	100
17	中南财经政法大学图书馆	90
18	中南大学图书馆	80

如图 2-21 所示,在"985""211"院校图书馆的志愿者工作内容中,编目业务占 1.4%,流通业务占 42.3%,咨询业务占 12.7%,综合保障业务占 23.9%,其他工作内容占 19.7%。"985""211"院校图书馆志愿者承担编目业务的比例极少,承担流通业务人数比例最多。

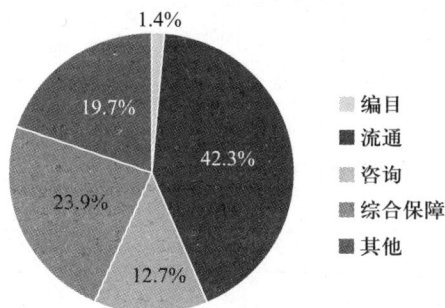

图 2-21 "985""211"院校图书馆志愿者工作内容分布情况

2.3.2.2 普通本科院校图书馆

246 所普通本科院校图书馆志愿者总人数为 28 289 人,平均每馆志愿者人数为 151 人。其中,59 所图书馆没有志愿者,占 24%;187 所图书馆有志愿者,占 76%。志愿者数量最多的是广西科技大学图书馆,人数达 5 076 人;人数最少的是上海海关学院图书馆,只有 2 人。志愿者总人数居前 20 位的普通本科院校图书馆如表 2-20。

表 2-20 普通本科院校图书馆志愿者总人数 TOP 20

单位:人

序号	机构名称	志愿者总数
1	广西科技大学图书馆	5 076
2	江苏大学图书馆	2 000
3	泉州师范学院图书馆	1 200
4	福建工程学院图书馆	1 200
5	福建医科大学图书馆	1 050
6	长沙理工大学图书馆	1 000
7	广西科技大学鹿山学院图书馆	1 000
8	长沙理工大学图书馆	1 000
9	湖南农业大学图书馆	600
10	武汉科技大学图书馆	600
11	贵州师范学院图书馆	500
12	南京审计学院图书馆	500
13	西北师范大学图书馆	460
14	闽南师范大学图书馆	400
15	广西师范学院图书馆	350
16	浙江财经大学图书馆	320
17	广东医学院图书馆	300
18	成都中医药大学图书馆	300
19	西安工业大学图书馆	300
20	南方医科大学图书馆	300

如图 2-22 所示,在普通本科院校图书馆的志愿者工作内容中,编目业务占 5.3%,流通业务占 37.0%,咨询业务占 8.1%,综合保障业务

占 24.2%,其他工作内容占 25.5%。普通本科院校图书馆志愿者承担编目业务的比例比"985""211"院校图书馆偏高,其他业务领域的参与比例相差不大。

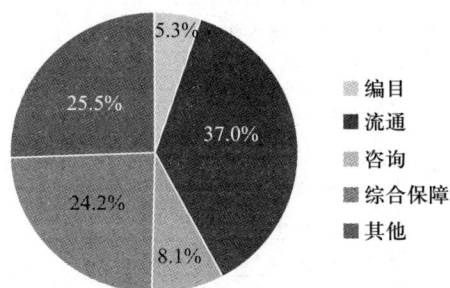

图 2-22　普通本科院校图书馆志愿者工作分布情况

2.3.2.3　高职高专院校图书馆

140 所高职高专院校图书馆志愿者总数达 4 648 人,平均每馆志愿者人数为 46 人。其中 40 所图书馆没有志愿者,占 28.6%;100 所图书馆有志愿者,占 71.4%。志愿者人数最多的是常州纺织服装职业技术学院图书馆,人数达 500 人;志愿者人数最少的是广东创新科技职业学院图书馆,只有 1 人。志愿者总人数居前 20 位的高职高专院校图书馆如表 2-21。

表 2-21　高职高专院校图书馆志愿者总人数 TOP 20

单位:人

序号	机构名称	志愿者总数
1	常州纺织服装职业技术学院图书馆	500
2	包头医学院图书馆	200
3	德州职业技术学院图书馆	200
4	河源职业技术学院图书馆	200
5	扬州市职业大学图书馆	200
6	上海工商外国语职业学院图书馆	200
7	长沙商贸旅游职业技术学院图书馆	120
8	四川财经职业学院图书馆	100
9	铜陵职业技术学院图书馆	100

序号	机构名称	志愿者总数
10	广东农工商职业技术学院图书馆	100
11	铜陵职业技术学院图书馆	100
12	海南经贸职业技术学院图书馆	100
13	南京交通职业技术学院图书馆	84
14	安徽医学高等专科学校图书馆	80
15	青岛职业技术学院图书馆	80
16	山东城市建设职业学院图书馆	80
17	广西卫生职业技术学院图书馆	70
18	六安职业技术学院图书馆	60
19	无锡商业职业技术学院图书馆	60
20	福建华南女子职业学院图书馆	58

如图 2-23 所示,在高职高专院校图书馆的志愿者工作内容中,编目业务占 3.9%,流通业务占 35.8%,咨询业务占 12.8%,综合保障业务占 25.7%,其他工作内容占 21.8%。高职高专院校图书馆志愿者承担相关业务内容的比例与前两类高校图书馆相差不大。

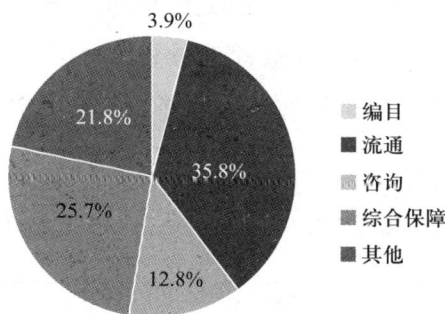

图 2-23　高职高专院校图书馆志愿者工作分布情况

2.3.3　勤工助学

"高校图书馆事实数据库"的 576 份有效勤工助学数据包括"985""211"院校图书馆 67 所,普通本科院校图书馆 287 所,高职高专院校图书馆 221 所,其他类高校图书馆 1 所(贵州广播电视大学图书馆)。

2014 年度,576 所高校图书馆勤工助学总人数达到 24 846 人,平均每馆勤工助学人数为 43 人。其中,"985""211"院校图书馆勤工助学平均人数最多,为 96 人;普通本科院校图书馆平均 42 人;高职高专院校图书馆最少,平均 29 人。如表 2-22 所示。

表 2-22 2013 年、2014 年各类高校图书馆勤工助学学生分布情况

单位:人

机构类别	总人数	平均人数	有效样本量
所有院校	24 846	43.1	576
"985""211"院校	6 417	95.8	67
普通本科院校	12 036	41.9	287
高职高专院校	6 393	28.9	221
其他类别院校	0	0	1

2014 年度,勤工助学人数最多的是厦门大学图书馆,为 2 241 人;最少的是广东创新科技职业学院图书馆等,为 1 人。勤工助学总人数居前 20 位的高校图书馆如表 2-23。

表 2-23 高校图书馆勤工助学总人数 TOP 20

单位:人

序号	机构名称	勤工助学人数
1	厦门大学图书馆	2 241
2	成都纺织高等专科学校图书馆	1 760
3	潍坊学院图书馆	1 000
4	宜春职业技术学院图书馆	576
5	南昌航空大学图书馆	488
6	华南理工大学图书馆	340
7	西南大学图书馆	300
8	暨南大学图书馆	266
9	南京大学图书馆	262
10	广东工业大学图书馆	240
11	扬州大学图书馆	240
12	宁波大学图书馆	225
13	哈尔滨工程大学图书馆	220
14	福建师范大学图书馆	215
15	山西大学图书馆	215

序号	机构名称	勤工助学人数
16	广西工学院图书馆	212
17	山东师范大学图书馆	205
18	兰州大学图书馆	200
19	佳木斯大学图书馆	185
20	福州大学图书馆	150

435 份涉及勤工助学工作内容的调查问卷包括"985""211"院校图书馆 52 所,普通本科院校图书馆 263 所,高职高专院校图书馆 121 所,其他类别图书馆 2 所(深圳大学城、中欧国际商学院)。

如图 2-24 所示,在各类高校图书馆勤工助学工作内容中,编目业务占 9.0%,流通业务占 41.2%,咨询业务占 10.2%,综合保障占 23.0%,其他工作内容占 16.7%。可见,与外聘人员、志愿者所承担的业务内容一样,流通业务仍是目前各类高校图书馆勤工助学学生的主要工作内容。

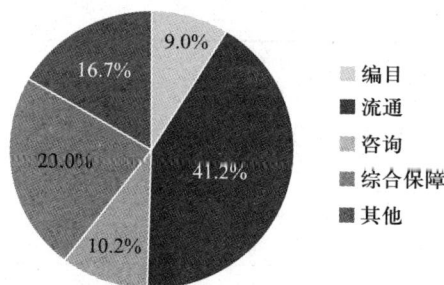

图 2-24 各类高校图书馆勤工助学工作分布情况

2.3.3.1 "985""211"院校图书馆

67 所"985""211"院校图书馆勤工助学总人数达 6 417 人,平均每馆勤工助学人数为 96 人。其中,勤工助学人数最多的为厦门大学图书馆,达 2 241 人;人数最少的是海南大学图书馆,为 5 人。勤工助学总人数居前 20 位的"985""211"院校图书馆如表 2-24。

表 2-24 "985""211"院校图书馆勤工助学总人数 TOP 20

单位:人

序号	机构名称	勤工助学人数
1	厦门大学图书馆	2 241
2	华南理工大学图书馆	340
3	西南大学图书馆	300
4	暨南大学图书馆	266
5	南京大学图书馆	262
6	哈尔滨工程大学图书馆	220
7	兰州大学图书馆	200
8	福州大学图书馆	150
9	浙江大学图书馆	150
10	重庆大学图书馆	144
11	贵州大学图书馆	130
12	华南师范大学图书馆	130
13	东华大学图书馆	120
14	复旦大学图书馆	120
15	中国科学技术大学图书馆	105
16	安徽大学图书馆	100
17	东北大学图书馆	95
18	河北工业大学图书馆	90
19	四川大学图书馆	79
20	西南财经大学图书馆	70

如图 2-25 所示,在"985""211"院校图书馆的勤工助学工作中,编目业务占 10.7%,流通业务占 41.3%,咨询业务占 15.7%,综合保障业务占 19.0%,其他工作内容占 13.2%。

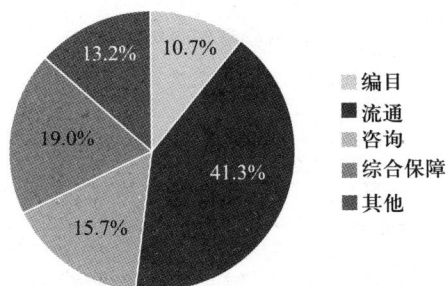

图 2-25 "985""211"院校图书馆勤工助学工作分布情况

2.3.3.2 普通本科院校图书馆

287 所普通本科院校图书馆勤工助学总人数达 12 036 人,平均每馆勤工助学人数为 42 人。其中,勤工助学人数最多的是潍坊学院图书馆,人数达 1 000 人;勤工助学人数最少的为南方科技大学图书馆等,人数为 1 人。勤工助学总人数居前 20 位的普通本科院校图书馆如表 2-25。

表 2-25 普通本科院校图书馆勤工助学总人数 TOP 20

单位:人

序号	机构名称	勤工助学人数
1	潍坊学院图书馆	1 000
2	南昌航空大学图书馆	488
3	广东工业大学图书馆	240
4	扬州大学图书馆	240
5	宁波大学图书馆	225
6	福建师范大学图书馆	215
7	山西大学图书馆	215
8	广西工学院图书馆	212
9	山东师范大学图书馆	205
10	佳木斯大学图书馆	185
11	重庆医科大学图书馆	180
12	广东培正学院图书馆	170
13	华东政法大学图书馆	170
14	广东外语外贸大学图书馆	160
15	哈尔滨商业大学图书馆	152
16	南开大学滨海学院图书馆	152
17	上海杉达学院图书馆	146
18	江西师范大学图书馆	143
19	宁德师范学院图书馆	143
20	浙江农林大学图书馆	128

如图 2-26 所示,在普通本科院校图书馆的勤工助学工作中,编目业务占 9.1%,流通业务占 42.5%,咨询业务占 6.8%,综合保障业务占

23.9%,其他工作内容占 17.7%。与"985""211"院校图书馆勤工助学学生承担的工作内容相比,普通本科院校图书馆勤工助学学生参与编目、咨询业务的人数比例都相对偏低,而参与综合保障等方面业务的人数比例却偏高。

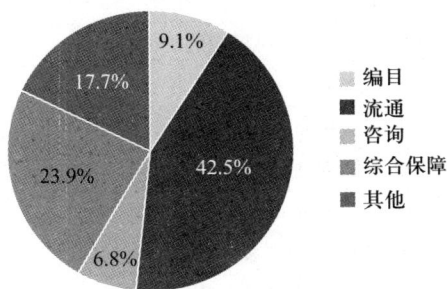

图 2-26　普通本科院校图书馆勤工助学工作分布情况

2.3.3.3　高职高专院校图书馆

221 所高职高专院校图书馆勤工助学的总人数达 6 393 人,平均每馆勤工助学人数为 29 人。勤工助学人数最多的高职高专院校图书馆是成都纺织高等专科学校图书馆,人数为 1 760 人;勤工助学人数最少的是广东创新科技职业学院图书馆等,人数为 1 人。勤工助学总人数居前 20 位的高职高专院校图书馆如表 2-26。

表 2-26　高职高专院校图书馆勤工助学总人数 TOP 20

单位:人

序号	机构名称	勤工助学人数
1	成都纺织高等专科学校图书馆	1 760
2	宜春职业技术学院图书馆	576
3	广东交通职业技术学院图书馆	126
4	广东轻工职业技术学院图书馆	102
5	广州工程技术职业学院图书馆	87
6	广东理工职业学院图书馆	83
7	深圳信息职业技术学院图书馆	78
8	民办南华工商学院图书馆	76

序号	机构名称	勤工助学人数
9	郑州师范学院图书馆	70
10	广东省外语艺术职业学院图书馆	70
11	成都航空职业技术学院图书馆	70
12	成都职业技术学院图书馆	66
13	浙江医药高等专科学校图书馆	63
14	浙江水利水电学院图书馆	63
15	广东司法警官职业学院图书馆	62
16	浙江工商职业技术学院图书馆	60
17	广东女子职业技术学院图书馆	58
18	浙江工贸职业技术学院图书馆	56
19	华南理工大学广州学院图书馆	55
20	广东机电职业技术学院图书馆	54

如图 2-27 所示,在高职高专院校的勤工助学工作中,编目业务占 8.5%,流通业务占 38.3%,咨询业务占 13.8%,综合保障业务占 22.3%,其他工作内容占 17.0%。可以看出,高职高专院校图书馆勤工助学学生参与咨询业务的人数比普通本科院校图书馆偏高,参与其他业务领域的人数比例与前两类高校图书馆相当。

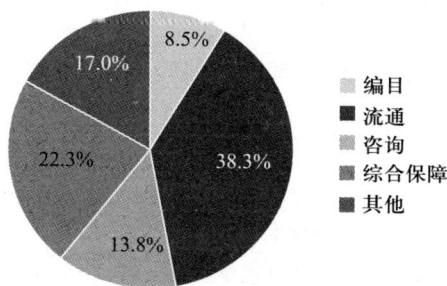

图 2-27　高职高专院校图书馆勤工助学工作分布情况

第3章　高校图书馆年度经费状况

本章对我国"985""211"院校图书馆、普通本科院校图书馆、高职高专院校图书馆等三类高校图书馆2014年度的经费、文献资源购置费、生均文献资源购置费、纸质资源购置费、电子资源购置费情况进行了宏观统计分析,并对各类高校图书馆的以上各项经费情况按地区(东部、中部、西部)进行了横向比较,得出相关结论。

为了了解2014年度高校图书馆购置各类文献资源经费的具体情况和趋势,对文献资源购置费,本章还具体分析了其中纸质资源购置费、电子资源购置费、非书资料购置费和其他资源购置费所占百分比情况;对纸质资源购置费,具体分析了购中文纸质图书、报刊经费和购外文纸质图书、报刊经费所占百分比情况;对电子资源购置费,具体分析了购中文电子图书、期刊经费,购外文电子图书、期刊经费,以及购其他电子资源经费所占百分比情况。

本章数据主要来源于"高校图书馆事实数据库"。

3.1　年度经费概况

年度经费由文献资源购置费、文献资源加工费、设备资产购置费、设备设施维护费和办公费构成。

3.1.1　"985""211"院校图书馆

109所"985""211"院校图书馆2014年度经费情况的有效统计样本为65所图书馆,填报率为59.63%。2014年度经费居前20位的

"985""211"院校图书馆见表3-1。

表3-1　"985""211"院校图书馆2014年度经费 TOP 20

单位：元

序号	机构名称	年度经费
1	上海交通大学图书馆	48 694 672
2	四川大学图书馆	43 297 116
3	复旦大学图书馆	42 346 920
4	浙江大学图书馆	41 962 796
5	中山大学图书馆	41 477 240
6	北京大学图书馆	39 699 884
7	西南大学图书馆	37 015 240
8	中国人民大学图书馆	36 156 604
9	北京师范大学图书馆	33 846 248
10	贵州大学图书馆	33 563 020
11	厦门大学图书馆	33 542 700
12	武汉大学图书馆	32 507 314
13	华中科技大学图书馆	30 068 278
14	南京大学图书馆	29 667 334
15	西北工业大学图书馆	29 507 168
16	清华大学图书馆	28 725 840
17	西安交通大学图书馆	27 930 402
18	东北师范大学图书馆	27 518 278
19	重庆大学图书馆	27 056 770
20	东南大学图书馆	26 465 074

从全国范围来看，"985""211"院校图书馆2014年度经费均值为21 170 097元，中位值为19 075 120元（为排名第33位的陕西师范大学图书馆）。从地区划分来看，各地区"985""211"院校图书馆均值分别为东部地区21 331 418元，中部地区19 864 219元，西部地区21 577 661元；东部地区和西部地区均值均高于全国均值；中部地区均值低于全国均值，与全国均值的差额达1 305 878元。

3.1.2　普通本科院校图书馆

828所普通本科院校图书馆2014年度经费情况的有效统计样本为290所图书馆，填报率为35.02%。2014年度经费居前20位的普通本科院校图书馆见表 3-2。

表 3-2　普通本科院校图书馆 2014 年度经费 TOP 20

单位:元

序号	机构名称	年度经费
1	首都师范大学图书馆	29 902 910
2	福建农林大学图书馆	23 012 710
3	南方科技大学图书馆	21 148 342
4	浙江工业大学图书馆	18 738 654
5	深圳大学图书馆	18 561 110
6	西南民族大学图书馆	18 210 796
7	上海师范大学图书馆	17 909 568
8	贵州财经大学图书馆	16 981 352
9	杭州师范大学图书馆	16 125 896
10	江苏大学图书馆	15 887 992
11	华东政法大学图书馆	15 839 936
12	广州医科大学图书馆	15 656 473
13	安徽师范大学图书馆	15 615 640
14	河北师范大学图书馆	15 517 159
15	天津理工大学图书馆	13 789 275
16	淮阴师范学院图书馆	13 606 555
17	扬州大学图书馆	13 396 999
18	漳州师范学院图书馆	13 037 034
19	首都医科大学图书馆	12 901 350
20	浙江工商大学图书馆	11 911 572

从全国范围来看,普通本科院校图书馆 2014 年度经费均值为 5 714 626 元,中位值为 4 434 213 元(居于排名第 145 位的龙岩学院图书馆和排名第 146 位的皖西学院图书馆之间)。从地区划分来看,各地区均值分别为东部地区 6 451 740 元,中部地区 5 241 287 元,西部地区 4 603 307 元;东部地区均值高于全国均值 737 115 元;中部地区和西部地区均低于全国均值,且西部地区均值与全国均值的差额达 1 111 319 元。

3.1.3　高职高专院校图书馆

1 035 所高职高专院校图书馆 2014 年度经费情况的有效统计样本

为 217 所图书馆,填报率为 20.97%。2014 年度经费居前 20 位的高职高专院校图书馆见表 3-3。

表 3-3　高职高专院校图书馆 2014 年度经费 TOP 20

单位:元

序号	机构名称	年度经费
1	深圳信息职业技术学院图书馆	13 614 428
2	广东创新科技职业学院图书馆	10 235 019
3	上海海关高等专科学校图书馆	9 405 852
4	广州番禺职业技术学院图书馆	8 721 381
5	深圳职业技术学院图书馆	7 567 200
6	金华职业技术学院图书馆	6 578 632
7	海南工商职业学院图书馆	5 403 271
8	西安医学高等专科学校图书馆	4 989 227
9	温州职业技术学院图书馆	4 736 040
10	广东轻工职业技术学院图书馆	4 600 637
11	广东科学技术职业学院图书馆	4 308 500
12	九江职业技术学院图书馆	4 198 572
13	广东岭南职业技术学院图书馆	3 910 043
14	苏州职业大学图书馆	3 778 462
15	浙江建设职业技术学院图书馆	3 772 408
16	广州现代信息工程职业技术学院图书馆	3 702 947
17	宁波职业技术学院图书馆	3 606 173
18	延安职业技术学院图书馆	3 526 455
19	江苏食品药品职业技术学院图书馆	3 450 000
20	上海电子信息职业技术学院图书馆	3 442 400

从全国范围来看,高职高专院校图书馆 2014 年度经费均值为 1 574 007 元,中位值为 1 089 867 元(为排名第 109 位的闽西职业技术学院图书馆)。从地区划分来看,各地区均值分别为东部地区 1 710 189 元,中部地区 1 091 807 元,西部地区 1 346 877 元;东部地区均值高于全国均值,中部地区和西部地区均值均低于全国均值,与全国均值的差额分别为 482 199 元和 227 130 元。

3.2 文献资源购置费

文献资源购置费由纸质资源购置费、电子资源购置费、非书资料购置费和其他费用构成。

3.2.1 "985""211"院校图书馆

109 所"985""211"院校图书馆 2014 年度文献资源购置费的有效统计样本为 65 所图书馆,填报率为 59.63%。2014 年度文献资源购置费居前 20 位的"985""211"院校图书馆见表 3-4。

表 3-4 "985""211"院校图书馆 2014 年度文献资源购置费 TOP 20

单位:元

序号	机构名称	文献资源购置费
1	浙江大学图书馆	41 291 900
2	上海交通大学图书馆	37 577 712
3	中山大学图书馆	37 506 040
4	复旦大学图书馆	36 976 128
5	四川大学图书馆	34 270 572
6	中国人民大学图书馆	34 199 056
7	北京大学图书馆	32 261 546
8	北京师范大学图书馆	30 630 360
9	清华大学图书馆	28 662 226
10	华中科技大学图书馆	28 524 498
11	南京大学图书馆	27 999 302
12	武汉大学图书馆	27 877 244
13	华东师范大学图书馆	25 619 720
14	西安交通大学图书馆	25 372 650
15	华南理工大学图书馆	24 134 634
16	重庆大学图书馆	22 731 170
17	同济大学图书馆	22 685 184

序号	机构名称	文献资源购置费
18	东南大学图书馆	22 051 724
19	西南交通大学图书馆	21 605 856
20	贵州大学图书馆	20 808 966

从全国范围来看,"985""211"院校图书馆 2014 年度文献资源购置费均值为 17 930 649 元,中位值为 16 384 928 元(为排名第 33 位的兰州大学图书馆)。从地区划分来看,各地区均值分别为东部地区 19 192 628 元,中部地区 15 950 400 元,西部地区 16 480 490 元;东部地区均值高于全国均值 1 261 979 元;中部地区和西部地区均值均低于全国均值,与全国均值的差额分别为 1 980 249 元和 1 450 159 元。

对各地区各类文献资源购置费所占百分比进行分析,从图 3-1 可知,2014 年度各地区"985""211"院校图书馆的文献资源购置费 52% 以上用于购置电子资源,41% 以上用于购置纸质资源,非书资料和其他资源购置费占比不超过 0.53%。可见,各地区"985""211"院校图书馆的文献资源购置费绝大部分用于采购电子资源。

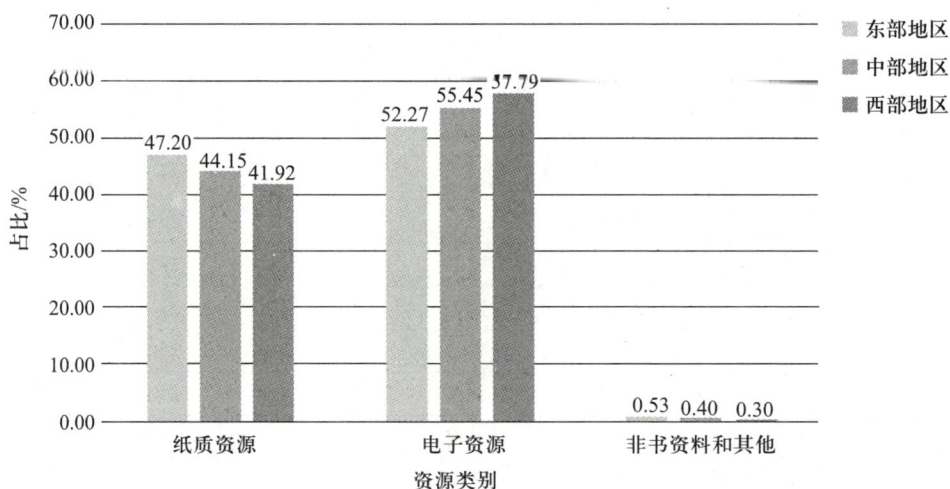

图 3-1 "985""211"院校图书馆 2014 年度各类文献资源购置费所占百分比情况

3.2.2　普通本科院校图书馆

828 所普通本科院校图书馆 2014 年度文献资源购置费的有效统计样本为 292 所图书馆,填报率为 35.27%。2014 年度文献资源购置费居前 20 位的普通本科院校图书馆见表 3-5。

表 3-5　普通本科院校图书馆 2014 年度文献资源购置费 TOP 20

单位:元

序号	机构名称	文献资源购置费
1	首都师范大学图书馆	24 726 974
2	南方科技大学图书馆	21 020 664
3	浙江工业大学图书馆	16 594 599
4	深圳大学图书馆	16 306 109
5	杭州师范大学图书馆	15 832 580
6	上海师范大学图书馆	15 531 113
7	福建农林大学图书馆	14 822 367
8	华东政法大学图书馆	13 385 541
9	江苏大学图书馆	12 631 553
10	扬州大学图书馆	12 521 533
11	西南民族大学图书馆	12 254 722
12	河北师范大学图书馆	11 677 491
13	安徽师范大学图书馆	11 265 000
14	广州大学图书馆	9 998 570
15	烟台大学图书馆	9 990 700
16	山西大学图书馆	9 914 694
17	浙江工商大学图书馆	9 691 334
18	浙江理工大学图书馆	9 679 697
19	华南农业大学图书馆	9 484 683
20	山东师范大学图书馆	9 433 446

从全国范围来看,普通本科院校图书馆 2014 年度文献资源购置费均值为 4 831 486 元,中位值为 4 009 113 元(居于排名第 146 位的韶关学院图书馆和排名第 147 位的山东工商学院图书馆之间)。从地区划分来看,各地区均值分别为东部地区 5 505 755 元,中部地区 4 465 554 元,西部地区 3 790 753 元;东部地区均值高于全国均值 674 269 元,中

部地区和西部地区均值均低于全国均值,与全国均值的差额分别为365 932 元和 1 040 733 元。

对各地区各类文献资源购置费所占百分比进行分析,从图 3-2 可知,2014 年度各地区普通本科院校图书馆的文献资源购置费 53% 以上用于购置纸质资源,37% 以上用于购置电子资源,非书资料和其他资源购置费占比不超过 0.16%。可见,各地区普通本科院校图书馆的文献资源购置费绝大部分用于采购纸质资源。

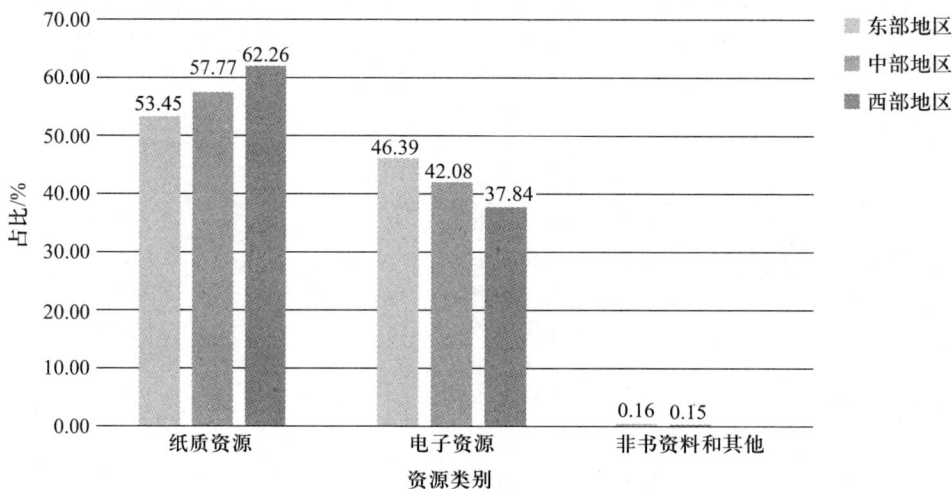

图 3-2　普通本科院校图书馆 2014 年度各类文献资源购置费所占百分比情况

3.2.3　高职高专院校图书馆

1 035 所高职高专院校图书馆 2014 年度文献资源购置费的有效统计样本为 222 所图书馆,填报率为 21.45%。2014 年度文献资源购置费居前 20 位的高职高专院校图书馆见表 3-6。

表 3-6　高职高专院校图书馆 2014 年度文献资源购置费 TOP 20

单位:元

序号	机构名称	文献资源购置费
1	深圳信息职业技术学院图书馆	12 551 272

序号	机构名称	文献资源购置费
2	深圳职业技术学院图书馆	6 437 000
3	广东创新科技职业学院图书馆	6 081 359
4	广州番禺职业技术学院图书馆	4 633 212
5	广东轻工职业技术学院图书馆	4 472 511
6	九江职业技术学院图书馆	3 767 512
7	广州现代信息工程职业技术学院图书馆	3 702 947
8	金华职业技术学院图书馆	3 500 000
9	宁波职业技术学院图书馆	3 288 173
10	广东科学技术职业学院图书馆	3 140 000
11	上海电子信息职业技术学院图书馆	3 131 000
12	苏州职业大学图书馆	3 055 839
13	顺德职业技术学院图书馆	2 978 810
14	赤峰民族师范高等专科学校图书馆	2 720 000
15	琼台师范高等专科学校图书馆	2 698 072
16	四川建筑职业技术学院图书馆	2 650 500
17	浙江建设职业技术学院图书馆	2 583 391
18	漳州职业技术学院图书馆	2 566 292
19	广州城市职业学院图书馆	2 500 037
20	杨凌职业技术学院图书馆	2 436 391

从全国范围来看,高职高专院校图书馆 2014 年度文献资源购置费均值为 1 194 346 元,中位值为 977 808 元(居于排名第 111 位的陕西交通职业技术学院图书馆和排名第 112 位的河南工业职业技术学院图书馆之间)。从地区划分来看,各地区均值分别为东部地区 1 285 388 元,中部地区 963 302 元,西部地区 997 805 元;东部地区均值高于全国均值;中部地区和西部地区均值均低于全国均值,与全国均值的差额分别为 231 044 元和 196 541 元。

对各地区各类文献资源购置费所占百分比进行分析,从图 3-3 可知,2014 年度各地区高职高专院校图书馆的文献资源购置费 75% 以上用于购置纸质资源,19% 以上用于购置电子资源,非书资料和其他资源购置费占比不超过 0.05% 。可见,各地区高职高专院校图书馆的文献资源购置费绝大部分用于采购纸质资源。

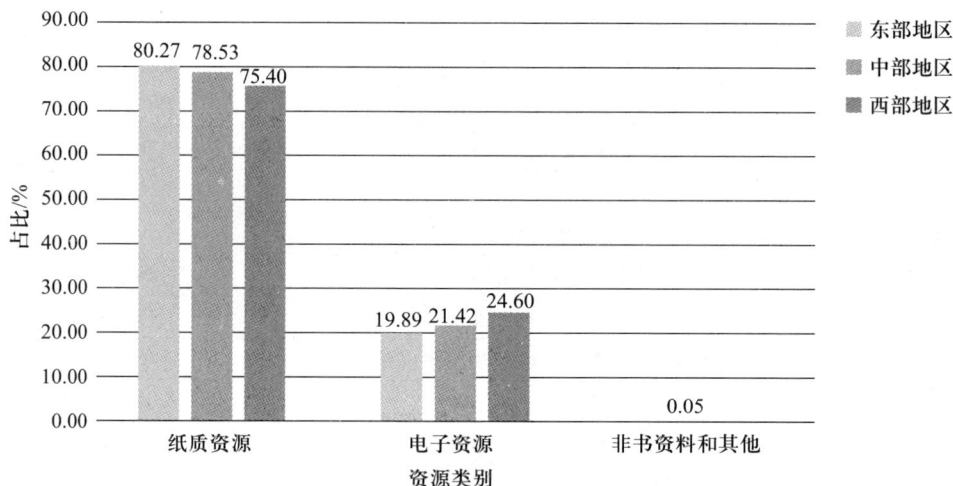

图 3-3　高职高专院校图书馆 2014 年度各类文献资源购置费所占百分比情况

3.3　生均文献资源购置费

生均文献资源购置费为文献资源购置费与文献资源加工费之和除以折合在校生数。

3.3.1　"985""211"院校图书馆

109 所"985""211"院校图书馆 2014 年度生均文献资源购置费的有效统计样本为 62 所图书馆,填报率为 56.88% 。2014 年度生均文献资源购置费居前 20 位的"985""211"院校图书馆见表 3-7。

表 3-7　"985""211"院校图书馆 2014 年度生均文献资源购置费 TOP 20

单位:元

序号	机构名称	生均文献资源购置费用
1	中国人民大学图书馆	802

序号	机构名称	生均文献资源购置费用
2	北京师范大学图书馆	775
3	东华大学图书馆	761
4	复旦大学图书馆	736
5	华东师范大学图书馆	635
6	南京大学图书馆	603
7	北京工业大学图书馆	601
8	南京师范大学图书馆	539
9	西北工业大学图书馆	538
10	上海交通大学图书馆	519
11	西安交通大学图书馆	518
12	中国政法大学图书馆	513
13	上海财经大学图书馆	510
14	北京科技大学图书馆	491
15	华南理工大学图书馆	488
16	中国科学技术大学图书馆	487
17	华东理工大学图书馆	486
18	东南大学图书馆	480
19	福州大学图书馆	462
20	中山大学图书馆	455

从全国范围来看,"985""211"院校图书馆 2014 年度生均文献资源购置费均值为 393 元,中位值为 353 元(居于排名第 31 位的厦门大学图书馆和排名第 32 位的贵州大学图书馆之间)。从地区划分来看,各地区均值分别为东部地区 442 元,中部地区 310 元,西部地区 340 元;东部地区均值高于全国均值 49 元;中部地区和西部地区均值均低于全国均值,与全国均值的差额分别为 83 元和 53 元。

3.3.2 普通本科院校图书馆

828 所普通本科院校图书馆 2014 年度生均文献资源购置费的有效统计样本为 270 所图书馆,填报率为 32.61%。2014 年度生均文献资源购置费居前 20 位的普通本科院校图书馆见表 3-8。

表 3-8　普通本科院校图书馆 2014 年度生均文献资源购置费 TOP 20

单位:元

序号	机构名称	生均文献资源购置费
1	南方科技大学图书馆	18 013
2	佛山科学技术学院图书馆	2 115
3	北京师范大学-香港浸会大学联合国际学院图书馆	1 932
4	浙江外国语学院图书馆	1 276
5	首都师范大学图书馆	945
6	华东政法大学图书馆	769
7	汕头大学图书馆	734
8	上海对外贸易学院图书馆	704
9	浙江海洋学院图书馆	623
10	首都医科大学图书馆	598
11	湖北警官学院图书馆	587
12	广州医科大学图书馆	546
13	温州大学图书馆	539
14	上海政法学院图书馆	529
15	南京医科大学图书馆	520
16	杭州师范大学图书馆	519
17	贵州理工学院图书馆	510
18	上海海洋大学图书馆	501
19	上海中医药大学图书馆	501
20	浙江财经大学图书馆	485

从全国范围来看,普通本科院校图书馆 2014 年度生均文献资源购置费均值为 331 元,中位值为 218 元(居于排名第 135 位的四川理工学院图书馆和排名第 136 位的陕西国际商贸学院图书馆之间)。从地区划分来看,各地区均值分别为东部地区 425 元,中部地区 226 元,西部地区 211 元;东部地区均值高于全国均值 95 元,中部地区和西部地区均值均低于全国均值,与全国均值的差额分别为 105 元和 121 元。

3.3.3　高职高专院校图书馆

1 035 所高职高专院校图书馆 2014 年度生均文献资源购置费的有

效统计样本为 198 所图书馆,填报率为 19.13%。2014 年度生均文献资源购置费居前 20 位的高职高专院校图书馆见表3-9。

表 3-9　高职高专院校图书馆 2014 年度生均文献资源购置费 TOP 20

单位:元

序号	机构名称	生均文献资源购置费
1	上海海关高等专科学校图书馆	1 080
2	广东创新科技职业学院图书馆	635
3	三亚理工职业学院图书馆	519
4	榆林职业技术学院图书馆	514
5	海南外国语职业学院图书馆	430
6	漳州理工职业学院图书馆	414
7	厦门城市职业学院图书馆	413
8	广州番禺职业技术学院图书馆	402
9	上海电子信息职业技术学院图书馆	380
10	广州松田职业学院图书馆	367
11	广州现代信息工程职业技术学院图书馆	355
12	琼台师范高等专科学校图书馆	346
13	浙江艺术职业学院图书馆	341
14	上海工艺美术职业学院图书馆	328
15	宁波职业技术学院图书馆	306
16	上海民航职业技术学院图书馆	302
17	上海农林职业技术学院图书馆	297
18	广州体育职业技术学院图书馆	294
19	衢州职业技术学院图书馆	290
20	辽宁警官高等专科学校图书馆	287

从全国范围来看,高职高专院校图书馆 2014 年度生均文献资源购置费均值为 149 元,中位值为 123 元(居于排名第 99 位的上海科学技术职业学院图书馆和排名第 100 位的扬州市职业大学图书馆之间)。从地区划分来看,各地区均值分别为东部地区 168 元,中部地区 129 元,西部地区 103 元;东部地区均值高于全国均值 19 元;中部地区和西部地区均值均低于全国均值,与全国均值的差额分别为 19 元和 46 元。

3.4 纸质资源购置费

纸质资源购置费由中文纸质图书购置费、外文纸质图书购置费、中文纸质报刊购置费和外文纸质报刊购置费构成。

3.4.1 "985""211"院校图书馆

109 所"985""211"院校图书馆,2014 年度纸质资源购置费的有效统计样本为 65 所图书馆,填报率为 59.63%。2014 年度纸质资源购置费居前 20 位的"985""211"院校图书馆见表 3-10。

表 3-10 "985""211"院校图书馆 2014 年度纸质资源购置费 TOP 20

单位:元

序号	机构名称	纸质资源购置费
1	复旦大学图书馆	23 976 282
2	中山大学图书馆	23 755 400
3	浙江大学图书馆	21 018 196
4	北京大学图书馆	19 543 554
5	北京师范大学图书馆	16 059 443
6	南京大学图书馆	15 674 434
7	武汉大学图书馆	15 583 640
8	中国人民大学图书馆	15 204 613
9	华东师范大学图书馆	14 710 883
10	东南大学图书馆	13 262 343
11	上海交通大学图书馆	11 223 716
12	重庆大学图书馆	10 908 100
13	西安交通大学图书馆	10 713 108
14	华中科技大学图书馆	10 072 214
15	西南交通大学图书馆	10 063 746
16	南京师范大学图书馆	9 929 521
17	清华大学图书馆	9 642 524
18	四川大学图书馆	9 460 840

序号	机构名称	纸质资源购置费
19	武汉理工大学图书馆	8 912 326
20	中国矿业大学图书馆	8 888 400

从全国范围来看,"985""211"院校图书馆 2014 年度纸质资源购置费均值为 8 162 307 元,中位值为 6 680 789 元(为排名第 33 位的江南大学图书馆)。从地区划分来看,各地区均值分别为东部地区 9 058 612元,中部地区 6 888 207 元,西部地区 6 908 273 元;东部地区均值高于全国均值 896 305 元,中部地区馆和西部地区均值均低于全国均值,与全国均值的差额分别为 1 274 100 元和 1 254 034 元。

对各地区各类纸质资源购置费所占百分比进行分析,从图 3-4 可知,2014 年度各地区"985""211"院校图书馆的纸质资源购置费 43%以上用于购置中文纸质图书,24%以上用于购置外文纸质报刊,外文纸质图书和中文纸质报刊购置费占比较少。各地区的纸质资源购置费50%以上用于购买中文纸质资源,西部地区更是达到 61.67%,可见各地区纸质资源采购的重点仍然是中文纸质资源。

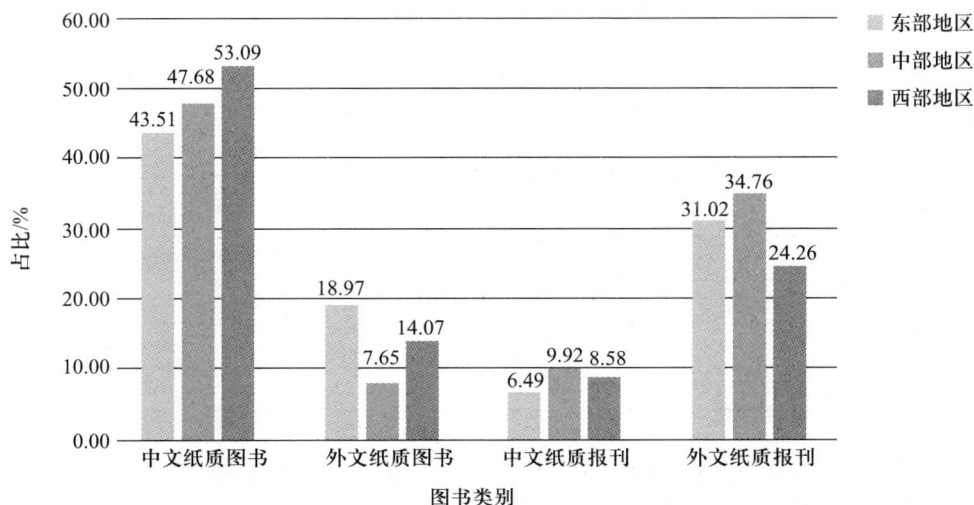

图 3-4 "985""211"院校图书馆 2014 年度各类纸质资源购置费所占百分比

3.4.2　普通本科院校图书馆

828 所普通本科院校图书馆 2014 年度纸质资源购置费的有效统计样本为 292 所图书馆,填报率为 35.27%。2014 年度纸质资源购置费居前 20 位的普通本科院校图书馆见表 3-11。

表 3-11　普通本科院校图书馆 2014 年度纸质资源购置费 TOP 20

单位:元

序号	机构名称	纸质资源购置费
1	首都经济贸易大学图书馆	9 401 630
2	浙江外国语学院图书馆	8 885 034
3	华东政法大学图书馆	8 835 045
4	首都师范大学图书馆	8 813 524
5	浙江工业大学图书馆	7 748 212
6	上海师范大学图书馆	7 702 812
7	北京师范大学-香港浸会大学联合国际学院图书馆	7 211 727
8	西南民族大学图书馆	7 183 353
9	杭州师范大学图书馆	7 121 536
10	贵州财经大学图书馆	6 936 639
11	安徽师范大学图书馆	6 495 000
12	江西师范大学图书馆	6 491 309
13	深圳大学图书馆	6 486 833
14	许昌学院图书馆	6 436 055
15	浙江越秀外国语学院图书馆	6 419 695
16	三亚学院图书馆	6 044 258
17	贵州医科大学图书馆	5 924 759
18	烟台大学图书馆	5 831 955
19	河北师范大学图书馆	5 498 200
20	天津农学院图书馆	5 493 356

从全国范围来看,普通本科院校图书馆 2014 年度纸质资源购置费均值为 2 708 212 元,中位值为 2 313 126 元(居于排名第 146 位的天津

外国语大学图书馆和排名第 147 位的中国医科大学图书馆之间)。从地区划分来看,各地区均值分别为东部地区 2 933 484 元,中部地区 2 590 118 元,西部地区 2 360 218 元;东部地区均值高于全国均值 225 272 元;中部地区和西部地区均值均低于全国均值,与全国均值的差额分别为 118 094 元和 347 994 元。

对各地区各类纸质资源购置费所占百分比进行分析,由图 3-5 可知,2014 年度各地区普通本科院校图书馆的纸质资源购置费 65% 以上用于购置中文纸质图书,用于购置外文纸质图书、中文纸质报刊和外文纸质报刊的比例相当。各地区的纸质资源购置费 75% 以上用于购买中文纸质资源,中部地区和西部地区更是达 87% 以上,可见,各地区纸质资源采购的重点仍然是中文纸质资源。

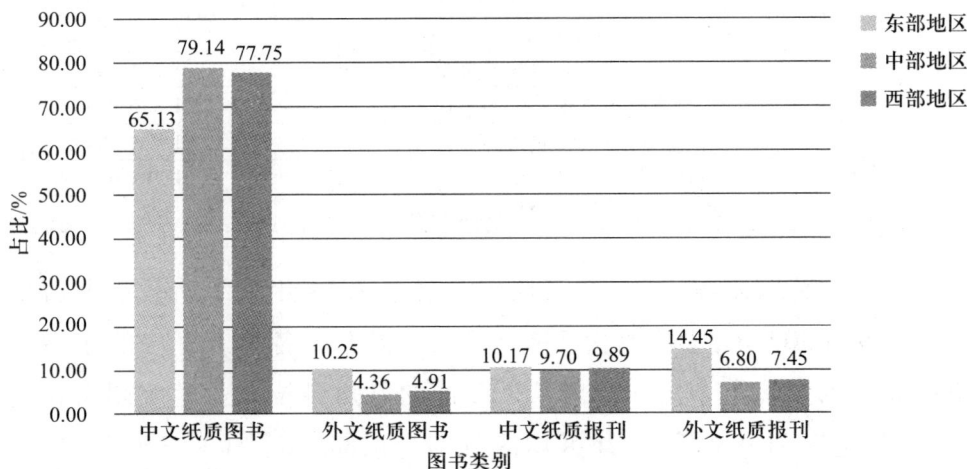

图 3-5　普通本科院校图书馆 2014 年度各类纸质资源购置费所占百分比

3.4.3　高职高专院校图书馆

1 035 所高职高专院校图书馆 2014 年度纸质资源购置费的有效统计样本为 222 所图书馆,填报率为 21.45%。2014 年度纸质资源购置费居前 20 位的高职高专院校图书馆见表 3-12。

表3-12　高职高专院校图书馆2014年度纸质资源购置费TOP 20

单位:元

序号	机构名称	纸质资源购置费
1	深圳信息职业技术学院图书馆	11 599 349
2	广东创新科技职业学院图书馆	5 880 297
3	深圳职业技术学院图书馆	4 640 000
4	广州番禺职业技术学院图书馆	3 886 411
5	广州现代信息工程职业技术学院图书馆	3 692 947
6	广东轻工职业技术学院图书馆	3 136 111
7	金华职业技术学院图书馆	2 896 805
8	九江职业技术学院图书馆	2 800 012
9	广东科学技术职业学院图书馆	2 500 000
10	苏州职业大学	2 429 207
11	四川建筑职业技术学院图书馆	2 407 080
12	漳州职业技术学院图书馆	2 277 292
13	宁波职业技术学院图书馆	2 211 493
14	三亚理工职业学院图书馆	2 001 604
15	广东农工商职业技术学院图书馆	1 975 000
16	浙江旅游职业学院图书馆	1 881 189
17	顺德职业技术学院图书馆	1 836 933
18	扬州市职业大学	1 831 680
19	萍乡高等专科学校图书馆	1 791 058
20	琼台师范高等专科学校图书馆	1 785 872

从全国范围来看,高职高专院校图书馆2014年度纸质资源购置费均值为946 509元,中位值为746 727元(居于排名第111位的宁波城市职业技术学院图书馆和排名第112位的温州科技职业学院图书馆之间)。从地区划分来看,各地区均值分别为东部地区1 031 740元,中部地区756 468元,西部地区752 328元;东部地区均值高于全国均值85 231元;中部地区和西部地区均值均低于全国均值,与全国均值的差额分别为190 041元和194 181元。

对各地区各类纸质资源购置费所占百分比进行分析,从图3-6可知,2014年度各地区高职高专院校图书馆的纸质资源购置费85%以上用于购置中文纸质图书,用于购置外文纸质图书和外文纸质报刊的比例很低。各地区的纸质资源购置费97.58%以上用于购置中文纸质资源,用于购置外文纸质资源的比例不超过2.41%,可见,高职高专院校图书馆对外文纸质资源需求较少。

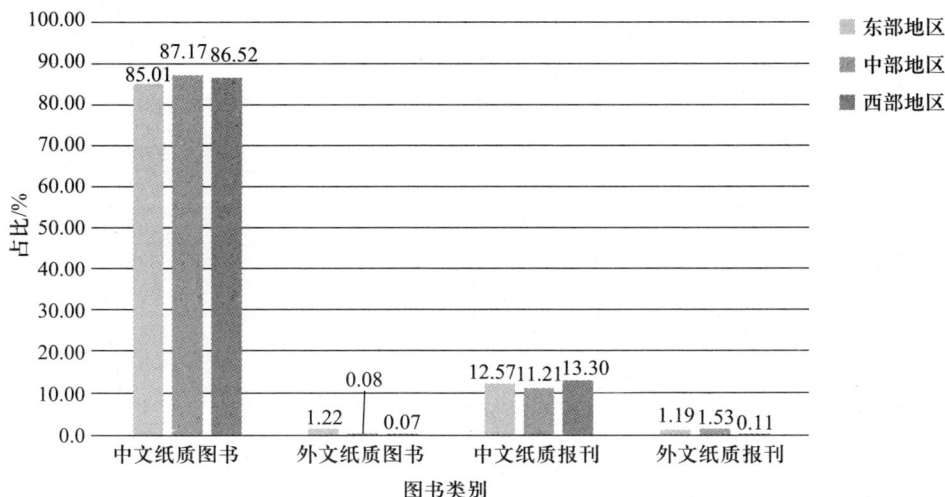

图3-6 高职高专院校图书馆2014年度各类纸质资源购置费所占百分比

3.5 电子资源购置费

电子资源购置费由中文电子图书购置费、外文电子图书购置费、中文电子期刊购置费、外文电子期刊购置费和其他电子资源购置费构成。

3.5.1 "985""211"院校图书馆

109所"985""211"院校图书馆2014年度电子资源购置费的有效统计样本为65所图书馆,填报率为59.63%。2014年度电子资源购置费居前20位的"985""211"院校图书馆见表3-13。

表3-13 "985""211"院校图书馆2014年度电子资源购置费 TOP 20

单位:元

序号	机构名称	电子资源购置费
1	上海交通大学图书馆	26 228 414

序号	机构名称	电子资源购置费
2	四川大学图书馆	24 298 406
3	浙江大学图书馆	19 754 088
4	中国人民大学图书馆	18 991 944
5	华中科技大学图书馆	18 427 268
6	清华大学图书馆	18 259 946
7	华南理工大学图书馆	15 980 252
8	同济大学图书馆	15 128 632
9	西安交通大学图书馆	14 659 542
10	北京师范大学图书馆	13 791 655
11	中山大学图书馆	13 750 639
12	大连理工大学图书馆	13 452 048
13	复旦大学图书馆	12 753 735
14	贵州大学图书馆	12 608 966
15	西南大学图书馆	12 571 205
16	南京大学图书馆	12 324 867
17	北京大学图书馆	12 269 704
18	武汉大学图书馆	12 236 594
19	重庆大学图书馆	11 823 070
20	福州大学图书馆	11 553 685

从全国范围来看,"985""211"院校图书馆2014年度电子资源购置费均值为9 686 686元,中位值为8 968 370元(为排名第33位的西北农林科技大学图书馆)。从地区划分来看,各地区"985""211"院校图书馆均值分别为东部地区10 032 681元,中部地区8 649 730元,西部地区9 523 259元;东部地区均值高于全国均值345 995元;中部地区和西部地区均值均低于全国均值,与全国均值的差额分别为1 036 956元和163 427元。

3.5.2 普通本科院校图书馆

828所普通本科院校图书馆2014年度电子资源购置费的有效统计样本为292所图书馆,填报率为35.27%。2014年度电子资源购置费居前20位的普通本科院校图书馆见表3-14。

表 3-14　普通本科院校图书馆 2014 年度电子资源购置费 TOP 20

单位:元

序号	机构名称	电子资源购置费
1	南方科技大学图书馆	15 916 733
2	首都师范大学图书馆	15 880 990
3	深圳大学图书馆	9 799 854
4	福建农林大学图书馆	9 485 051
5	浙江工业大学图书馆	8 846 388
6	杭州师范大学图书馆	8 708 907
7	上海师范大学图书馆	7 827 109
8	山西大学图书馆	7 445 351
9	江苏大学图书馆	7 219 841
10	扬州大学图书馆	7 109 134
11	河北师范大学图书馆	6 154 291
12	浙江师范大学图书馆	6 012 347
13	南方医科大学图书馆	5 928 451
14	首都医科大学图书馆	5 728 774
15	陕西科技大学图书馆	5 703 716
16	广州大学图书馆	5 558 570
17	华南农业大学图书馆	5 538 904
18	南通大学图书馆	5 497 426
19	南阳师范学院图书馆	5 392 994
20	浙江理工大学图书馆	5 160 000

从全国范围来看,普通本科院校图书馆 2014 年度电子资源购置费均值为 2 114 453 元,中位值为 1 421 700 元(居于排名第 146 位的莆田学院图书馆和排名第 147 位的中国人民公安大学图书馆之间)。从地区划分来看,各地区均值分别为东部地区 2 554 193 元,中部地区 1 879 280 元,西部地区 1 434 593 元;东部地区均值高于全国均值 439 740 元,中部地区和西部地区均值均低于全国均值,与全国均值的差额分别为 235 173 元和 679 860 元。

3.5.3　高职高专院校图书馆

1 035 所高职高专院校图书馆 2014 年度电子资源购置费的有效统

计样本为222所图书馆,填报率为21.45%。2014年度电子资源购置费居前20位的高职高专院校图书馆见表3-15。

表3-15　高职高专院校图书馆2014年度电子资源购置费 TOP 20

单位:元

序号	机构名称	电子资源购置费
1	深圳职业技术学院图书馆	1 763 000
2	上海电子信息职业技术学院图书馆	1 401 000
3	广东轻工职业技术学院图书馆	1 336 400
4	赤峰民族师范高等专科学校图书馆	1 190 000
5	顺德职业技术学院图书馆	1 139 561
6	宁波职业技术学院图书馆	1 076 680
7	上海海关高等专科学校图书馆	1 045 097
8	九江职业技术学院图书馆	967 500
9	浙江工商职业技术学院图书馆	958 135
10	深圳信息职业技术学院图书馆	951 923
11	浙江建设职业技术学院图书馆	943 310
12	琼台师范高等专科学校图书馆	912 200
13	桐城师范高等专科学校图书馆	858 000
14	浙江纺织服装职业技术学院图书馆	844 219
15	杨凌职业技术学院图书馆	839 000
16	广州城市职业学院图书馆	750 000
17	西安铁路职业技术学院图书馆	750 000
18	广州番禺职业技术学院图书馆	746 800
19	辽宁警官高等专科学校图书馆	689 950
20	榆林职业技术学院图书馆	645 800

从全国范围来看,高职高专院校图书馆2014年度电子资源购置费均值为250 753元,中位值为180 000元(居于排名第111位的辽宁农业职业技术学院图书馆和排名第112位的陕西国防工业职业技术学院图书馆之间)。从地区划分来看,各地区均值分别为东部地区255 672元,中部地区206 387元,西部地区252 498元;东部地区和西部地区均值分别比全国均值高4 919元和1 745元;中部地区均值低于全国均值,与全国均值的差额为44 366元。

第4章 高校图书馆文献资源状况

本章反映了国内"985""211"院校、普通本科院校、高职高专院校等三类高校图书馆纸质资源累积量、年度新增纸质文献、电子资源购置、特色资源建设、古籍资源建设等情况。

本章数据主要来源于"高校图书馆事实数据库"、教育部高校图工委秘书处于2015年7月向全国高校图书馆发放的"高校图书馆发展状况(蓝皮书)调查问卷"和各高校图书馆官方网站。

4.1 纸质馆藏资源累积量

本节分别对三类院校图书馆的纸质图书累积量、纸质期刊合订本累积量、学位论文累积量、生均拥有文献量等进行了反映,从宏观层面对调研数据进行了统计分析。

4.1.1 纸质图书累积量

4.1.1.1 "985""211"院校图书馆

109所"985""211"院校图书馆中,2014年纸质图书累积量、中文纸质图书累积量和外文纸质图书累积量填报项的有效统计样本均为67所图书馆,填报率为61.47%,排行前20情况见表4-1至表4-3。

表4-1 "985""211"院校图书馆2014年纸质图书累积量 TOP 20

单位:册

序号	机构名称	纸质图书累积量
1	武汉大学图书馆	5 817 987

序号	机构名称	纸质图书累积量
2	北京大学图书馆	5 750 116
3	中山大学图书馆	5 087 398
4	郑州大学图书馆	4 974 459
5	南京大学图书馆	4 837 985
6	四川大学图书馆	4 702 474
7	浙江大学图书馆	4 641 087
8	复旦大学图书馆	4 568 887
9	同济大学图书馆	3 902 513
10	上海大学图书馆	3 872 456
11	西安交通大学图书馆	3 835 355
12	西南交通大学图书馆	3 789 340
13	厦门大学图书馆	3 729 139
14	东南大学图书馆	3 649 302
15	苏州大学图书馆	3 573 150
16	重庆大学图书馆	3 555 149
17	清华大学图书馆	3 552 694
18	上海交通大学图书馆	3 449 534
19	华中科技大学图书馆	3 432 901
20	武汉理工大学图书馆	3 310 244

表 4-2　"985""211"院校图书馆 2014 年中文纸质图书累积量 TOP 20

单位:册

序号	机构名称	中文纸质图书累积量
1	武汉大学图书馆	4 749 582
2	郑州大学图书馆	4 535 290
3	北京大学图书馆	4 223 236
4	中山大学图书馆	4 145 555
5	浙江大学图书馆	3 964 656
6	南京大学图书馆	3 942 331
7	四川大学图书馆	3 906 223
8	上海大学图书馆	3 686 645
9	复旦大学图书馆	3 649 489
10	西南交通大学图书馆	3 503 946
11	东南大学图书馆	3 372 268
12	苏州大学图书馆	3 347 154
13	同济大学图书馆	3 316 209

序号	机构名称	中文纸质图书累积量
14	西安交通大学图书馆	3 214 366
15	厦门大学图书馆	3 183 481
16	华南师范大学图书馆	3 151 137
17	重庆大学图书馆	3 033 539
18	武汉理工大学图书馆	3 026 970
19	陕西师范大学图书馆	2 978 299
20	福州大学图书馆	2 974 076

表4-3 "985""211"院校图书馆2014年外文纸质图书累积量TOP 20

单位:册

序号	机构名称	外文纸质图书累积量
1	北京大学图书馆	1 526 880
2	武汉大学图书馆	1 068 405
3	中山大学图书馆	941 843
4	复旦大学图书馆	919 398
5	南京大学图书馆	895 654
6	四川大学图书馆	796 251
7	清华大学图书馆	789 908
8	浙江大学图书馆	676 431
9	南开大学图书馆	630 000
10	西安交通大学图书馆	620 989
11	同济大学图书馆	586 304
12	厦门大学图书馆	545 658
13	大连理工大学图书馆	528 931
14	上海交通大学图书馆	526 575
15	重庆大学图书馆	521 610
16	天津大学图书馆	476 692
17	华中科技大学图书馆	473 048
18	哈尔滨工业大学图书馆	447 623
19	上海外国语大学图书馆	446 024
20	郑州大学图书馆	439 169

从全国范围来看,"985""211"院校图书馆2014年纸质图书累积量馆均值为2 804 128册,中位值为2 602 146册(为排名第34位的东北大学图书馆)。从地区划分来看,各地区馆均值分别为东部地区

2 784 004 册,中部地区 3 178 820 册,西部地区 2 459 624 册。

从全国范围来看,"985""211"院校图书馆 2014 年中文纸质图书累积量馆均值为 2 466 309 册,中位值为 2 196 214 册(为排名第 34 位的长安大学图书馆)。从地区划分来看,各地区馆均值分别为东部地区 2 405 258 册,中部地区 2 820 753 册,西部地区 2 203 441 册。

从全国范围来看,"985""211"院校图书馆 2014 年外文纸质图书累积量馆均值为 337 820 册,中位值为 241 895 册(为排名第 34 位的西北大学图书馆)。从地区划分来看,各地区馆均值分别为东部地区 378 746 册,中部地区 358 067 册,西部地区 256 183 册。

"985""211"院校图书馆中,2014 年纸质中文古籍累积量填报项的有效统计样本为 43 所图书馆,填报率为 39.45%,排行前 20 情况见表 4-4。

表 4-4 "985""211"院校图书馆 2014 年纸质中文古籍累积量 TOP 20

单位:册

序号	机构名称	纸质中文古籍累积量
1	北京大学图书馆	1 500 000
2	中山大学图书馆	450 348
3	复旦大学图书馆	400 000
4	南京大学图书馆	400 000
5	中国人民大学图书馆	400 000
6	北京师范大学图书馆	370 000
7	四川大学图书馆	300 000
8	南开大学图书馆	300 000
9	陕西师范大学图书馆	258 548
10	新疆大学图书馆	251 141
11	中央民族大学图书馆	250 000
12	清华大学图书馆	222 379
13	湖南师范大学图书馆	217 267
14	武汉大学图书馆	193 901
15	西北大学图书馆	188 321
16	西南大学图书馆	187 195
17	浙江大学图书馆	187 006

序号	机构名称	纸质中文古籍累积量
18	苏州大学图书馆	139 056
19	兰州大学图书馆	130 000
20	安徽大学图书馆	126 274

从全国范围来看,"985""211"院校图书馆 2014 年纸质中文古籍累积量图书馆均值为 137 320 册,中位值为 120 000 册(为排名第 21 位的南京师范大学图书馆)。从地区划分来看,各地区馆均值分别为东部地区 170 682 册,中部地区 97 076 册,西部地区 119 667 册。

4.1.1.2 普通本科院校图书馆

828 所普通本科院校图书馆中,2014 年度纸质图书累积量、中文纸质图书累积量、外文纸质图书累积量和纸质中文古籍累积量四项指标的有效统计样本量分别为 271、282、272 和 132,填报率分别为 32.73%、34.06%、32.85% 和 15.94%。四项指标排行前 20 的情况分别见表 4-5 至表 4-8。

表 4-5　普通本科院校图书馆 2014 年纸质图书累积量 TOP 20

单位:册

序号	机构名称	纸质图书累积量
1	临沂大学图书馆	4 191 347
2	山东师范大学图书馆	3 840 516
3	扬州大学图书馆	3 387 472
4	黑龙江大学图书馆	3 145 641
5	深圳大学图书馆	3 084 136
6	浙江工业大学图书馆	2 948 045
7	四川师范大学图书馆	2 900 093
8	广东工业大学图书馆	2 871 334
9	安徽师范大学图书馆	2 827 000
10	天津师范大学图书馆	2 626 276
11	浙江师范大学图书馆	2 561 423
12	河北师范大学图书馆	2 457 324

序号	机构名称	纸质图书累积量
13	山东农业大学图书馆	2 449 505
14	广东财经大学图书馆	2 443 696
15	首都师范大学图书馆	2 369 780
16	集美大学图书馆	2 367 439
17	浙江工商大学图书馆	2 361 165
18	福建农林大学图书馆	2 349 762
19	陕西理工学院图书馆	2 333 081
20	江西理工大学图书馆	2 305 454

表 4-6　普通本科院校图书馆 2014 年中文纸质图书累积量 TOP 20

单位：册

序号	机构名称	中文纸质图书累积量
1	临沂大学图书馆	4 146 923
2	山东师范大学图书馆	3 793 300
3	扬州大学图书馆	3 245 142
4	深圳大学图书馆	2 950 504
5	广东工业大学图书馆	2 828 645
6	安徽师范大学图书馆	2 827 000
7	浙江工业大学图书馆	2 820 354
8	上海师范大学图书馆	2 774 575
9	黑龙江大学图书馆	2 767 967
10	四川师范大学图书馆	2 766 971
11	浙江师范大学图书馆	2 465 040
12	天津师范大学图书馆	2 443 560
13	广东财经大学图书馆	2 417 894
14	山东农业大学图书馆	2 404 613
15	河北师范大学图书馆	2 359 663
16	集美大学图书馆	2 322 328
17	浙江工商大学图书馆	2 301 979
18	哈尔滨商业大学图书馆	2 280 000
19	潍坊学院图书馆	2 275 466
20	陕西理工学院图书馆	2 273 448

表 4-7　普通本科院校图书馆 2014 年外文纸质图书累积量 TOP 20

单位:册

序号	机构名称	外文纸质图书累积量
1	天津外国语大学图书馆	516 134
2	黑龙江大学图书馆	377 674
3	西安外国语大学图书馆	319 784
4	山西大学图书馆	250 318
5	首都师范大学图书馆	186 140
6	天津师范大学图书馆	182 716
7	四川外语学院图书馆	180 668
8	上海音乐学院图书馆	178 771
9	华侨大学图书馆	166 809
10	上海师范大学图书馆	165 022
11	沈阳工业大学图书馆	161 558
12	上海海事大学图书馆	161 427
13	中国医科大学图书馆	154 735
14	西安理工大学图书馆	151 853
15	西安建筑科技大学图书馆	147 294
16	上海理工大学图书馆	143 522
17	扬州大学图书馆	142 330
18	辽宁师范大学图书馆	137 502
19	深圳大学图书馆	133 632
20	四川师范大学图书馆	133 122

表 4-8　普通本科院校图书馆 2014 年纸质中文古籍累积量 TOP 20

单位:册

序号	机构名称	纸质中文古籍累积量
1	天津师范大学图书馆	315 000
2	首都师范大学图书馆	235 943
3	安徽师范大学图书馆	220 000
4	山东师范大学图书馆	218 000
5	河北师范大学图书馆	180 100
6	上海师范大学图书馆	142 081
7	山西大学图书馆	136 874

序号	机构名称	纸质中文古籍累积量
8	黑龙江大学图书馆	114 908
9	贵州师范大学图书馆	110 000
10	浙江师范大学图书馆	106 715
11	四川师范大学图书馆	105 000
12	扬州大学图书馆	100 602
13	重庆师范大学图书馆	94 521
14	渭南师范学院图书馆	80 000
15	沈阳师范大学图书馆	80 000
16	西华师范大学图书馆	77 281
17	内蒙古师范大学图书馆	76 010
18	江苏师范大学图书馆	59 484
19	淮阴师范学院图书馆	49 995
20	温州大学图书馆	43 941

从全国范围来看,普通本科院校图书馆 2014 年纸质图书累积量馆均值为 1 409 219 册,中位值为 1 335 170 册(为排名第 37 位的西北政法大学图书馆)。从地区划分来看,各地区馆均值分别为东部地区 1 511 697 册,中部地区 1 474 631 册,西部地区 1 225 822 册。

从全国范围来看,普通本科院校图书馆 2014 年中文纸质图书累积量馆均值为 1 353 309 册,中位值为 1 265 146 册(居于排名第 141 位的广东石油化工学院图书馆和排名第 142 位的西安工程大学图书馆之间)。从地区划分来看,各地区馆均值分别为东部地区 1 450 449 册,中部地区 1 414 582 册,西部地区 1 180 117 册。

从全国范围来看,普通本科院校图书馆 2014 年外文纸质图书累积量馆均值为 54 799 册,中位值为 33 108 册(居于排名第 136 位的绍兴文理学院图书馆和排名第 137 位的福建工程学院图书馆之间)。从地区划分来看,各地区馆均值分别为东部地区 53 515 册,中部地区 61 229 册,西部地区 44 968 册。

从全国范围来看,普通本科院校图书馆 2014 年纸质中文古籍累积量馆均值为 37 650 册,中位值为 11 024 册(居于排名第 66 位的许昌学院图书馆和排名第 67 位的西安思源学院图书馆之间)。从地区划分来看,各地区馆均值分别为东部地区 47 448 册,中部地区 41 981 册,西部地区 21 613 册。

4. 1. 1. 3 高职高专院校图书馆

1 035 所高职高专院校图书馆中,2014 年度纸质图书累积量、中文纸质图书累积量、外文纸质图书累积量三项填报项的有效统计样本量分别为 194、206 和 115,填报率分别为 18.74%、19.90% 和 11.11%,三项指标的排行前 20 情况分别见表 4-9 至表 4-11。

表 4-9 高职高专院校图书馆 2014 年纸质图书累积量 TOP 20

单位:册

序号	机构名称	纸质图书累积量
1	浙江工业职业技术学院图书馆	2 274 522
2	深圳职业技术学院图书馆	2 152 700
3	四川工商职业技术学院图书馆	1 864 330
4	金华职业技术学院图书馆	1 501 256
5	广东轻工职业技术学院图书馆	1 366 900
6	苏州职业大学图书馆	1 354 860
7	广东科学技术职业学院图书馆	1 318 362
8	扬州市职业大学图书馆	1 222 552
9	陕西工业职业技术学院图书馆	1 119 300
10	九江职业技术学院图书馆	1 083 700
11	广州番禺职业技术学院图书馆	1 069 800
12	威海职业学院图书馆	1 064 500
13	广东农工商职业技术学院图书馆	1 060 500
14	浙江长征职业技术学院图书馆	1 006 770
15	赤峰民族师范高等专科学校图书馆	1 003 000
16	四川城市职业学院图书馆	983 257
17	浙江商业职业技术学院图书馆	980 662

序号	机构名称	纸质图书累积量
18	南京工业职业技术学院图书馆	976 218
19	萍乡高等专科学校图书馆	970 040
20	鹤壁职业技术学院图书馆	963 800

表 4-10　高职高专院校图书馆 2014 年中文纸质图书累积量 TOP 20

单位:册

序号	机构名称	中文纸质图书累积量
1	深圳职业技术学院图书馆	2 120 000
2	浙江工业职业技术学院图书馆	1 547 261
3	金华职业技术学院图书馆	1 501 256
4	广东轻工职业技术学院图书馆	1 366 900
5	苏州职业大学图书馆	1 344 283
6	广东科学技术职业学院图书馆	1 312 129
7	扬州市职业大学图书馆	1 219 632
8	陕西工业职业技术学院图书馆	1 109 113
9	九江职业技术学院图书馆	1 083 700
10	广州番禺职业技术学院图书馆	1 062 651
11	威海职业学院图书馆	1 054 192
12	广东农工商职业技术学院图书馆	1 040 000
13	浙江长征职业技术学院图书馆	1 006 770
14	赤峰民族师范高等专科学校图书馆	995 000
15	四川城市职业学院图书馆	977 754
16	浙江商业职业技术学院图书馆	974 492
17	南京工业职业技术学院图书馆	972 912
18	信阳农业高等专科学校图书馆	972 169
19	萍乡高等专科学校图书馆	966 840
20	鹤壁职业技术学院图书馆	963 800

表 4-11　高职高专院校图书馆 2014 年外文纸质图书累积量 TOP 20

单位:册

序号	机构名称	外文纸质图书累积量
1	常州轻工职业技术学院	762 667
2	浙江工业职业技术学院	727 261

序号	机构名称	外文纸质图书累积量
3	广东省外语艺术职业学院	146 286
4	厦门华厦职业学院	39 814
5	广东行政职业学院	36 802
6	深圳职业技术学院图书馆	32 700
7	西安医学高等专科学校	26 000
8	河源职业技术学院	25 000
9	宁波职业技术学院	23 759
10	上海工商外国语职业学院	23 269
11	广东农工商职业技术学院	20 500
12	永州职业技术学院	20 000
13	上海海关高等专科学校	18 570
14	上海旅游高等专科学校	18 064
15	河北石油职业技术学院	17 969
16	广东邮电职业技术学院	16 033
17	漳州理工职业学院	14 842
18	私立华联学院	14 309
19	阿坝师范高等专科学校	13 599
20	上海震旦职业学院	13 065

从全国范围来看,高职高专院校图书馆 2014 年纸质图书累积量馆均值为 500 401 册,中位值为 503 101 册(居于排名第 97 位的广东行政职业学院图书馆和排名第 98 位的泸州职业技术学院图书馆之间)。从地区划分来看,各地区馆均值分别为东部地区 518 366 册,中部地区 546 470 册,西部地区 454 910 册。

从全国范围来看,高职高专院校图书馆 2014 年中文纸质图书累积量馆均值为 491 179 册,中位值为 486 827 册(居于排名第 103 位的营口职业技术学院图书馆和排名第 104 位的义乌工商职业技术学院图书馆之间)。从地区划分来看,各地区馆均值分别为东部地区 502 283 册,中部地区 555 720 册,西部地区 445 028 册。

从全国范围来看,高职高专院校图书馆 2014 年外文纸质图书累积量馆均值为 12 006 册,中位值为 2 979 册(为排名第 58 位的江西公安专科学校图书馆)。从地区划分来看,各地区馆均值分别为东部地区 19 801 册,中部地区 3 254 册,西部地区 4 849 册。

4.1.2 纸质期刊合订本累积量

4.1.2.1 "985""211"院校图书馆

109 所"985""211"院校图书馆中,2014 年纸质期刊合订本累积量填报项的有效统计样本为 61,填报率为 55.96%。中文和外文纸质期刊合订本累积量填报项的有效统计样本均为 64,填报率为 58.72%。三项指标排行前 20 情况分别见表 4-12 至表 4-14。

表 4-12 "985""211"院校图书馆 2014 年纸质期刊合订本累积量 TOP 20

单位:册

序号	机构名称	纸质期刊合订本累积量
1	四川大学图书馆	1 570 193
2	浙江大学图书馆	1 032 709
3	中山大学图书馆	1 028 973
4	武汉大学图书馆	944 424
5	北京大学图书馆	881 198
6	南开大学图书馆	580 000
7	复旦大学图书馆	578 234
8	华中科技大学图书馆	577 607
9	清华大学图书馆	530 217
10	厦门大学图书馆	520 422
11	西安交通大学图书馆	514 404
12	兰州大学图书馆	494 358
13	上海交通大学图书馆	463 360
14	西南大学图书馆	451 224
15	同济大学图书馆	444 241

序号	机构名称	纸质期刊合订本累积量
16	南京大学图书馆	924 960
17	暨南大学图书馆	427 275
18	重庆大学图书馆	424 887
19	安徽大学图书馆	411 299
20	南京师范大学图书馆	407 912

表 4-13 "985""211"院校图书馆 2014 年中文纸质期刊合订本累积量 TOP 20

单位:册

序号	机构名称	中文纸质期刊合订本累积量
1	四川大学图书馆	975 365
2	中山大学图书馆	666 085
3	浙江大学图书馆	576 932
4	北京大学图书馆	498 058
5	武汉大学图书馆	491 427
6	南京大学图书馆	427 524
7	南开大学图书馆	340 000
8	兰州大学图书馆	339 484
9	南京师范大学图书馆	334 986
10	安徽大学图书馆	331 250
11	西安交通大学图书馆	329 447
12	西南大学图书馆	323 672
13	东北师范大学图书馆	305 595
14	西南财经大学图书馆	305 000
15	华中科技大学图书馆	302 195
16	重庆大学图书馆	294 619
17	暨南大学图书馆	281 753
18	厦门大学图书馆	276 322
19	湖南大学图书馆	267 709
20	复旦大学图书馆	258 429

表 4-14 "985""211"院校图书馆 2014 年外文纸质期刊合订本累积量 TOP 20

单位:册

序号	机构名称	外文纸质期刊合订本累积量
1	四川大学图书馆	594 828
2	南京大学图书馆	497 436
3	浙江大学图书馆	455 777
4	武汉大学图书馆	452 997
5	北京大学图书馆	383 140
6	中山大学图书馆	362 888
7	复旦大学图书馆	319 805
8	上海交通大学图书馆	316 102
9	清华大学图书馆	309 002
10	华中科技大学图书馆	275 412
11	厦门大学图书馆	244 100
12	南开大学图书馆	240 000
13	同济大学图书馆	218 461
14	华南理工大学图书馆	215 302
15	西安交通大学图书馆	184 957
16	东南大学图书馆	181 210
17	天津大学图书馆	173 579
18	哈尔滨工业大学图书馆	172 603
19	大连理工大学图书馆	168 768
20	兰州大学图书馆	154 874

从全国范围来看,"985""211"院校图书馆 2014 年纸质期刊合订本累积量馆均值为 380 124 册,中位值为 272 203 册(为排名第 31 位的华东理工大学图书馆)。从地区划分来看,各地区馆均值分别为东部地区 450 522 册,中部地区 332 095 册,西部地区 326 284 册。

从全国范围来看,"985""211"院校图书馆 2014 年中文纸质期刊合订本累积量馆均值为 227 599 册,中位值为 156 670 册(居于排名第 32 位的武汉理工大学图书馆和排名第 33 位的湖南师范大学图书馆之间)。从地区划分来看,各地区馆均值分别为东部地区 240 332 册,中部地区 218 678 册,西部地区 218 055 册。

从全国范围来看,"985""211"院校图书馆 2014 年外文纸质期刊合订本累积量馆均值为 145 935 册,中位值为 107 079 册(居于排名第 32 位的上海大学图书馆和排名第 33 位的湖南大学图书馆之间)。从地区划分来看,各地区馆均值分别为东部地区 194 539 册,中部地区 113 417 册,西部地区 108 229 册。

4.1.2.2　普通本科院校图书馆

828 所普通本科院校图书馆中,2014 年度纸质期刊合订本累积量、中文纸质期刊合订本累积量和外文纸质期刊合订本累积量三项指标的有效统计样本量分别为 256、268 和 235,填报率分别为 30.92%、32.37% 和 28.38%。三项指标排行前 20 情况分别见表 4-15 至表 4-17。

表 4-15　普通本科院校图书馆 2014 年纸质期刊合订本累积量 TOP 20

单位:册

序号	机构名称	纸质期刊合订本累积量
1	扬州大学图书馆	400 489
2	山东师范大学图书馆	330 686
3	广东工业大学图书馆	318 430
4	内蒙古师范大学图书馆	292 101
5	重庆医科大学图书馆	290 344
6	中国医科大学图书馆	286 958
7	华南农业大学图书馆	255 940
8	首都师范大学图书馆	250 247
9	河北师范大学图书馆	250 168
10	华侨大学图书馆	249 785
11	西华大学图书馆	249 707
12	四川理工学院图书馆	248 595
13	四川师范大学图书馆	246 470
14	烟台大学图书馆	243 913
15	天津师范大学图书馆	243 418
16	西华师范大学图书馆	242 408

续表

序号	机构名称	纸质期刊合订本累积量
17	山东农业大学图书馆	241 336
18	江苏师范大学图书馆	240 522
19	成都中医药大学图书馆	235 133
20	成都信息工程学院图书馆	235 034

表 4-16　普通本科院校图书馆 2014 年中文纸质期刊合订本累积量 TOP 20

单位:册

序号	机构名称	中文纸质期刊合订本累积量
1	扬州大学图书馆	297 524
2	内蒙古师范大学图书馆	248 775
3	山东师范大学图书馆	245 700
4	广东工业大学图书馆	239 754
5	河北师范大学图书馆	229 797
6	江苏师范大学图书馆	227 403
7	西华大学图书馆	208 871
8	西南民族大学图书馆	208 567
9	临沂大学图书馆	206 874
10	韶关学院图书馆	199 425
11	首都师范大学图书馆	197 747
12	天津师范大学图书馆	197 333
13	山东农业大学图书馆	194 147
14	西华师范大学图书馆	192 368
15	烟台大学图书馆	191 239
16	集美大学图书馆	190 310
17	四川师范大学图书馆	187 170
18	浙江中医药大学图书馆	186 480
19	盐城师范学院图书馆	180 000
20	浙江师范大学图书馆	178 211

表 4-17　普通本科院校图书馆 2014 年外文纸质期刊合订本累积量 TOP 20

单位:册

序号	机构名称	外文纸质期刊合订本累积量
1	中国医科大学图书馆	190 261
2	重庆医科大学图书馆	118 829

序号	机构名称	外文纸质期刊合订本累积量
3	成都信息工程学院图书馆	109 525
4	成都中医药大学图书馆	109 525
5	石家庄铁道学院图书馆	108 340
6	扬州大学图书馆	102 965
7	山东师范大学图书馆	84 986
8	南京医科大学图书馆	83 619
9	南方医科大学图书馆	82 848
10	华南农业大学图书馆	82 240
11	广东工业大学图书馆	78 676
12	延安大学图书馆	78 540
13	华侨大学图书馆	75 611
14	四川理工学院图书馆	73 376
15	天津商业大学图书馆	71 488
16	遵义医学院图书馆	69 223
17	西安建筑科技大学图书馆	68 813
18	首都医科大学图书馆	67 544
19	贵阳医学院图书馆	66 491
20	温州医科大学图书馆	60 705

从全国范围来看,普通本科院校图书馆 2014 年纸质期刊合订本累积量馆均值为 101 453 册,中位值为 74 306 册(居于排名第 128 位的沈阳师范大学图书馆和排名第 129 位的内蒙古财经学院图书馆之间)。从地区划分来看,各地区馆均值分别为东部地区 111 015 册,中部地区 96 455 册,西部地区 93 654 册。

从全国范围来看,普通本科院校图书馆 2014 年中文纸质期刊合订本累积量馆均值为 82 630 册,中位值为 61 785 册(居于排名第 134 位的内蒙古工业大学图书馆和排名第 135 位的龙岩学院图书馆之间)。从地区划分来看,各地区馆均值分别为东部地区 86 404 册,中部地区 78 617 册,西部地区 81 139 册。

从全国范围来看,普通本科院校图书馆 2014 年外文纸质期刊合订本累积量馆均值为 20 269 册,中位值为 9 869 册(为排名第 118 位的攀枝花学院图书馆)。从地区划分来看,各地区馆均值分别为东部地区 27 164 册,中部地区 18 042 册,西部地区 13 573 册。

4.1.2.3　高职高专院校图书馆

1 035 所高职高专院校图书馆中,2014 年度纸质期刊合订本累积量、中文纸质期刊合订本累积量和外文纸质期刊合订本累积量填报项的有效统计样本量分别为 185、199 和 84,填报率分别为 17.87%、19.23% 和 8.10%。三项指标排行前 20 情况分别见表 4-18 至表 4-20。

表 4-18　高职高专院校图书馆 2014 年纸质期刊合订本累积量 TOP 20

单位:册

序号	机构名称	纸质期刊合订本累积量
1	四川工商职业技术学院图书馆	237 025
2	四川工程职业技术学院图书馆	139 916
3	扬州市职业大学图书馆	124 953
4	金华职业技术学院图书馆	90 014
5	泸州职业技术学院图书馆	76 000
6	深圳职业技术学院图书馆	75 500
7	嘉兴职业技术学院图书馆	70 068
8	陕西能源职业技术学院图书馆	67 312
9	连云港师范高等专科学校图书馆	65 432
10	阿坝师范高等专科学校图书馆	64 869
11	广东农工商职业技术学院图书馆	63 520
12	浙江工业职业技术学院图书馆	61 553
13	广东轻工职业技术学院图书馆	59 696
14	萍乡高等专科学校图书馆	59 692
15	苏州职业大学图书馆	58 903
16	四川交通职业技术学院图书馆	58 080
17	杨凌职业技术学院图书馆	49 586
18	宁波职业技术学院图书馆	46 485
19	金华教育学院图书馆	45 770
20	四川商务职业学院图书馆	44 220

表 4-19　高职高专院校图书馆 2014 年中文纸质期刊合订本累积量 TOP 20

单位:册

序号	机构名称	中文纸质期刊合订本累积量
1	四川工程职业技术学院图书馆	139 753
2	扬州市职业大学图书馆	123 861
3	金华职业技术学院图书馆	89 113
4	深圳职业技术学院图书馆	74 500
5	嘉兴职业技术学院图书馆	69 308
6	陕西能源职业技术学院图书馆	67 312
7	连云港师范高等专科学校图书馆	65 000
8	阿坝师范高等专科学校图书馆	64 869
9	广东农工商职业技术学院图书馆	61 500
10	萍乡高等专科学校图书馆	59 692
11	四川交通职业技术学院图书馆	58 080
12	营口职业技术学院图书馆	58 000
13	广东轻工职业技术学院图书馆	56 475
14	苏州职业大学图书馆	52 621
15	杨凌职业技术学院图书馆	49 586
16	浙江工业职业技术学院图书馆	45 993
17	宁波职业技术学院图书馆	45 347
18	海南经贸职业技术学院图书馆	45 235
19	金华教育学院图书馆	44 298
20	四川商务职业学院图书馆	44 220

表 4-20　高职高专院校图书馆 2014 年外文纸质期刊合订本累积量 TOP 20

单位:册

序号	机构名称	外文纸质期刊合订本累积量
1	泸州职业技术学院图书馆	38 000
2	浙江工业职业技术学院图书馆	15 560
3	苏州职业大学图书馆	6 282
4	永州职业技术学院图书馆	5 000
5	肇庆医学高等专科学校图书馆	5 000
6	浙江医药高等专科学校图书馆	4 716

序号	机构名称	外文纸质期刊合订本累积量
7	浙江医学高等专科学校图书馆	4 422
8	上海东海职业技术学院图书馆	3 928
9	广东轻工职业技术学院图书馆	3 221
10	福建卫生职业技术学院图书馆	3 104
11	广东省外语艺术职业学院图书馆	2 793
12	商洛职业技术学院图书馆	2 705
13	河源职业技术学院图书馆	2 500
14	黔南民族医学高等专科学校图书馆	2 463
15	四川建筑职业技术学院图书馆	2 228
16	广东行政职业学院图书馆	2 200
17	宁波城市职业技术学院图书馆	2 104
18	广东农工商职业技术学院图书馆	2 020
19	西安电力高等专科学校图书馆	1 930
20	上海旅游高等专科学校图书馆	1 687

从全国范围来看,高职高专院校图书馆 2014 年纸质期刊合订本累积量馆均值为 19 478 册,中位值为 19 786 册(为排名第 93 位的四川城市职业学院图书馆)。从地区划分来看,各地区馆均值分别为东部地区18 703 册,中部地区 19 166 册,西部地区 20 806 册。

从全国范围来看,高职高专院校图书馆 2014 年中文纸质期刊合订本累积量馆均值为 18 800 册,中位值为 18 351 册(为排名第 100 位的健雄职业技术学院图书馆)。从地区划分来看,各地区馆均值分别为东部地区 19 332 册,中部地区 18 490 册,西部地区 18 261 册。

从全国范围来看,高职高专院校图书馆 2014 年外文纸质期刊合订本累积量馆均值为 1 395 册,中位值为 432 册(居于排名第 42 位的连云港师范高等专科学校图书馆和排名第 43 位的上海工商外国语职业学院图书馆之间)。从地区划分来看,各地区馆均值分别为东部地区 911 册,中部地区 753 册,西部地区 3 005 册。

4.1.3 学位论文累积量

"高校图书馆事实数据库"统计的学位论文累积量是指图书馆累积收藏的硕士、博士毕业生的学位论文及博士后出站报告的册数。本节仅对"985""211"院校图书馆、普通本科院校图书馆的学位论文累积情况进行统计。

4.1.3.1 "985""211"院校图书馆

109 所"985""211"院校图书馆中,2014 年学位论文累积量的有效统计样本为 60,填报率为 55.05%,排行前 20 情况见表 4-21。

表 4-21 "985""211"院校图书馆 2014 年学位论文累积量 TOP 20

单位:册

序号	机构名称	学位论文累积量
1	清华大学图书馆	121 256
2	中山大学图书馆	100 215
3	华南理工大学图书馆	95 143
4	中国人民大学图书馆	82 003
5	武汉大学图书馆	77 319
6	华中科技大学图书馆	72 544
7	江南大学图书馆	64 376
8	复旦大学图书馆	60 494
9	北京师范大学图书馆	59 588
10	西安交通大学图书馆	57 378
11	天津大学图书馆	54 481
12	同济大学图书馆	54 426
13	四川大学图书馆	53 939
14	大连理工大学图书馆	51 691
15	电子科技大学图书馆	45 473
16	厦门大学图书馆	45 472
17	北京大学图书馆	44 837
18	西南财经大学图书馆	44 660
19	南京航空航天大学图书馆	41 303
20	苏州大学图书馆	40 245

从全国范围来看,"985""211"院校图书馆 2014 年学位论文累积量馆均值为 33 242 册,中位值为 29 932 册(居于排名第 30 位的东北师范大学图书馆和排名第 31 位的大连海事大学图书馆之间)。从地区划分来看,各地区馆均值分别为东部地区 43 392 册,中部地区 29 969 册,西部地区 22 304 册。

4.1.3.2 普通本科院校图书馆

828 所普通本科院校图书馆中,2014 年学位论文累积量的有效统计样本量为 130,填报率为 15.70%,排行前 20 情况见表 4-22。

表 4-22 普通本科院校图书馆 2014 年学位论文累积量 TOP 20

单位:册

序号	机构名称	学位论文累积量
1	天津师范大学图书馆	51 487
2	西南政法大学图书馆	33 027
3	广州中医药大学图书馆	32 355
4	哈尔滨商业大学图书馆	28 386
5	山东师范大学图书馆	20 252
6	西安建筑科技大学图书馆	16 770
7	西安理工大学图书馆	16 337
8	首都师范大学图书馆	15 307
9	江苏大学图书馆	15 008
10	上海师范大学图书馆	13 530
11	南方医科大学图书馆	12 856
12	华南农业大学图书馆	12 352
13	东北财经大学图书馆	12 341
14	浙江师范大学图书馆	12 170
15	首都医科大学图书馆	12 065
16	华东政法大学图书馆	11 526
17	上海理工大学图书馆	10 922
18	西北政法大学图书馆	10 889
19	四川师范大学图书馆	10 761
20	西南石油大学图书馆	10 447

从全国范围来看,普通本科院校图书馆 2014 年学位论文累积量馆均值为 7 734 册,中位值为 3 175 册(居于排名第 65 位的沈阳理工大学图书馆和排名第 66 位的天津财经大学图书馆之间)。从地区划分来看,各地区馆均值分别为东部地区 101 568 册,中部地区 5 932 册,西部地区 5 833 册。

4.1.4　生均拥有文献量

4.1.4.1　"985""211"院校图书馆

109 所"985""211"院校图书馆中,2014 年生均拥有文献量[①]的有效统计样本均为 55,填报率为 50.46%,排行前 20 情况见表 4-23。

表 4-23　"985""211"院校图书馆 2014 年生均拥有文献量 TOP 20

单位:册

序号	机构名称	生均拥有文献量
1	南开大学图书馆	115
2	中国政法大学图书馆	114
3	东北师范大学图书馆	113
4	南京大学图书馆	125
5	复旦大学图书馆	110
6	华东理工大学图书馆	101
7	武汉大学图书馆	101
8	西安交通大学图书馆	99
9	陕西师范大学图书馆	99
10	西南财经大学图书馆	98
11	北京大学图书馆	97
12	西北大学图书馆	96
13	福州大学图书馆	92
14	中央财经大学图书馆	91

---

① 生均拥有文献量为纸质资源文献量与折合在校学生数之比。

序号	机构名称	生均拥有文献量
15	东南大学图书馆	89
16	厦门大学图书馆	89
17	上海财经大学图书馆	87
18	西北工业大学图书馆	86
19	大连海事大学图书馆	82
20	湖南大学图书馆	82

从全国范围来看,"985""211"院校图书馆2014年生均拥有文献量馆均值为75册,中位值为70册(为排名第28位的东北大学图书馆)。从地区划分来看,各地区馆均值分别为东部地区81册,中部地区77册,西部地区65册。

4.1.4.2 普通本科院校图书馆

828所普通本科院校图书馆中,2014年度生均拥有文献量的有效统计样本量为263,填报率为31.76%,排行前20情况见表4-24。

表4-24 普通本科院校图书馆2014年生均拥有文献量TOP 20

单位:册

序号	机构名称	生均拥有文献量
1	西安音乐学院图书馆	234
2	仰恩大学图书馆	205
3	辽宁石油化工大学图书馆	204
4	福建警察学院图书馆	197
5	山东警察学院图书馆	170
6	浙江海洋学院图书馆	152
7	临沂大学图书馆	151
8	西安体育学院图书馆	145
9	绍兴文理学院图书馆	144
10	江苏警官学院图书馆	135
11	广东警官学院图书馆	132
12	汕头大学图书馆	131

序号	机构名称	生均拥有文献量
13	上海音乐学院图书馆	130
14	南方科技大学图书馆	130
15	温州大学图书馆	128
16	四川警察学院图书馆	127
17	华东政法大学图书馆	122
18	江西师范大学图书馆	121
19	陕西理工学院图书馆	121
20	成都师范学院图书馆	119

从全国范围来看,普通本科院校图书馆 2014 年生均拥有文献量馆均值为 78 册,中位值为 75 册(为排名第 132 位的西安理工大学图书馆)。从地区划分来看,各地区馆均值分别为东部地区 83 册,中部地区 72 册,西部地区 76 册。

4.1.4.3 高职高专院校图书馆

1 035 所高职高专院校图书馆中,2014 年度生均拥有文献量填报项的有效统计样本量为 187,填报率为 18.07%,排行前 20 情况见表 4-25。

表 4-25 高职高专院校图书馆 2014 年生均拥有文献量 TOP 20

单位:册

序号	机构名称	生均拥有文献量
1	浙江工业职业技术学院图书馆	255
2	武夷山职业学院图书馆	230
3	上海科学技术职业学院图书馆	178
4	阿坝师范高等专科学校图书馆	152
5	河北石油职业技术学院图书馆	140
6	厦门华夏职业学院图书馆	137
7	西安电力高等专科学校图书馆	134
8	萍乡高等专科学校图书馆	132
9	上海行健职业学院图书馆	121
10	江西公安专科学校图书馆	119

序号	机构名称	生均拥有文献量
11	江西农业工程职业学院图书馆	118
12	景德镇高等专科学校图书馆	78
13	广东行政职业学院图书馆	107
14	金华教育学院图书馆	102
15	鹤壁职业技术学院图书馆	102
16	上海震旦职业学院图书馆	102
17	贵州商业高等专科学校图书馆	100
18	广州番禺职业技术学院图书馆	100
19	德化陶瓷职业技术学院图书馆	99
20	浙江长征职业技术学院图书馆	97

从全国范围来看,高职高专院校图书馆 2014 年生均拥有文献量馆均值为 70 册,中位值为 66 册(为排名第 94 位的四川邮电职业技术学院图书馆)。从地区划分来看,各地区馆均值分别为东部地区 76 册,中部地区 68 册,西部地区 63 册。

4.2 年度新增纸质文献量

年度新增纸质文献包括当年购置纸质图书、纸质报刊和新增学位论文。

4.2.1 年度购置纸质图书

4.2.1.1 "985""211"院校图书馆

109 所"985""211"院校图书馆中,2014 年度购置纸质图书、中文纸质图书和外文纸质图书填报项的有效统计样本均为 67,填报率为 61.47%,排行前 20 情况见表 4-26 至表 4-28。

表 4-26 "985""211"院校图书馆 2014 年购置纸质图书 TOP 20

单位:册

序号	机构名称	购置纸质图书
1	中国矿业大学图书馆	190 999
2	武汉大学图书馆	188 399
3	重庆大学图书馆	152 518
4	合肥工业大学图书馆	136 928
5	长安大学图书馆	135 716
6	暨南大学图书馆	135 386
7	厦门大学图书馆	134 244
8	西南交通大学图书馆	128 209
9	中山大学图书馆	127 161
10	福州大学图书馆	126 883
11	南京大学图书馆	115 638
12	北京大学图书馆	112 025
13	东南大学图书馆	110 066
14	中国人民大学图书馆	109 214
15	大连理工大学图书馆	109 201
16	陕西师范大学图书馆	107 093
17	华中科技大学图书馆	106 588
18	武汉理工大学图书馆	104 277
19	华北电力大学图书馆	104 248
20	北京师范大学图书馆	101 482

表 4-27 "985""211"院校图书馆 2014 年购置中文纸质图书 TOP 20

单位:册

序号	机构名称	购置中文纸质图书
1	中国矿业大学图书馆	190 715
2	武汉大学图书馆	168 932
3	重庆大学图书馆	144 687
4	合肥工业大学图书馆	136 243
5	长安大学图书馆	132 846
6	暨南大学图书馆	132 660
7	福州大学图书馆	125 703

序号	机构名称	购置中文纸质图书
8	西南交通大学图书馆	125 013
9	中山大学图书馆	108 720
10	南京大学图书馆	107 213
11	东南大学图书馆	105 659
12	陕西师范大学图书馆	105 264
13	华中科技大学图书馆	103 951
14	厦门大学图书馆	103 467
15	华北电力大学图书馆	103 229
16	大连理工大学图书馆	103 080
17	武汉理工大学图书馆	102 508
18	中国人民大学图书馆	99 381
19	西安交通大学图书馆	95 593
20	东北大学图书馆	94 381

表 4-28　"985""211"院校图书馆 2014 年购置外文纸质图书 TOP 20

单位:册

序号	机构名称	购置外文纸质图书
1	厦门大学图书馆	30 777
2	复旦大学图书馆	20 119
3	武汉大学图书馆	19 467
4	中山大学图书馆	18 441
5	北京大学图书馆	18 091
6	浙江大学图书馆	14 808
7	中国人民大学图书馆	9 833
8	上海外国语大学图书馆	8 940
9	北京师范大学图书馆	8 623
10	南京大学图书馆	8 425
11	清华大学图书馆	7 965
12	重庆大学图书馆	7 831
13	上海交通大学图书馆	7 743
14	大连理工大学图书馆	6 121
15	西南大学图书馆	6 054
16	四川大学图书馆	6 006
17	中国政法大学图书馆	5 320

序号	机构名称	购置外文纸质图书
18	东南大学图书馆	4 407
19	南开大学图书馆	3 796
20	西北工业大学图书馆	3 455

从全国范围来看,"985""211"院校图书馆2014年购置纸质图书馆均值为90 232 册,中位值为88 158 册(为排名第35位的上海交通大学图书馆)。从地区划分来看,各地区馆均值分别为东部地区90 706册,中部地区93 014 册,西部地区87 206 册。

从全国范围来看,"985""211"院校图书馆2014年购置中文纸质图书馆均值为86 075 册,中位值为86 611 册(为排名第34位的华东理工大学图书馆)。从地区划分来看,各地区馆均值分别为东部地区85 268 册,中部地区90 587 册,西部地区84 694 册。

从全国范围来看,"985""211"院校图书馆2014年购置外文纸质图书馆均值为4 156 册,中位值为1 829 册(为排名第34位的陕西师范大学图书馆)。从地区划分来看,各地区馆均值分别为东部地区5 438册,中部地区2 427 册,西部地区2 512 册。

4.2.1.2　普通本科院校图书馆

828 所普通本科院校图书馆中,2014年度购置纸质图书和中文纸质图书填报项的有效统计样本量均为289,填报率为34.90%。外文纸质图书有效统计样本为274,填报率为33.09%。三项指标排行前20情况见表4-29至表4-31。

表4-29　普通本科院校图书馆2014年购置纸质图书 TOP 20

单位:册

序号	机构名称	购置纸质图书
1	杭州电子科技大学图书馆	220 205
2	泸州医学院图书馆	183 425
3	福建警察学院图书馆	175 889

序号	机构名称	购置纸质图书
4	浙江越秀外国语学院图书馆	166 582
5	平顶山学院图书馆	160 790
6	西安邮电大学图书馆	150 972
7	许昌学院图书馆	143 226
8	三亚学院图书馆	140 529
9	六盘水师范学院图书馆	140 003
10	海口经济学院图书馆	138 285
11	天津农学院图书馆	137 885
12	中国计量学院图书馆	135 406
13	西安培华学院图书馆	130 709
14	南京审计学院图书馆	129 491
15	潍坊学院图书馆	127 472
16	浙江工业大学图书馆	123 669
17	烟台大学图书馆	122 079
18	内蒙古工业大学图书馆	119 449
19	漳州师范学院图书馆	119 394
20	厦门理工学院图书馆	116 885

表 4-30　普通本科院校图书馆 2014 年购置中文纸质图书 TOP 20

单位:册

序号	机构名称	购置中文纸质图书
1	杭州电子科技大学图书馆	220 205
2	泸州医学院图书馆	182 964
3	福建警察学院图书馆	175 889
4	平顶山学院图书馆	160 790
5	浙江越秀外国语学院图书馆	152 639
6	西安邮电大学图书馆	150 706
7	许昌学院图书馆	142 214
8	六盘水师范学院图书馆	140 003
9	三亚学院图书馆	139 781
10	海口经济学院图书馆	138 088
11	天津农学院图书馆	137 197

序号	机构名称	购置中文纸质图书
12	中国计量学院图书馆	135 224
13	西安培华学院图书馆	130 709
14	南京审计学院图书馆	129 491
15	潍坊学院图书馆	127 472
16	浙江工业大学图书馆	122 654
17	烟台大学图书馆	121 710
18	内蒙古工业大学图书馆	118 667
19	厦门理工学院图书馆	115 893
20	嘉应学院图书馆	114 563

表4-31　普通本科院校图书馆2014年购置外文纸质图书TOP 20

单位:册

序号	机构名称	购置外文纸质图书
1	四川外语学院图书馆	21 321
2	浙江越秀外国语学院图书馆	13 943
3	浙江外国语学院图书馆	11 561
4	上海海事大学图书馆	11 404
5	北京师范大学-香港浸会大学联合国际学院图书馆	10 808
6	重庆三峡学院图书馆	10 000
7	宝鸡文理学院图书馆	7 867
8	江西师范大学图书馆	7 453
9	浙江财经大学图书馆	6 262
10	渭南师范学院图书馆	6 030
11	漳州师范学院图书馆	5 056
12	武夷学院图书馆	5 017
13	西安外国语大学图书馆	4 725
14	南方科技大学图书馆	4 641
15	首都师范大学图书馆	4 468
16	华东政法大学图书馆	4 401
17	福建工程学院图书馆	3 999
18	首都经济贸易大学图书馆	3 514
19	温州医科大学图书馆	3 446
20	四川音乐学院图书馆	3 342

从全国范围来看,普通本科院校图书馆 2014 年购置纸质图书馆均值为 57 137 册,中位值为 50 975 册(为排名第 145 位的南京医科大学图书馆)。从地区划分来看,各地区馆均值分别为东部地区 56 983 册,中部地区 58 241 册,西部地区 57 092 册。

从全国范围来看,普通本科院校图书馆 2014 年购置中文纸质图书馆均值为 56 171 册,中位值为 50 068 册(为排名第 145 位的南京医科大学图书馆)。从地区划分来看,各地区馆均值分别为东部地区 55 926 册,中部地区 57 639 册,西部地区 56 180 册。

从全国范围来看,普通本科院校图书馆 2014 年购置外文纸质图书馆均值为 1 019 册,中位值为 293 册(为排名第 137 位的上海海洋大学图书馆)。从地区划分来看,各地区馆均值分别为东部地区 1 147 册,中部地区 650 册,西部地区 913 册。

4.2.1.3 高职高专院校图书馆

1 035 所高职高专院校图书馆中,2014 年度购置纸质图书和中文纸质图书填报项的有效统计样本量均为 209,填报率为 20.19%。外文纸质图书有效统计样本量为 172,填报率为 16.62%。三项指标排行前 20 情况见表 4-32 至表 4-34。

表 4-32 高职高专院校图书馆 2014 年购置纸质图书 TOP 20

单位:册

序号	机构名称	购置纸质图书
1	广东创新科技职业学院图书馆	214 032
2	九江职业技术学院图书馆	165 600
3	重庆电信职业学院图书馆	132 012
4	浙江旅游职业学院图书馆	108 890
5	广安职业技术学院图书馆	99 394
6	广州番禺职业技术学院图书馆	97 958
7	四川建筑职业技术学院图书馆	94 104
8	四川工商职业技术学院图书馆	87 192
9	金华职业技术学院图书馆	85 930

序号	机构名称	购置纸质图书
10	广州南洋理工职业学院图书馆	85 208
11	四川工程职业技术学院图书馆	84 089
12	广州现代信息工程职业技术学院图书馆	82 000
13	盘锦职业技术学院图书馆	81 400
14	广州松田职业学院图书馆	74 900
15	厦门华厦职业学院图书馆	72 929
16	漳州理工职业学院图书馆	72 100
17	黎明职业大学图书馆	71 049
18	肇庆医学高等专科学校图书馆	70 500
19	三亚理工职业学院图书馆	67 988
20	广东轻工职业技术学院图书馆	64 000

表 4-33　高职高专院校图书馆 2014 年购置中文纸质图书 TOP 20

单位：册

序号	机构名称	购置中文纸质图书
1	广东创新科技职业学院图书馆	214 028
2	九江职业技术学院图书馆	165 600
3	重庆电信职业学院图书馆	132 012
4	浙江旅游职业学院图书馆	108 890
5	广安职业技术学院图书馆	99 394
6	广州番禺职业技术学院图书馆	96 903
7	四川建筑职业技术学院图书馆	94 104
8	四川工商职业技术学院图书馆	87 192
9	金华职业技术学院图书馆	85 930
10	广州南洋理工职业学院图书馆	85 208
11	四川工程职业技术学院图书馆	84 089
12	广州现代信息工程职业技术学院图书馆	82 000
13	盘锦职业技术学院图书馆	81 400
14	广州松田职业学院图书馆	74 900
15	厦门华厦职业学院图书馆	72 929
16	漳州理工职业学院图书馆	72 100
17	黎明职业大学图书馆	71 049
18	肇庆医学高等专科学校图书馆	70 000
19	三亚理工职业学院图书馆	67 988
20	广东轻工职业技术学院图书馆	64 000

表 4-34　高职高专院校图书馆 2014 年购置外文纸质图书 TOP 20

单位:册

序号	机构名称	购置外文纸质图书
1	广东省外语艺术职业学院图书馆	7 070
2	宁波职业技术学院图书馆	6 931
3	河源职业技术学院图书馆	3 000
4	广东邮电职业技术学院图书馆	1 847
5	上海工商外国语职业学院图书馆	1 198
6	上海托普信息技术职业学院图书馆	1 120
7	上海民航职业技术学院图书馆	1 079
8	广州番禺职业技术学院图书馆	1 055
9	浙江纺织服装职业技术学院图书馆	761
10	广东行政职业学院图书馆	701
11	广东农工商职业技术学院图书馆	500
12	广东食品药品职业学院图书馆	500
13	惠州经济职业技术学院图书馆	500
14	肇庆医学高等专科学校图书馆	500
15	广州工程技术职业学院图书馆	480
16	西安医学高等专科学校图书馆	427
17	苏州职业大学图书馆	353
18	广州城市职业学院图书馆	340
19	绵阳职业技术学院图书馆	253
20	珠海艺术职业学院图书馆	215

　　从全国范围来看,高职高专院校图书馆 2014 年购置纸质图书馆均值为 30 285 册,中位值为 22 967 册(为排名第 105 位的广东省外语艺术职业学院图书馆)。从地区划分来看,各地区馆均值分别为东部地区 29 903 册,中部地区 29 151 册,西部地区 31 771 册。

　　从全国范围来看,高职高专院校图书馆 2014 年购置中文纸质图书馆均值为 30 045 册,中位值为 21 548 册(为排名第 105 位的浙江金融职业学院图书馆)。从地区划分来看,各地区馆均值分别为东部地区 29 691 册,中部地区 29 147 册,西部地区 31 368 册。

　　从全国范围来看,高职高专院校图书馆 2014 年购置外文纸质图书馆均值为 178 册,中位值为 0 册。从地区划分来看,各地区馆均值分别为东部地区 260 册,中部地区 6 册,西部地区 16 册。

4.2.2 年度购置纸质报刊

4.2.2.1 "985""211"院校图书馆

109 所"985""211"院校图书馆中,2014 年度购置纸质报刊、中文纸质报刊和外文纸质报刊填报项的有效统计样本均为 65,填报率为59.63%。三项指标排行前 20 情况见表 4-35 至表 4-37。

表 4-35 "985""211"院校图书馆 2014 年购置纸质报刊 TOP 20

单位:种

序号	机构名称	购置纸质报刊
1	浙江大学图书馆	6 451
2	复旦大学图书馆	5 727
3	中山大学图书馆	5 653
4	武汉大学图书馆	5 653
5	北京大学图书馆	5 225
6	东南大学图书馆	4 920
7	暨南大学图书馆	4 655
8	南京大学图书馆	4 399
9	四川大学图书馆	4 214
10	华中科技大学图书馆	4 060
11	西安交通大学图书馆	4 009
12	清华大学图书馆	3 931
13	北京师范大学图书馆	3 739
14	南京师范大学图书馆	3 637
15	湖南大学图书馆	3 498
16	上海交通大学图书馆	3 288
17	上海大学图书馆	3 266
18	西南大学图书馆	3 166
19	西南交通大学图书馆	3 128
20	武汉理工大学图书馆	2 978

表 4-36   "985""211"院校图书馆 2014 年购置中文纸质报刊 TOP 20

单位:种

序号	机构名称	购置中文纸质报刊
1	浙江大学图书馆	5 561
2	暨南大学图书馆	4 542
3	中山大学图书馆	4 478
4	武汉大学图书馆	4 374
5	东南大学图书馆	4 360
6	复旦大学图书馆	4 232
7	四川大学图书馆	3 718
8	北京大学图书馆	3 715
9	华中科技大学图书馆	3 590
10	南京师范大学图书馆	3 464
11	西安交通大学图书馆	3 412
12	湖南大学图书馆	3 321
13	北京师范大学图书馆	3 245
14	清华大学图书馆	3 173
15	西南大学图书馆	3 076
16	南京大学图书馆	2 965
17	贵州大学图书馆	2 958
18	上海交通大学图书馆	2 866
19	西南交通大学图书馆	2 814
20	陕西师范大学图书馆	2 771

表 4-37   "985""211"院校图书馆 2014 年购置外文纸质报刊 TOP 20

单位:种

序号	机构名称	购置外文纸质报刊
1	北京大学图书馆	1 510
2	复旦大学图书馆	1 495
3	南京大学图书馆	1 434
4	武汉大学图书馆	1 279
5	中山大学图书馆	1 175
6	浙江大学图书馆	890
7	清华大学图书馆	758

序号	机构名称	购置外文纸质报刊
8	中国人民大学图书馆	726
9	上海大学图书馆	609
10	西安交通大学图书馆	597
11	东南大学图书馆	560
12	四川大学图书馆	496
13	北京师范大学图书馆	494
14	华南理工大学图书馆	481
15	南开大学图书馆	477
16	华中科技大学图书馆	470
17	同济大学图书馆	465
18	上海交通大学图书馆	422
19	上海外国语大学图书馆	348
20	西北工业大学图书馆	328

从全国范围来看,"985""211"院校图书馆 2014 年购置纸质报刊馆均值为 2 668 种,中位值为 2 326 种(为排名第 33 位的华南理工大学图书馆)。从地区划分来看,各地区馆均值分别为东部地区 2 793 种,中部地区 2 585 种,西部地区 2 449 种。

从全国范围来看,"985""211"院校图书馆 2014 年购置中文纸质报刊馆均值为 2 323 种,中位值为 2 011 种(为排名第 33 位的北京中医药大学图书馆)。从地区划分来看,各地区馆均值分别为东部地区 2 368 种,中部地区 2 309 种,西部地区 2 235 种。

从全国范围来看,"985""211"院校图书馆 2014 年购置外文纸质报刊馆均值为 345 种,中位值为 205 种(为排名第 33 位的北京科技大学图书馆)。从地区划分来看,各地区馆均值分别为东部地区 425 种,中部地区 276 种,西部地区 214 种。

4.2.2.2 普通本科院校图书馆

828 所普通本科院校图书馆中,2014 年度购置纸质报刊和中文纸质报刊填报项的有效统计样本量均为 292，填报率为 35.27%。外文纸质报刊有效统计样本量为 282，填报率为 34.06%。三项指标排行前 20 情况见表 4-38 至表 4-40。

表 4-38　普通本科院校图书馆 2014 年购置纸质报刊 TOP 20

单位：种

序号	机构名称	购置纸质报刊
1	浙江工业大学图书馆	5 124
2	南通大学图书馆	4 507
3	华侨大学图书馆	4 282
4	首都师范大学图书馆	4 146
5	上海师范大学图书馆	4 017
6	福建医科大学图书馆	3 489
7	浙江师范大学图书馆	3 193
8	浙江传媒学院图书馆	3 008
9	扬州大学图书馆	2 984
10	西昌学院图书馆	2 916
11	深圳大学图书馆	2 881
12	兰州交通大学图书馆	2 869
13	江苏大学图书馆	2 843
14	嘉应学院图书馆	2 838
15	中国计量学院图书馆	2 751
16	漳州师范学院图书馆	2 729
17	中南民族大学图书馆	2 729
18	集美大学图书馆	2 666
19	杭州电子科技大学图书馆	2 593
20	天津师范大学图书馆	2 572

表 4-39　普通本科院校图书馆 2014 年购置中文纸质报刊 TOP 20

单位：种

序号	机构名称	购置中文纸质报刊
1	浙江工业大学图书馆	4 972
2	南通大学图书馆	4 300
3	华侨大学图书馆	4 037

序号	机构名称	购置中文纸质报刊
4	首都师范大学图书馆	3 781
5	上海师范大学图书馆	3 750
6	福建医科大学图书馆	3 343
7	浙江师范大学图书馆	3 081
8	西昌学院图书馆	2 916
9	浙江传媒学院图书馆	2 869
10	嘉应学院图书馆	2 838
11	江苏大学图书馆	2 801
12	扬州大学图书馆	2 791
13	中国计量学院图书馆	2 751
14	深圳大学图书馆	2 703
15	中南民族大学图书馆	2 633
16	杭州电子科技大学图书馆	2 555
17	漳州师范学院图书馆	2 534
18	集美大学图书馆图书馆	2 532
19	西安理工大学图书馆	2 494
20	台州学院图书馆	2 472

表 4-40　普通本科院校图书馆 2014 年购置外文纸质报刊 TOP 20

单位:种

序号	机构名称	购置外文纸质报刊
1	兰州交通大学图书馆	493
2	首都师范大学图书馆	365
3	上海对外贸易学院图书馆	344
4	中国美术学院图书馆	340
5	广州大学图书馆	281
6	首都经济贸易大学图书馆	276
7	上海师范大学图书馆	267
8	华侨大学图书馆	245
9	上海海事大学图书馆	242
10	天津外国语大学图书馆	239
11	福建农林大学图书馆	231

序号	机构名称	购置外文纸质报刊
12	浙江财经大学图书馆	223
13	汕头大学图书馆	216
14	中国医科大学图书馆	215
15	南通大学图书馆	207
16	华南农业大学图书馆	201
17	江苏师范大学图书馆	199
18	漳州师范学院图书馆	195
19	扬州大学图书馆	193
20	广东工业大学图书馆	184

从全国范围来看,普通本科院校图书馆 2014 年购置纸质报刊馆均值为 1 383 种,中位值为 1 275 种(为排名第 146 位的四川理工学院图书馆)。从地区划分来看,各地区馆均值分别为东部地区 1 532 种,中部地区 1 198 种,西部地区 1 192 种。

从全国范围来看,普通本科院校图书馆 2014 年购置中文纸质报刊馆均值为 1 326 种,中位值为 1 201 种(居于排名第 108 位的湖州师范学院图书馆和排名第 109 位的五邑大学图书馆之间)。从地区划分来看,各地区馆均值分别为东部地区 1 461 种,中部地区 1 164 种,西部地区 1 153 种。

从全国范围来看,普通本科院校图书馆 2014 年购置外文纸质报刊馆均值为 60 种,中位值为 31 种(为排名第 140 到第 142 位的三亚学院图书馆、青岛科技大学图书馆和西安邮电大学图书馆)。

4.2.2.3 高职高专院校图书馆

1 035 所高职高专院校图书馆中,2014 年度购置纸质报刊、中文纸质报刊、外文纸质报刊有效统计样本量分别为 210、211 和 175,填报率分别为 20.29%、20.39% 和 16.91%。三项指标排行前 20 情况见表 4-41 至表 4-43。

表 4-41 高职高专院校图书馆 2014 年购置纸质报刊 TOP 20

单位:种

序号	机构名称	购置纸质报刊
1	阿坝师范高等专科学校图书馆	2 688
2	杨凌职业技术学院图书馆	2 638
3	扬州市职业大学图书馆	2 270
4	浙江经贸职业技术学院图书馆	1 965
5	浙江商业职业技术学院图书馆	1 745
6	赤峰民族师范高等专科学校图书馆	1 593
7	福建交通职业技术学院图书馆	1 547
8	广东交通职业技术学院图书馆	1 477
9	宁波职业技术学院图书馆	1 471
10	金华职业技术学院图书馆	1 458
11	内蒙古民族高等专科学校图书馆	1 400
12	琼台师范高等专科学校图书馆	1 342
13	丽水职业技术学院图书馆	1 338
14	苏州职业大学图书馆	1 324
15	连云港师范高等专科学校图书馆	1 304
16	浙江建设职业技术学院图书馆	1 298
17	海南政法职业学院图书馆	1 288
18	广州城市职业学院图书馆	1 273
19	中山职业技术学院图书馆	1 268
20	广州工程技术职业学院图书馆	1 246

表 4-42 高职高专院校图书馆 2014 年购置中文纸质报刊 TOP 20

单位:种

序号	机构名称	购置中文纸质报刊
1	阿坝师范高等专科学校图书馆	2 688
2	杨凌职业技术学院图书馆	2 638
3	扬州市职业大学图书馆	2 270
4	浙江经贸职业技术学院图书馆	1 965
5	浙江商业职业技术学院图书馆	1 739
6	赤峰民族师范高等专科学校图书馆	1 593
7	福建交通职业技术学院图书馆	1 527

序号	机构名称	购置中文纸质报刊
8	广东交通职业技术学院图书馆	1 477
9	金华职业技术学院图书馆	1 458
10	宁波职业技术学院图书馆	1 414
11	内蒙古民族高等专科学校图书馆	1 400
12	丽水职业技术学院图书馆	1 338
13	琼台师范高等专科学校图书馆	1 336
14	苏州职业大学图书馆	1 303
15	浙江建设职业技术学院图书馆	1 295
16	连云港师范高等专科学校图书馆	1 287
17	海南政法职业学院图书馆	1 274
18	中山职业技术学院图书馆	1 265
19	无锡职业技术学院图书馆	1 243
20	萍乡高等专科学校图书馆	1 233

表 4-43 高职高专院校图书馆 2014 年购置外文纸质报刊 TOP 20

单位:种

序号	机构名称	购置外文纸质报刊
1	浙江纺织服装职业技术学院图书馆	87
2	上海海关高等专科学校图书馆	65
3	广州城市职业学院图书馆	59
4	宁波职业技术学院图书馆	57
5	广东轻工职业技术学院图书馆	52
6	温州职业技术学院图书馆	52
7	漳州职业技术学院图书馆	41
8	上海旅游高等专科学校图书馆	39
9	广东省外语艺术职业学院图书馆	33
10	浙江体育职业技术学院图书馆	30
11	浙江医药高等专科学校图书馆	29
12	广州航海高等专科学校图书馆	27
13	无锡科技职业学院图书馆	27
14	宁波城市职业技术学院图书馆	26
15	苏州职业大学图书馆	21

序号	机构名称	购置外文纸质报刊
16	上海电子信息职业技术学院图书馆	21
17	福建交通职业技术学院图书馆	20
18	广州工程技术职业学院图书馆	19
19	广东行政职业学院图书馆	18
20	浙江工贸职业技术学院图书馆	18

从全国范围来看,高职高专院校图书馆2014年购置纸质报刊馆均值为656种,中位值为580种(居于排名第105位的南充职业技术学院图书馆和排名第106位的金华教育学院图书馆之间)。从地区划分来看,各地区馆均值分别为东部地区681种,中部地区611种,西部地区600种。

从全国范围来看,高职高专院校图书馆2014年购置中文纸质报刊馆均值为647种,中位值为569种(为排名第106位的金华教育学院图书馆)。从地区划分来看,各地区馆均值分别为东部地区673种,中部地区608种,西部地区587种。

从全国范围来看,高职高专院校图书馆2014年购置外文纸质报刊馆均值为7种,中位值为0种。从地区划分来看,各地区馆均值分别为东部地区9种,中部地区3种,西部地区1种。

4.2.3 年度新增学位论文

新增学位论文是指年度内图书馆收藏的硕、博士毕业生的学位论文及博士后出站报告的册数。本节仅对"985""211"院校图书馆、普通本科院校图书馆的年度新增学位论文填报情况进行统计。

4.2.3.1 "985""211"院校图书馆

109所"985""211"院校图书馆新增学位论文填报项有效填报样本为57,填报率为52.30%,排行前20情况见表4-44。

表 4-44 "985""211"院校图书馆 2014 年新增学位论文 TOP 20

单位:册

序号	机构名称	新增学位论文
1	华南理工大学图书馆	95 143
2	南京航空航天大学图书馆	25 656
3	清华大学图书馆	16 170
4	中国人民大学图书馆	9 900
5	西南财经大学图书馆	9 660
6	北京师范大学图书馆	9 245
7	华中科技大学图书馆	8 226
8	电子科技大学图书馆	6 860
9	中山大学图书馆	6 574
10	北京大学图书馆	6 540
11	武汉大学图书馆	5 949
12	复旦大学图书馆	5 600
13	天津大学图书馆	5 251
14	南开大学图书馆	5 153
15	湖南大学图书馆	4 948
16	厦门大学图书馆	4 848
17	同济大学图书馆	4 674
18	苏州大学图书馆	4 600
19	西北农林科技大学图书馆	4 393
20	大连理工大学图书馆	4 340

从全国范围来看,"985""211"院校图书馆 2014 年新增学位论文馆均值为 5 180 册,中位值为 3 246 册(为排名第 29 位的华北电力大学图书馆)。从地区划分来看,各地区馆均值分别为东部地区 7 664 册,中部地区 3 925 册,西部地区 3 162 册。

4.2.3.2 普通本科院校图书馆

828 所普通本科院校图书馆中,新增学位论文填报项有效填报样本为 238,填报率为 28.74%,排行前 20 情况见表 4-45。

表 4-45　普通本科院校图书馆 2014 年新增学位论文 TOP 20

单位:册

序号	机构名称	新增学位论文
1	成都中医药大学图书馆	7 666
2	徐州工程学院图书馆	4 800
3	重庆医科大学图书馆	2 787
4	兰州交通大学图书馆	2 291
5	江苏大学图书馆	2 173
6	山东师范大学图书馆	2 052
7	深圳大学图书馆	2 027
8	西北政法大学图书馆	1 992
9	四川警察学院图书馆	1 960
10	黑龙江大学图书馆	1 832
11	西南政法大学图书馆	1 774
12	浙江师范大学图书馆	1 745
13	首都师范大学图书馆	1 680
14	西安建筑科技大学图书馆	1 665
15	上海师范大学图书馆	1 663
16	西安理工大学图书馆	1 648
17	上海理工大学图书馆	1 643
18	华东政法大学图书馆	1 546
19	山西大学图书馆	1 512
20	天津师范大学图书馆	1 487

从全国范围来看,普通本科院校图书馆 2014 年新增学位论文馆均值为 463 册,中位值为 125 册(居于排名第 119 位的川北医学院图书馆和排名第 120 位的漳州师范学院图书馆之间)。从地区划分来看,各地区馆均值分别为东部地区 519 册,中部地区 374 册,西部地区 400 册。

4.3　电子资源购置情况

电子资源购置情况的统计对象为 425 所高校图书馆,其中"985""211"院校图书馆 57 所、普通本科院校图书馆 235 所、高职高专院校图书馆 133 所。

电子资源购置情况的统计原则为:(1)统计单位为"种",单本电子期刊不计入统计;(2)同一公司开发或同一平台上的不同类型或不同主题的多种电子资源仅单独统计主要或大型子库,其余小型子库均综合统计为 1 种其他数据库,例如,ProQuest 旗下除 PRL、PQDT 博士、硕士论文文摘数据库,PQDT 博士、硕士论文全文数据库以外,其余子库均合并统计为 1 种"ProQuest 其他数据库";CNKI 平台上除期刊、学位论文、报纸、会议论文、标准、工具书、年鉴、专利、引文、中国经济与社会发展统计数据库外,其余子库合并统计为 1 种 CNKI 其他数据库;汤森路透 Web of Science 合集中 SCIE、SSCI、A&HCI、CPCI 分别统计为 4 种电子资源;(3)同一数据库平台整合的众多小型分主题数据库均按平台名称综合统计,例如:Ovid SP 平台数据库、Gale 系列数据库、JANE'S系列数据库等。

全国高校图书馆电子资源购置情况的统计指标主要包括电子资源的被购买次数和订购率[①]。

4.3.1 中文电子资源购置

4.3.1.1 "985""211"院校图书馆

对 57 所"985""211"院校图书馆的中文电子资源购置情况进行分类统计,被购买次数排行前 20 位的中文电子资源见图 4-1。从图可知,被购买次数排行前 20 位的中文电子资源共有 28 种,其中 CNKI 期刊全文、超星汇雅电子图书、维普期刊资源整合服务平台、CNKI 学位论文和读秀学术搜索 5 种电子资源的被购买次数达到 50 次以上,且全部57 所"985""211"院校图书馆均购买了 CNKI 期刊全文数据库。

---

① 订购率的计算方法为:某电子资源在某地区的购置重复率﹦该电子资源在本地区的被购买次数/本地区纳入统计的高校图书馆数。

图 4-1   被购买次数排行前 20 位的中文电子资源("985""211"院校)

对被购买次数排行前 20 位的 28 种中文电子资源进一步按地区进行订购率分析,情况如表 4-46 所示。从表中可知,CNKI 期刊全文数据库在全国范围的订购率高达 100%,超星汇雅电子图书、维普期刊资源整合服务平台在中部地区和西部地区的订购率均达到 100%。西部地

区订购率达到100%的中文电子资源除上述 3 种外,还包括 CNKI 学位
论文和读秀学术搜索。

表 4-46　被购买次数排行前 20 位中文电子资源各地区订购率("985""211"院校)

单位:%

电子资源名称	地区			
	东部	中部	西部	全国
CNKI 期刊全文	100.00	100.00	100.00	100.00
超星汇雅电子图书	91.18	100.00	100.00	94.74
维普期刊资源整合服务平台	85.29	100.00	100.00	91.23
CNKI 学位论文	85.29	91.67	100.00	89.47
读秀学术搜索	85.29	83.33	100.00	87.72
新东方多媒体学习库	79.41	83.33	81.82	80.70
万方期刊全文	79.41	91.67	63.64	78.95
CSSCI 中文社会科学引文索引	76.47	83.33	72.73	77.19
万方学位论文	70.59	83.33	81.82	75.44
国研网	61.76	91.67	63.64	68.42
万方会议论文	64.71	75.00	72.73	68.42
方正 Apabi 中华数字书苑	58.82	75.00	81.82	66.67
人大复印报刊资料全文数据库	58.82	75.00	81.82	66.67
CSCD 中国科学引文数据库	47.06	91.67	72.73	61.40
CNKI 会议论文	52.94	66.67	72.73	59.65
万方其他数据库	50.00	75.00	72.73	59.65
KUKE 库客数字音乐图书馆	47.06	91.67	54.55	57.89
爱迪科森网上报告厅	47.06	91.67	45.45	56.14
超星学术视频	52.94	58.33	54.55	54.39
CNKI 报纸	47.06	75.00	54.55	54.39
书生之家电子图书	35.29	83.33	72.73	52.63
CNKI 年鉴	41.18	75.00	54.55	50.88
万方中外标准	44.12	58.33	63.64	50.88
CNKI 工具书	44.12	83.33	36.36	50.88
全国报刊索引	38.24	33.33	63.64	42.11
INFOBANK 中国资讯行	41.18	58.33	27.27	42.11
NoteExpress 文献管理系统	44.12	33.33	45.45	42.11
万方中外专利	11.18	33.33	18.18	40.35

4.3.1.2 普通本科院校图书馆

对 235 所普通本科院校图书馆的中文电子资源购置情况进行分类统计,被购买次数排行前 20 位的中文电子资源见图 4-2。从图可知,被购买次数排行前 20 位的中文电子资源共有 22 种,其中 CNKI 期刊全文、读秀学术搜索、超星汇雅电子图书和 CNKI 学位论文 4 种电子资源的被购买次数均达到 150 次以上,其中以 CNKI 期刊全文的被购买次数为最,高达 228 次。

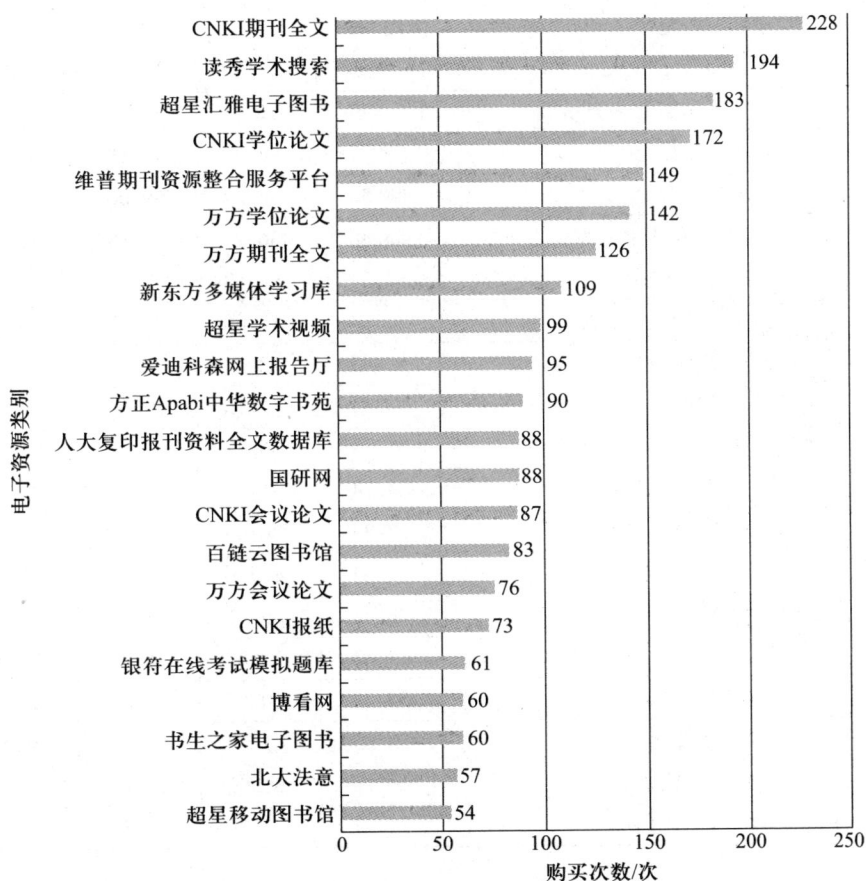

图 4-2 被购买次数排行前 20 位的中文电子资源(普通本科院校)

对被购买次数排行前 20 位的 22 种中文电子资源进一步按地区进

141

行订购率分析,情况如表4-47所示。从表中可知,CNKI期刊全文数据库在中部地区的订购率为100%,在全国范围内的订购率为97.02%,远远超过了排名第二的读秀学术搜索。

表4-47 被购买次数排行前20位中文电子资源各地区订购率(普通本科院校)

单位:%

电子资源名称	地区			
	东部	中部	西部	全国
CNKI期刊全文	98.20	100.00	92.42	97.02
读秀学术搜索	81.98	86.21	80.30	82.55
超星汇雅电子图书	73.87	70.69	90.91	77.87
CNKI学位论文	75.68	68.97	72.73	73.19
维普期刊资源整合服务平台	74.77	55.17	51.52	63.40
万方学位论文	69.37	46.55	57.58	60.43
万方期刊全文	58.56	48.28	50.00	53.62
新东方多媒体学习库	55.86	36.21	39.39	46.38
超星学术视频	42.34	44.83	39.39	42.13
爱迪科森网上报告厅	39.64	50.00	33.33	40.43
方正Apabi中华数字书苑	50.45	22.41	31.82	38.30
国研网	44.14	32.76	30.30	37.45
人大复印报刊资料全文数据库	35.14	36.21	42.42	37.45
CNKI会议论文	44.14	31.03	30.30	37.02
百链云图书馆	33.33	20.69	51.52	35.32
万方会议论文	39.64	25.86	25.76	32.34
CNKI报纸	34.23	29.31	27.27	31.06
银符在线考试模拟题库	19.82	31.03	31.82	25.96
书生之家电子图书	24.32	20.69	31.82	25.53
博看网	25.23	41.38	12.12	25.53
北大法意	26.13	31.03	15.15	24.26
超星移动图书馆	21.62	25.86	22.73	22.98

4.3.1.3 高职高专院校图书馆

对133所高职高专院校图书馆的中文电子资源购置情况进行分类

统计,被购买次数排行前 20 位的中文电子资源见图 4-3。从图可知,被购买次数排行前 20 位的中文电子资源共有 28 种,其中 CNKI 期刊全文数据库的被购买次数达到 100 次以上;超星汇雅电子图书、读秀学术搜索、维普期刊资源整合服务平台、CNKI 学位论文、万方期刊全文的被购买次数也相对较高。

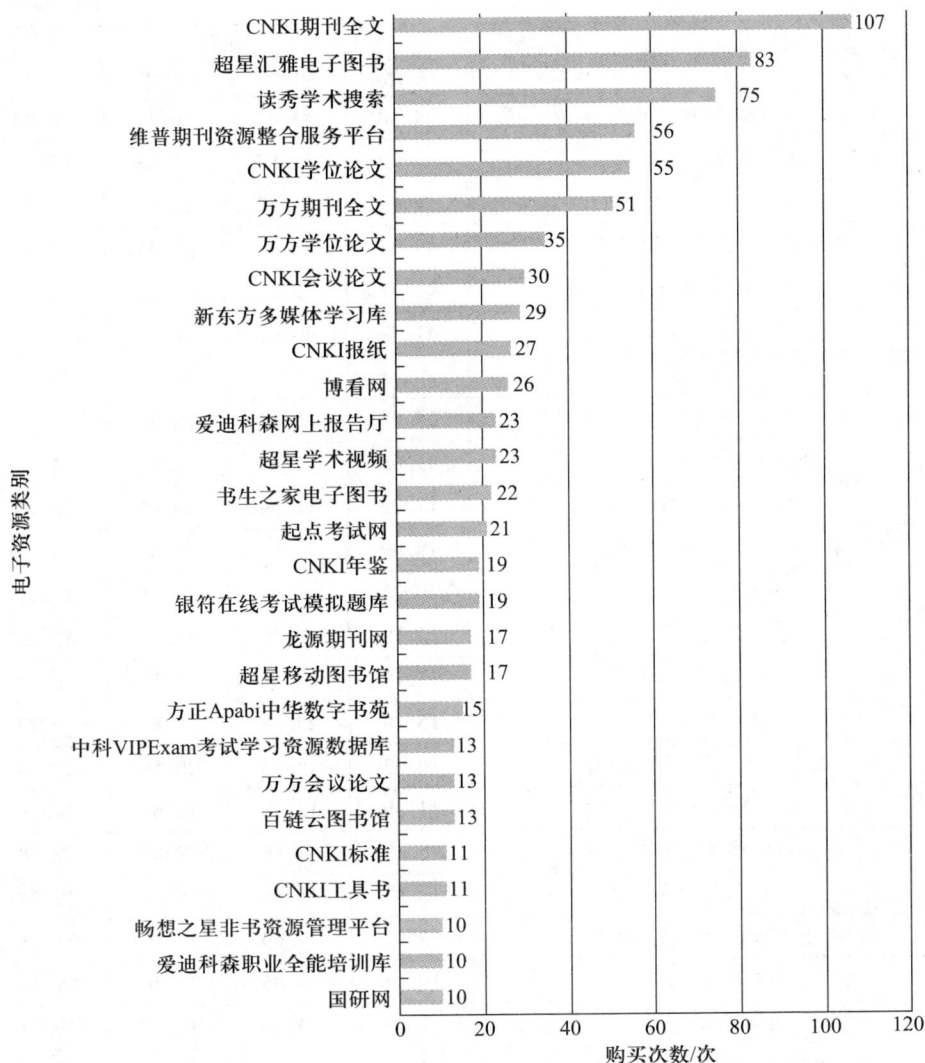

图 4-3　被购买次数排行前 20 位的中文电子资源(高职高专院校)

对被购买次数排行前 20 位的 28 种中文电子资源进一步按地区进行订购率分析,情况如表 4-48 所示。从表中可知,除 CNKI 期刊全文、超星汇雅电子图书、读秀学术搜索重复购买超过一半以外,其余电子资源订购率偏低。

表 4-48　被购买次数排行前 20 位中文电子资源各地区订购率(高职高专院校)

单位:%

电子资源名称	地区			
	东部	中部	西部	全国
CNKI 期刊全文	74.68	84.62	76.47	80.45
超星汇雅电子图书	63.29	53.85	55.88	62.41
读秀学术搜索	59.49	34.62	55.88	56.39
维普期刊资源整合服务平台	49.37	23.08	32.35	42.11
CNKI 学位论文	41.77	38.46	35.29	41.35
万方期刊全文	41.77	34.62	26.47	38.35
万方学位论文	29.11	11.54	26.47	26.32
CNKI 会议论文	24.05	15.38	20.59	22.56
新东方多媒体学习库	31.65	7.69	5.88	21.80
CNKI 报纸	17.72	11.54	29.41	20.30
博看网	18.99	23.08	14.71	19.55
超星学术视频	20.25	7.69	14.71	17.29
爱迪科森网上报告厅	13.19	19.23	17.65	17.29
书生之家电子图书	15.19	23.08	11.76	16.54
起点考试网	15.19	23.08	8.82	15.79
银符在线考试模拟题库	10.13	15.38	20.59	14.29
CNKI 年鉴	11.39	15.38	17.65	14.29
超星移动图书馆	15.19	7.69	8.82	12.78
龙源期刊网	13.92	11.54	8.82	12.78
方正 Apabi 中华数字书苑	13.92	0.00	11.76	11.28
百链云图书馆	10.13	3.85	11.76	9.77
万方会议论文	7.59	3.85	17.65	9.77
中科 VIPExam 考试学习资源数据库	13.92	7.69	0.00	9.77
CNKI 工具书	7.59	7.69	8.82	8.27

电子资源名称	地区			
	东部	中部	西部	全国
CNKI 标准	7.59	3.85	11.76	8.27
国研网	8.86	7.69	2.94	7.52
爱迪科森职业全能培训库	5.06	11.54	8.82	7.52
畅想之星非书资源管理平台	10.13	0.00	5.88	7.52

4.3.2　外文电子资源购置

4.3.2.1　"985""211"院校图书馆

对 57 所"985""211"院校图书馆的外文电子资源购置情况进行分类统计,被购买次数排行前 20 位的外文电子资源见图 4-4。从图可知,被购买次数排行前 20 的外文电子资源共有 29 种。不难发现,排行靠前的大多是综合性电子资源,如,Elsevier ScienceDirect、Springer E-Journal、EBSCO ASP/ASC、Wiley Online Library 等,被购买次数在 50 次左右;PQDT 博士、硕士论文全文数据库是 CALIS 集团共建共享资源,大部分"985""211"院校图书馆作为成员馆都有参与;而 SCIE 科学引文索引(扩展版)、EI 工程索引等文摘索引数据库,作为科技查新和科研产出评估的重要工具,在 57 所"985""211"院校图书馆中分别有 50 所和 44 所购买。

对被购买次数排行前 20 位的 29 种外文电子资源进一步按地区进行订购率分析,情况如表 4-49 所示。从表中可知,这些外文电子资源在全国范围的订购率普遍超过 54%,其中 Elsevier ScienceDirect 在中部地区和西部地区的订购率高达 100%,在全国范围的订购率达到 93%。此外,中部地区购外文电子资源的重复率普遍高于其他两个地区,除 Elsevier ScienceDirect 外,SCIE 科学引文索引(扩展版)、EBSCO ASP/ASC 和 BSP/BSC 在中部地区的订购率也均达到了 100%。

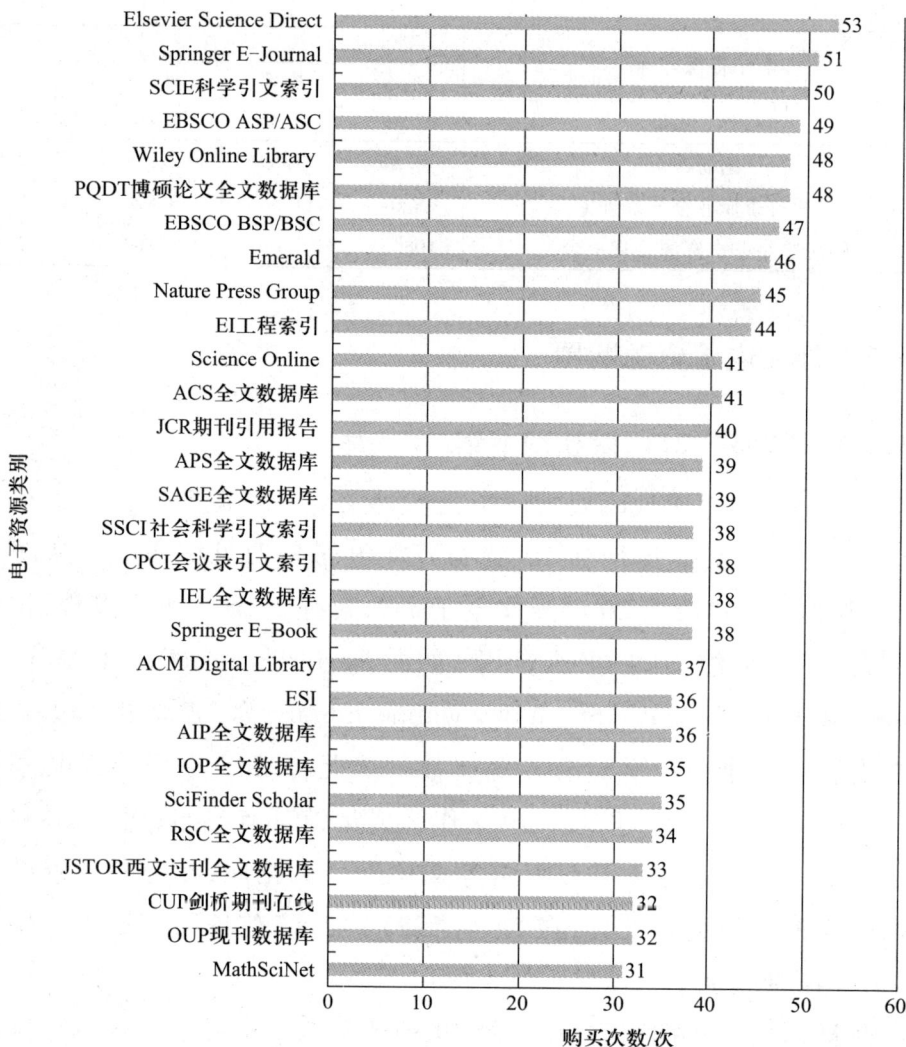

图 4-4　被购买次数排行前 20 位的外文电子资源（"985""211"院校）

表 4-49　被购买次数排行前 20 位外文电子资源各地区订购率（"985""211"院校）

单位：%

电子资源名称	地区			
	东部	中部	西部	全国
Elsevier ScienceDirect	88.24	100.00	100.00	92.98
Springer E-Journal	91.18	91.67	81.82	89.47
SCIE 科学引文索引	85.29	100.00	81.82	87.72

电子资源名称	地区			
	东部	中部	西部	全国
EBSCO ASP/ASC	82.35	100.00	81.82	85.96
PQDT 博硕论文全文数据库	82.35	91.67	81.82	84.21
Wiley Online Library	91.18	83.33	63.64	84.21
EBSCO BSP/BSC	76.47	100.00	81.82	82.46
Emerald	79.41	83.33	81.82	80.70
Nature Press Group	79.41	75.00	81.82	78.95
EI 工程索引	76.47	83.33	72.73	77.19
ACS 全文数据库	67.65	83.33	72.73	71.93
Science Online	73.53	66.67	72.73	71.93
JCR 期刊引用报告	67.65	66.67	81.82	70.18
SAGE 全文数据库	70.59	58.33	72.73	68.42
APS 全文数据库	64.71	75.00	72.73	68.42
Springer E-Book	70.59	66.67	54.55	66.67
IEL 全文数据库	64.71	75.00	63.64	66.67
CPCI 会议录引文索引	61.76	75.00	72.73	66.67
SSCI 社会科学引文索引	61.76	83.33	63.64	66.67
ACM Digital Library	64.71	83.33	45.45	64.91
AIP 全文数据库	55.88	75.00	72.73	63.16
ESI	61.76	75.00	54.55	63.16
SciFinder Scholar	64.71	58.33	54.55	61.40
IOP 全文数据库	55.88	75.00	63.64	61.40
RSC 全文数据库	70.59	50.00	36.36	59.65
JSTOR 西文过刊全文数据库	55.88	58.33	63.64	57.89
OUP 现刊数据库	52.94	58.33	63.64	56.14
CUP 剑桥期刊在线	61.76	41.67	54.55	56.14
MathSciNet	55.88	66.67	36.36	54.39

4.3.2.2 普通本科院校图书馆

对 235 所普通本科院校图书馆的外文电子资源购置情况进行分类

统计,被购买次数排行前 20 位的外文电子资源见图 4-5。从图可知,被购买次数排行前 20 位的外文电子资源共有 26 种。其中,EBSCO ASP/ASC 和 BSP/BSC、Springer E-Journal 等综合性全文数据库较为突出,专业性较强的学协会数据库略为靠后。

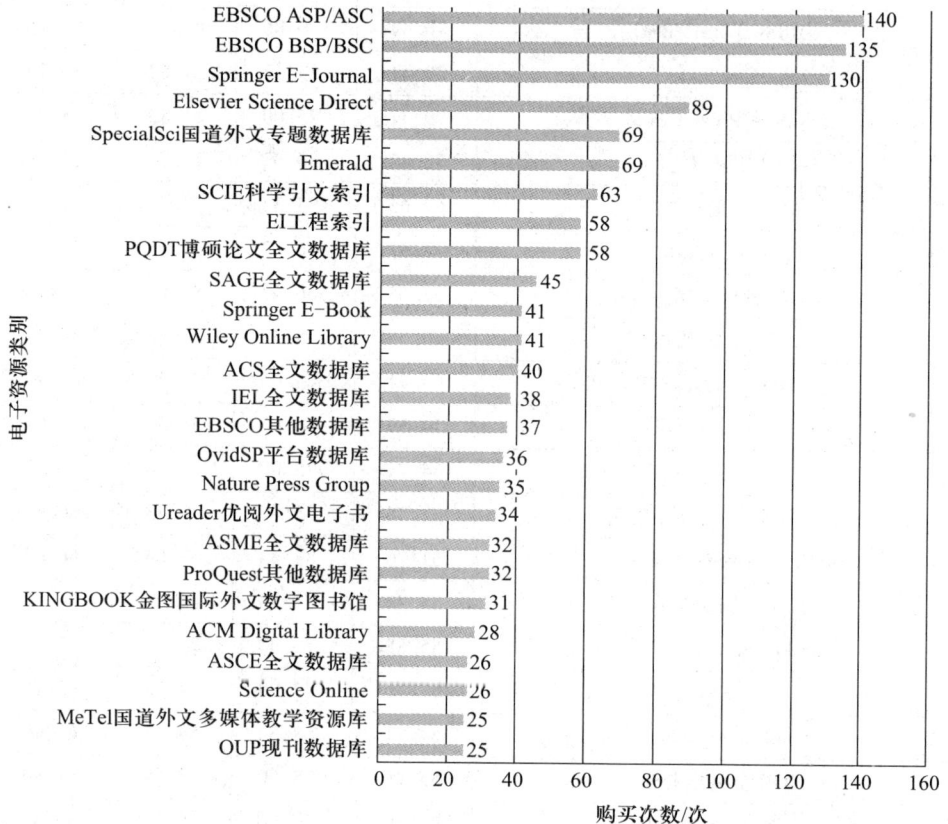

图 4-5 被购买次数排行前 20 位的外文电子资源(普通本科院校)

对被购买次数排行前 20 位的 26 种外文电子资源进一步按地区进行订购率分析,情况如表 4-50 所示。从表中可知,只有 EBSCO ASP/ASC 和 BSP/BSC、Springer E-Journal 在全国范围内的订购率超过 50%,而且东部地区的订购率普遍高于中部地区和西部地区。

表4-50　被购买次数排行前20位外文电子资源各地区订购率(普通本科院校)

单位:%

电子资源名称	地区			
	东部	中部	西部	全国
EBSCO ASP/ASC	68.47	55.17	48.48	59.57
EBSCO BSP/BSC	66.67	51.72	46.97	57.45
Springer E-Journal	72.07	53.45	28.79	55.32
Elsevier ScienceDirect	52.25	34.48	16.67	37.87
Emerald	38.74	22.41	19.70	29.36
SpecialSci 国道外文专题数据库	27.03	37.93	25.76	29.36
SCIE 科学引文索引	41.44	18.97	9.09	26.81
PQDT 博硕论文全文数据库	35.14	13.79	16.67	24.68
EI 工程索引	34.23	20.69	12.12	24.68
SAGE 全文数据库	26.13	10.34	15.15	19.15
Wiley Online Library	23.42	13.79	10.61	17.45
Springer E-Book	22.52	13.79	12.12	17.45
ACS 全文数据库	24.32	10.34	10.61	17.02
IEL 全文数据库	19.82	17.24	9.09	16.17
EBSCO 其他数据库	22.52	12.07	7.58	15.74
OvidSP 平台数据库	20.72	8.62	12.12	15.32
Nature Press Group	22.52	6.90	9.09	14.89
Ureader 优阅外文电子书	11.71	22.41	12.12	14.47
ProQuest 其他数据库	18.92	6.90	10.61	13.62
ASME 全文数据库	18.92	8.62	9.09	13.62
KINGBOOK 金图国际外文数字图书馆	9.91	13.79	18.18	13.19
ACM Digital Library	11.71	12.07	12.12	11.91
Science Online	17.12	5.17	6.06	11.06
ASCE 全文数据库	12.61	12.07	7.58	11.06
OUP 现刊数据库	15.32	6.90	6.06	10.64
MeTel 国道外文多媒体教学资源库	10.81	15.52	6.06	10.64

4.3.2.3　高职高专院校图书馆

对 133 所高职高专院校图书馆的外文电子资源购置情况进行分类

统计,详细情况如表4-51所示。与"985""211"及普通本科院校图书馆相比,高职高专院校图书馆购买外文电子资源较少,这与高职高专院校读者的需求及图书资料经费有直接关系。从表中可知,高职高专院校图书馆购买的相对较多的仍然是 EBSCO ASP/ASC 和 BSP/BSC、Springer E-Journal,其余电子资源只有零星图书馆购买。

表4-51　高职高专院校图书馆购买的外文电子资源情况

序号	电子资源名称	东部地区订购率/%	中部地区订购率/%	西部地区订购率/%	全国订购率/%	被购买次数/次	排名
1	EBSCO ASP/ASC	17.72	3.85	3.57	12.03	16	1
2	EBSCO BSP/BSC	17.72	3.85	3.57	12.03	16	1
3	Springer E-Journal	15.19	3.85	3.57	10.53	14	2
4	数图外文原版电子图书数据库	2.53	3.85	3.57	3.01	4	3
5	EBSCO 其他数据库	3.80	0.00	0.00	2.26	3	4
6	KINGBOOK 金图国际外文数字图书馆	1.27	0.00	7.14	2.26	3	4
7	EBM Library	0.00	11.54	0.00	2.26	3	4
8	Emerald	1.27	0.00	3.57	1.50	2	5
9	SAGE 全文数据库	1.27	0.00	3.57	1.50	2	5
10	Wiley Online Library	1.27	0.00	3.57	1.50	2	5
11	Ureader 优阅外文电子书	1.27	3.85	0.00	1.50	2	5
12	Credo General Reference Credo	2.53	0.00	0.00	1.50	2	5
13	Elsevier ScienceDirect	0.00	0.00	3.57	0.75	1	6
14	SpecialSci 国道外文专题数据库	1.27	0.00	0.00	0.75	1	6
15	SCIE 科学引文索引	0.00	0.00	3.57	0.75	1	6
16	PQDT 博硕论文全文数据库	0.00	0.00	3.57	0.75	1	6
17	EI 工程索引	0.00	0.00	3.57	0.75	1	6
18	Springer E-Book	0.00	3.85	0.00	0.75	1	6
19	ACS 全文数据库	0.00	0.00	3.57	0.75	1	6
20	IEL 全文数据库	0.00	0.00	3.57	0.75	1	6
21	OvidSP 平台数据库	0.00	0.00	3.57	0.75	1	6
22	Nature Press Group	0.00	0.00	3.57	0.75	1	6
23	ProQuest 其他数据库	0.00	0.00	3.57	0.75	1	6
24	ASME 全文数据库	0.00	0.00	3.57	0.75	1	6

序号	电子资源名称	东部地区订购率/%	中部地区订购率/%	西部地区订购率/%	全国订购率/%	被购买次数/次	排名
25	Science Online	0.00	0.00	3.57	0.75	1	6
26	ASCE 全文数据库	0.00	0.00	3.57	0.75	1	6
27	OUP 现刊数据库	0.00	0.00	3.57	0.75	1	6
28	MeTel 国道外文多媒体教学资源库	1.27	0.00	0.00	0.75	1	6
29	APS 全文数据库	0.00	0.00	3.57	0.75	1	6
30	SciFinder Scholar	0.00	0.00	3.57	0.75	1	6
31	RSC 全文数据库	0.00	0.00	3.57	0.75	1	6
32	JSTOR 西文过刊全文数据库	0.00	0.00	3.57	0.75	1	6
33	CPCI 会议录引文索引	0.00	0.00	3.57	0.75	1	6
34	CUP 剑桥期刊在线	0.00	0.00	3.57	0.75	1	6
35	SSCI 社会科学引文索引	0.00	0.00	3.57	0.75	1	6
36	IOP 全文数据库	0.00	0.00	3.57	0.75	1	6
37	Gale 系列数据库	0.00	3.85	0.00	0.75	1	6
38	AIP 全文数据库	0.00	0.00	3.57	0.75	1	6
39	BKS 博图外文电子图书	1.27	0.00	0.00	0.75	1	6
40	PNAS	0.00	0.00	3.57	0.75	1	6
41	EMIS 全球新兴市场商业资讯	0.00	3.85	0.00	0.75	1	6
42	OUP 学术专著在线	0.00	0.00	3.57	0.75	1	6
43	Annual Reviews	0.00	0.00	3.57	0.75	1	6
44	Lexis. com	0.00	0.00	3.57	0.75	1	6
45	SIAM 全文数据库	0.00	0.00	3.57	0.75	1	6
46	OFB 外文文献库	0.00	3.85	0.00	0.75	1	6
47	Frontiers in China	0.00	0.00	3.57	0.75	1	6
48	EBSCO eBook Collection	0.00	0.00	3.57	0.75	1	6
49	Elsevier 电子图书	1.27	0.00	0.00	0.75	1	6
50	World eBook Library	0.00	0.00	3.57	0.75	1	6
51	ASM 全文数据库	0.00	0.00	3.57	0.75	1	6
52	Taylor & Francis 电子图书	0.00	0.00	3.57	0.75	1	6
53	尚唯科技报告资源服务系统	1.27	0.00	0.00	0.75	1	6
54	IEEE-Wiley eBooks Library	0.00	0.00	3.57	0.75	1	6
55	复文博库	1.27	0.00	0.00	0.75	1	6

4.4 特色资源建设情况

特色资源建设是指图书馆针对特定用户需求,依托馆藏信息资源,对某一学科、专题或形式的文献信息资源进行较长时期的收集、整理、分析、评价、存储和集中呈现,逐步形成自身独具特色和优势的馆藏结构体系,在特色资料来源、收藏重点、建设方法、服务对象、服务效果等方面不同于其他图书馆的一种独特的资源建设。特色资源作为图书馆建设和服务的核心要素和价值所在,作为资源共享的差异性基础,越来越受到高校图书馆的重视,努力建设好图书馆特色资源已经成为高校图书馆的共识。

为增进对国内高校图书馆特色资源建设情况的了解和认识,教育部高校图工委在2015年7月发送的"高校图书馆发展状况(蓝皮书)调查问卷"(以下简称调查问卷)中,对民国时期文献、少数民族文献和自建特色数据库的建设情况进行了针对性调研。截至2015年10月8日,共收到460所国内高校图书馆返回的调查问卷,其中本科院校图书馆317所,高职高专院校图书馆143所。本节以调查问卷统计数据为基础,结合高校馆藏建设实际,为高校图书馆开展特色资源建设提供一份参考资料。

4.4.1 民国时期文献资源

4.4.1.1 高校民国时期文献馆藏概况

民国时期文献作为一种重要的特色馆藏,长期以来受到高校图书馆的高度重视。调查问卷统计结果显示,在460所高校图书馆中,有137所收藏有民国时期文献,馆藏总量为231.4万余册(份),馆均收藏近1.7万册(份)。其中,民国图书馆藏近176.9万册,馆均收藏近1.3万册;期刊馆藏近46.2万册,馆均收藏3 369册;民国报纸及其他民国资料收藏计 8.4 万余册。

在民国时期图书收藏方面,馆藏量在 6 万册至 10 万册之间的,有北京大学、复旦大学、中山大学、中国人民大学、华东师范大学、河南大学、中南财经政法大学、暨南大学等图书馆;馆藏量在 2 万册至 5 万册之间的,有浙江大学、山东大学、南京大学、武汉大学、四川大学、厦门大学、西北师范大学、辽宁大学、皖西学院、安徽师范大学、上海师范大学、首都师范大学、贵州师范大学、苏州大学、扬州大学、湖州师范学院、南京理工大学、宁夏大学、湖北大学等图书馆;其余高校图书馆馆藏量均在 2 万册以下。

在民国时期期刊收藏方面,北京大学图书馆刊种多达 11 547 种;中山大学、中国人民大学、南京大学、厦门大学、复旦大学、四川大学、山东大学等图书馆的刊种介于 4 000 种至 7 000 种之间;武汉大学、苏州大学、河南大学、重庆大学、华东师范大学、南京农业大学等图书馆收藏刊种均为 2 000 多种,其余图书馆收藏刊种均在 2 000 种以下。

在民国时期报纸收藏方面,南京农业大学、北京大学、复旦大学、中国人民大学、四川大学等图书馆收藏较好,馆藏品种介于 290 种至 720 种之间;中山大学、西南民族大学、苏州大学、厦门大学、西北大学、武汉大学、重庆大学等图书馆的收藏品种介于 50 种至 170 种之间,其余高校馆藏均在 50 种以下。为弥补本馆民国时期文献数量的不足,许多图书馆还通过购买民国时期文献数据库产品、影印复制资料来丰富和扩充馆藏。

4.4.1.2 民国时期文献的抢救保护

民国时期文献记录着我国在特殊历史时期所经历的荣辱兴衰,对研究当时的政治、经济、文化、外交等具有非常重要的价值,越来越受到学界的肯定和重视。然而,民国时期文献以平装为主,纸张主要采用机器纸,由于文献纸张质量先天不足,整体老化损毁严重,其保存难度甚至高于传统古籍。为抢救、保护民国时期珍贵文献,继承和弘扬优秀文化,2012年2月,国家"民国时期文献保护计划"正式启动,在各地、各类图书馆和学界专家的积极参与和支持下,文献普查、海外文献征集、原生性保护、整理出版等各方面工作都取得了重要成果。

高校图书馆界非常重视民国时期文献的抢救保护,并在民国时期文献的馆藏调查整理、复制抢救等方面做了大量的工作。2005年,教育部高校图工委文献资源建设工作组和中国图书馆学会高校分会启动了"民国籍粹"项目,整理出中国大陆1949年以后从未再版过的,学术价值、史料价值和版本价值较高的民国图书10 194种,经过限量复制后分藏于部分高校图书馆。2011年启动"中国近现代翻译文学作品"整理项目,选录图书3 342种,是迄今为止最为系统的、规模最大的一个中国近现代文学翻译作品复制和抢救工程。2013年启动的"民国时期文献资料海外拾遗"项目,收录存藏于海外的稀见民国时期文献资料710种,收录文献的原则主要有三个方面:一是民国时期的稿本、抄本和油印本;二是民国时期在海外印行的中文书刊或小册子,在国内图书馆中很少收藏的;三是民国时期在国内印行的,而现在国内许多图书馆缺藏的文献。

4.4.2　少数民族文献资源

少数民族文献在研究我国少数民族地区的历史变迁、社会形态、民族族源、宗教信仰、政治经济、文化教育和文学艺术等方面有着重要价值,是我国文献资源保障体系中不可或缺的构成部分。长期以来,我国高校图书馆,特别是民族地区的高校图书馆,不断加强民族文献的收集和整理,在少数民族文献资源建设中发挥着重要的作用。

调查问卷统计结果显示,在460所高校图书馆中,有46所图书馆收藏有少数民族文献,收藏总量达42.59万册,馆均收藏量近9 260册。其中,图书收藏量39.8万多册,占所有文献馆藏总量93.54%,馆均收藏约8 662册;期刊收藏量约1.23万册,馆均收藏268册;报纸和其他资料收藏 1.5 万余册。

4.4.2.1　馆藏分布

图4-6列举了调查问卷中少数民族文献收藏总册数排名前十的高校图书馆,内蒙古师范大学、内蒙古民族大学、西南民族大学、甘肃民族师范学院、赤峰学院等5所图书馆的收藏总册数达37万余册,占总收藏册数的87%。可见,各民族地区的高校图书馆在民族文献收藏上较其他高校图书馆占有优势,是少数民族文献的存储中心、信息中心和交流中心。

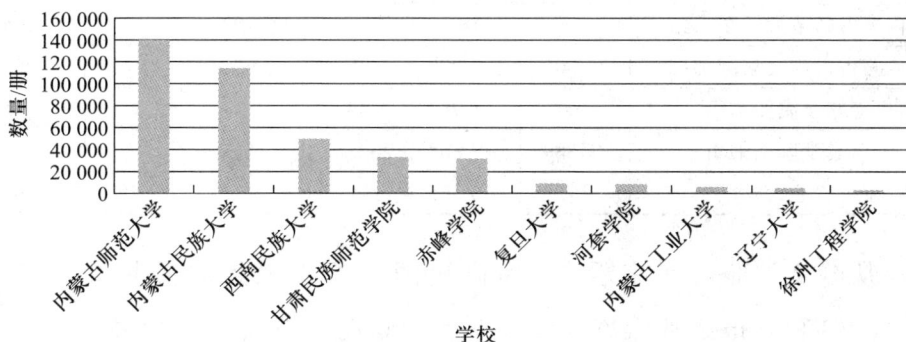

图4-6　少数民族文献收藏总册数排行前10的高校图书馆

从少数民族文献馆藏的省份分布来看,内蒙古高校图书馆收藏最多,约30.36万册;排在其后的分别为四川5.06万册、甘肃3.43万册、上海1.49万册、江苏1.06万册、辽宁5 000册;其他省份均不高于2 000册。需要说明的是,少数民族文献收藏较丰富的西藏、新疆、青海、云南、吉林等省份高校图书馆,由于没有返回调查问卷,未能纳入统计范围。

4.4.2.2　文种分布

在46所高校图书馆中,收藏蒙文文献的有18所图书馆计30.46万册,藏文文献20所8.05万册,朝鲜文文献16所1.76万册,维吾尔文文献19所1.03万册,彝文文献8所5 300多册,哈萨克文文献9所

863 册,壮文文献 3 所 418 册,还有个别图书馆收藏满文、傣文等文种资料。

从蒙文馆藏分布来看,18 所高校图书馆收藏蒙文图书约 28.26 万册、蒙文期刊 1.21 万余册、蒙文报纸近万册。内蒙古高校是蒙文文献的主要收藏地,内蒙古师范大学、内蒙古民族大学、赤峰学院等图书馆的蒙文收藏较为丰富,见表 4-52 所示。

表 4-52　蒙文文献收藏 TOP 5

机构名称	蒙文图书		蒙文期刊		蒙文报纸	
	种数	册数	种数	册数	种数	册(份)数
内蒙古师范大学图书馆		124 019		6 793		9 124
内蒙古民族大学图书馆	20 000	110 000	40	4 600	10	200
赤峰学院图书馆		31 989	44	59	4	5
河套学院图书馆	1 389	7 808	23	563	2	480
内蒙古工业大学图书馆	1 731	6 365	8	112	1	90

从藏文馆藏分布来看,20 所高校图书馆收藏藏文图书约 7.51 万册,藏文期刊、报纸和藏族典籍文献 5 400 册。藏文文献馆藏主要分布在西部地区,西南民族大学和甘肃民族师范学院图书馆的藏文收藏十分丰富,复旦大学、兰州大学、北方民族大学、湖南民族职业学院等图书馆也有一定的收藏量,见表 4-53 所示。

表 4-53　藏文文献收藏 TOP 5

机构名称	藏文图书		藏文期刊		藏文报纸	
	种数	册数	种数	册数	种数	册(份)数
西南民族大学图书馆	22 000	42 567	1		1	
甘肃民族师范学院图书馆	10 444	27 672	23	134	15	929
复旦大学图书馆	1 540	2 269				
兰州大学图书馆	500	1 200				
北方民族大学图书馆	505	1 010	5	5		

注:甘肃民族师范学院图书馆还收藏有藏族典籍文献 1 729 种 4 330 函

在朝鲜文收藏方面,辽宁大学图书馆收藏有 5 000 册图书,徐州工程学院、常熟理工学院和上海外国语大学等图书馆各收藏有 3 000 多册图书,复旦大学、中国政法大学、淮南师范学院、河南大学、北京印刷学院均有几百册的图书收藏。

在维吾尔文收藏方面,西南民族大学图书馆收藏有 1 800 多种图书,南京师范大学、南京农业大学、上海商学院、同济大学、河海大学、湖北大学、浙江水利水电学院、复旦大学、北方民族大学等图书馆均收藏有几百种图书。

在彝文收藏方面,西南民族大学图书馆收藏有图书 4 000 种、期刊和报纸各 1 种,贵州工程应用技术学院和复旦大学图书馆分别收藏有图书 300 种和 164 种,其余高校仅有零星收藏。

在哈萨克文收藏方面,西南民族大学图书馆收藏有图书 455 种、期刊 1 种,复旦大学图书馆收藏有图书 140 种 262 册,中国政法大学图书馆收藏有图书 108 册,其余高校仅有零星收藏。

在壮文收藏方面,复旦大学图书馆收藏有图书 152 种 404 册,贵州民族大学和贵州师范学院有少量收藏。此外,西南民族大学图书馆还收藏有傣文等图书 450 多种。

4.4.3 自建特色数据库

自建特色数据库是高校图书馆对通过广征博采形成学科特色、地方特色、专题特色或机构特色的文献信息资源,按照一定的标准和规范,进行多层次加工、整理和数字化,而建立的具有独特信息价值和多途径检索功能的专题信息资源库。特色数据库丰富了图书馆的数字资源,又能使特定用户方便、快捷地获得某一方面比较系统的文献信息,极大地提升了文献信息服务的质量,既是图书馆数字化资源建设的重心,也是特色资源建设的方向。

4.4.3.1 高校图书馆特色数据库建设概况

调查问卷统计显示,在 460 所高校图书馆中,有 293 所图书馆自建有特色数据库,占比 63.7% ,其中本科院校图书馆 244 所,高职高专院校图书馆 49 所。可见,高校图书馆越来越重视特色数据库的建设,目前三分之二的高校图书馆已自建有特色数据库。

293 所高校图书馆共自建了 1 148 个特色数据库,馆均建库 3.9 个,其中,东部地区 176 所高校馆自建库达 655 个,中部地区 56 所高校馆自建库达 213 个,西部地区 61 所高校馆自建库达 280 个。从数量上看,暨南大学和哈尔滨商业大学图书馆自建库最多,达到 18 个;排在其后的为华中科技大学图书馆 17 个、中国人民大学图书馆 16 个,成都理工大学、西南民族大学、沈阳音乐学院等图书馆自建库也多达 14 个,见表 4-54 所示。

表 4-54 自建特色数据库个数和高校图书馆数量对应表

自建库 个数/个	18	17	16	14	13	12	11	10	9	8	7	6	5	4	3	2	1	0
图书馆 数量/所	2	1	1	3	1	4	2	6	6	8	13	22	25	27	45	58	69	167

4.4.3.2 高校图书馆特色数据库建设成果

10 多年来,高校图书馆针对教学科研信息需求和社会经济发展需要,充分挖掘、整理和展现具有馆藏特色、学科特色和地方特色的信息资源,大力发展和自建本馆特色鲜明的数字化资源库,为我国高等教育事业的大发展提供全方位文献信息保障服务,目前已取得喜人的成果。因篇幅所限,仅选取自建特色库数量在 7 个及以上的图书馆,展示其特色数据库建设成果,以供各馆建设参考(见附录四)。

4.4.3.3 高校图书馆特色数据库建设特点

1. 以自建自用为主,校外访问限制较多

调查显示,在 293 所高校图书馆自建的 1 148 个特色数据库中,只限校园网用户访问使用的自建库有 611 个,占比 53%;部分限制访问的有 356 个,占比 31%,通常是对外网开放标题、文摘或内容简介检索,全文访问限校园网 IP 或使用账号密码登录;有 181 个自建库对外网全部开放访问,占比 16%,这些库多为题录文摘库、网络导航库、信息参考库和机构典藏库。

2. 多方争取资金资助,协调共建得到重视

在 1 148 个自建库中,有 276 个获得馆外资金资助,占比 24%。其中,获得所在学校资助的有 127 个,CALIS 项目资助的 55 个,CADAL 项目资助的 8 个,获得省市高校图工委和省市高等教育文献保障系统资助的 27 个,获得上级教育主管部门和其他政府部门资助的 44 个,与企业、学科团队共建的 15 个。

由各级政府或高校图工委统一规划和协调特色库建设,为整合省内特色库资源,建立和完善高校联合建库及使用的管理机制、督促机制及服务体系提供了可靠的保证。而 CALIS 三期特色数据库建设项目的启动,对全面挖掘、整理和发布高校成员馆的独有或稀缺资源,实现真正意义上的共建共享具有重要的作用。

3. 主题分布广泛,彰显高校特色

大多数高校图书馆除了自建有学位论文数据库、教师成果库、随书光盘库等传统特色库外,还结合本校重点学科特点、地域特色自建了各种数据库。这些特色库覆盖专业面广,题材丰富,涉及理、工、农、医、文、史、哲、经、管、法、教育等各个学科领域。特色数据库建库目标明确,高校主题鲜明,包括学科专题数据库、重点学科导航库、特色书刊资料库、教学参考书数据库、名师数据库、名人数据库、古籍特色资源、民国时期特色资源、语言学习特色库、少数民族信息资源库、地方特色资源库、多媒体资源库、网络导航库和专题网站等多种类型。

4. 学科针对性强,学术利用价值高

调研结果显示,高校图书馆很重视针对本校的重点学科、特色学科

开展特色数据库建设,形成学术价值和实用价值较高的特色资源体系,与高校的办学特色和办学优势相得益彰。如安徽建筑大学图书馆的徽派建筑数字图书馆、智能建筑数据库、建筑节能数据库,福建农林大学图书馆的亚热带果树病虫害数据库、福建省主要造林树种特色数据库、福建省濒危动植物数据库、蜜蜂库、甘蔗库,甘肃农业大学图书馆的高原草地畜牧业专题数据库、干旱生境作物学专题数据库,广西中医药大学图书馆的壮医壮药数据库、抗病毒中药数据库、平性药数据库,琼州学院图书馆的海南少数民族研究特色数据库、南海文化信息数据库、一带一路海洋信息服务平台,华东政法大学图书馆的华图法学文献数据库、国际金融法律数据库、国际航运法律数据库,浙江理工大学图书馆的浙江理工大学纺织服装特色库、浙江丝绸文化特色数据库、浙江纺织服装信息资源服务平台等。

4.5 古籍资源建设情况

高校图书馆古籍馆藏区域分布不均,西部地区的古籍馆藏量明显低于东部和中部。东部的古籍管理保护情况最好,西部地区虽然馆藏较少,但保护与管理的意识较强,各项工作开展也比较好。中部地区的古籍保护管理的相关工作相对最少。

古籍工作从业人员的年龄多为 30 岁~50 岁,大多数从业人员的专业背景为文学相关或图书馆学情报学,古籍相关背景仅占 5.7%。在职称的区域分布中,东部与中部相近,西部的高级职称比例明显高。

古籍较深层次的利用开发还是少数馆,除 18% 的高校馆拥有完整可供检索的古籍书目,其余工作的开展均不足 10%。

4.5.1 收藏古籍的图书馆

根据教育部高校图工委在 2015 年 7 月发送的"高校图书馆发展状

况(蓝皮书)调查问卷"所回收的 456 份有效答卷,绘制古籍馆藏的地区分布图 4-7、表 4-55、入选国家古籍重点保护单位数量分布图 4-8 及入选省市古籍重点保护单位的图书馆分布图 4-9,表 4-56。

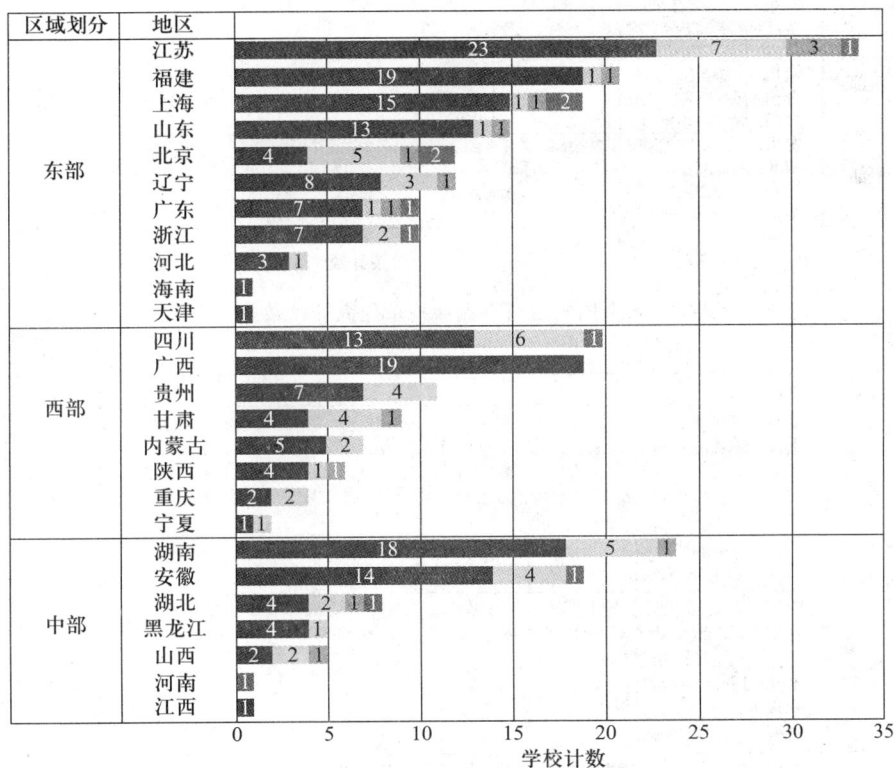

图 4-7　拥有古籍馆藏的高校图书馆分布图

表 4-55　古籍馆藏量区域分布表

单位:所

馆藏数量/册	全国	东部地区	西部地区	中部地区
无	176	107	38	31
<1 万	199	101	55	43
1 万 ~ <10 万	56	22	20	14
10 万 ~ ≤20 万	14	9	2	3
>20 万	11	7	1	3

图4-8 的数据（学校计数）：

区域划分	地区	学校计数
东部	江苏	5
	上海	4
	北京	2
	广东	2
	福建	1
	辽宁	1
	山东	1
	浙江	1
西部	甘肃	2
	四川	2
	贵州	1
	陕西	1
中部	安徽	4
	湖北	2
	河南	1
	湖南	1

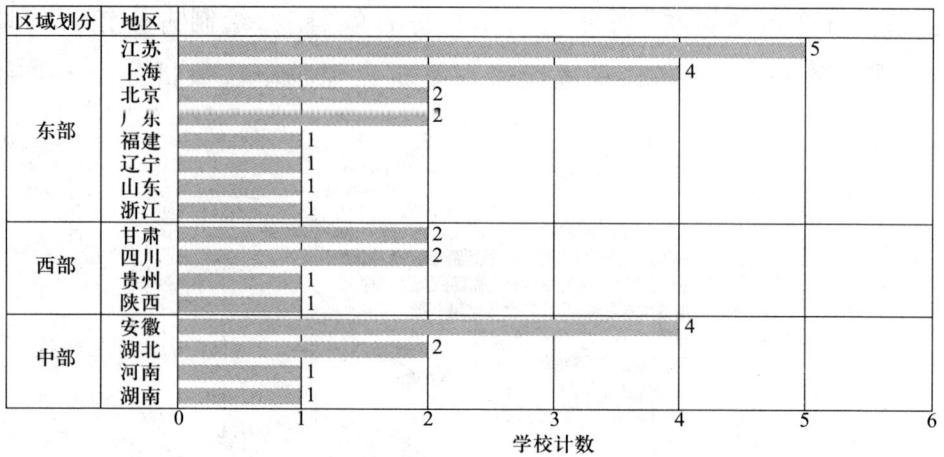

图4-8 入选国家古籍重点保护单位高校馆数量分布图

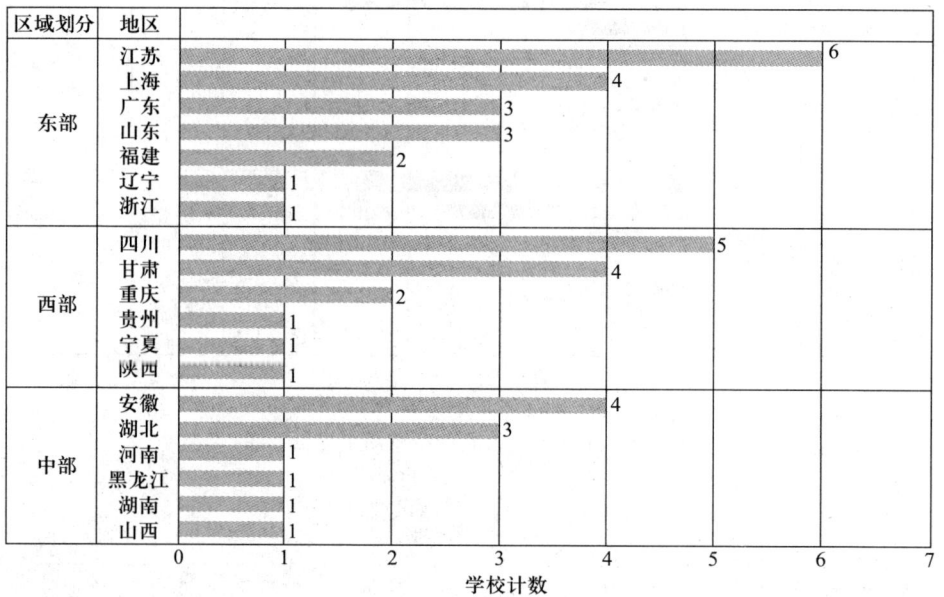

图4-9 的数据（学校计数）：

区域划分	地区	学校计数
东部	江苏	6
	上海	4
	广东	3
	山东	3
	福建	2
	辽宁	1
	浙江	1
西部	四川	5
	甘肃	4
	重庆	2
	贵州	1
	宁夏	1
	陕西	1
中部	安徽	4
	湖北	3
	河南	1
	黑龙江	1
	湖南	1
	山西	1

图4-9 入选省市级古籍保护单位高校馆数量分布图

表4-56 入选国家/省市古籍重点保护单位的图书馆区域分布表

单位:所

区域	入选国家古籍重点保护单位	入选国家/省市古籍重点保护单位
东部地区	17	20
西部地区	6	14

162

区域	入选国家古籍重点保护单位	入选国家/省市古籍重点保护单位
中部地区	8	11
总计	31	45

由以上图表可知,我国高校图书馆古籍馆藏区域分布不均,西部地区的古籍馆藏量明显低于东部和中部。西部高校馆的古籍馆藏绝大多数少于 10 万册,比例高达 97.4% 。

是否设有专门的古籍保护与收藏部门分析与馆藏量有较大的正相关性。西部地区由于馆藏较少,在设有专门的古籍保护与收藏部门的高校中馆藏为 1 万 ~ 10 万册的比例最高,为 55% ,见表 4-57。

表 4-57　设有专门的古籍保护与收藏部门的图书馆区域分布表

区域	古籍馆藏数量/册	图书馆数量/所
东部地区	<1 万	22
	1 万 ~ <10 万	13
	10 万 ~ ≤20 万	7
	>20 万	7
西部地区	<1 万	11
	1 万 ~ <10 万	16
	10 万 ~ ≤20 万	1
	>20 万	1
中部地区	<1 万	12
	1 万 ~ <10 万	8
	10 万 ~ ≤20 万	3
	>20 万	3

4.5.2　古籍收藏量

根据提交的有效答卷,按照有古籍的馆藏数量绘制图 4-10、图 4-11。饼图显示各区域高校馆馆藏古籍数量的分布。

由图 4-10、图 4-11 可见,高校馆拥有古籍的比例超过半数,但古籍数量不均,多数高校馆古籍馆藏量很少,少于 1 万册。馆藏量大于 1

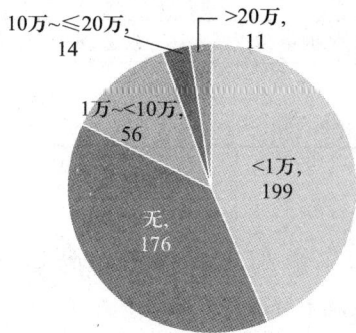

図4-10 古籍収藏量的高校館数量分布图

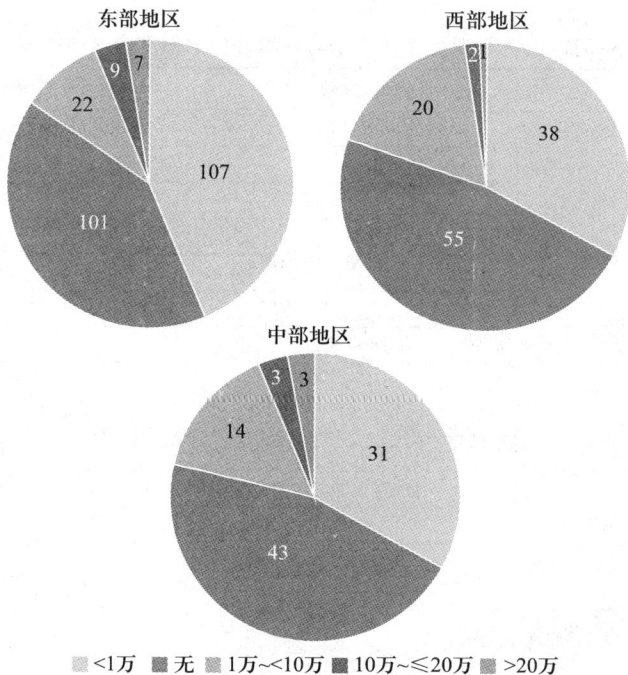

图4-11 古籍收藏量的高校館数量区域分布图

万册的高校馆中,以 1 万 ~ 10 万册的馆居多。

古籍收藏量大于 20 万的有 11 所高校,分别为北京大学、中山大学、中国人民大学、四川大学、复旦大学、南京大学、山东大学、武汉大学、华东师范大学、安徽师范大学和河南大学。

这 11 所高校的古籍管理保护利用等工作都比较完整。这 11 所高校均入选国家古籍重点保护单位。除安徽师范大学和河南大学以外，其余九校均为"985"高校。除河南大学以外，其余十校均配备专职的古籍编目员。

这 11 所高校的古籍服务比较专业。专职古籍工作人员共有 101 人，每所高校均在 7 人以上，其中北京大学 23 人，四川大学 10 人。10 所高校的古籍阅览室平均周开放时间为 43 小时，除安徽师范大学（周开放时间 27.5 小时）以外，周开放时间均在 35 小时以上。除复旦大学以外，其余 10 校均具备符合国家标准的独立书库。除华东师范大学以外，其余十校均配备从事古籍普查的专业人员。

古籍修复的场地配置较差，仅南京大学、中山大学、四川大学具有符合国标的古籍修复场地。

这 11 所高校的古籍利用开发都比较齐备。除复旦大学和安徽师范大学以外，其余 9 校均出版过馆藏书本式古籍目录（善本或普本）。除武汉大学以外，其余均具有完整的可供检索的网上古籍书目。除武汉大学、安徽师范大学、华东师范大学、南京大学、人民大学以外，均开发过具有馆藏特色的古籍相关数据库。11 所高校均影印或整理出版过相关馆藏古籍文献。11 所高校的专业人员均出版过古籍类相关成果。

4.5.3　古籍的管理保护、整理、利用

4.5.3.1　古籍的管理保护情况

根据提交的有效答卷，按照是否设置专门的古籍保护与收藏部门、是否配备专职古籍编目员、每年采购古籍原版或影印线装书、是否具备符合国家标准的独立书库、是否配备从事古籍普查的专业人员、是否配备从事古籍修复的专业人员、是否具有符合国标的古籍修复场地绘制一系列图表，图 4-12 至图 4-18 以及表 4-58、表 4-59。

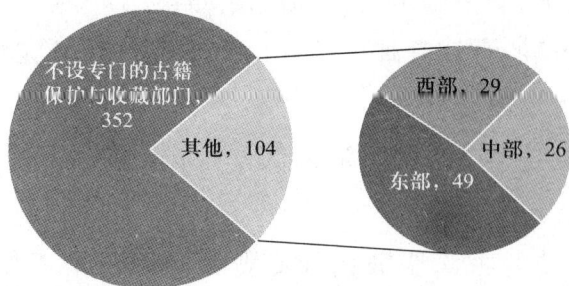

图 4-12　专设古籍保护与收藏部门的高校馆数量区域分布图

表 4-58　专设古籍保护与收藏部门与馆藏量关系表

古籍馆藏数量	所有高校馆数量/所	专设古籍保护与收藏部门的高校馆数量/所	专设古籍保护与收藏部门的高校馆数量占比/%
<1 万	375	45	12
1 万 ~ <10 万	56	37	66
10 万 ~ ≤20 万	14	11	79
>20 万	11	11	100

表 4-59　专设古籍保护与收藏部门与馆藏量关系表（分区域）

区域	馆藏规模①	图书馆数量/所	专设古籍保护与收藏部门的高校馆数量/所	占比/%
东部地区	<1 万	208	22	11
	1 万 ~ <10 万	22	13	59
	10 万 ~ ≤20 万	9	7	78
	>20 万	7	7	100
西部地区	<1 万	93	11	12
	1 万 ~ <10 万	20	16	80
	10 万 ~ ≤20 万	2	1	50
	>20 万	1	1	100
中部地区	<1 万	74	12	16
	1 万 ~ <10 万	14	8	57
	10 万 ~ ≤20 万	3	3	100
	>20 万	3	3	100

① 将无馆藏和小于 1 万册馆藏合并为小于 1 万册馆藏

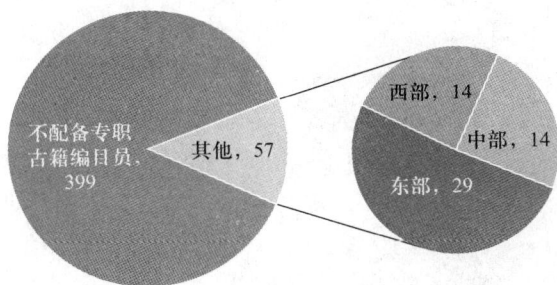

图 4-13　设置专职古籍编目员的高校馆数量区域分布图

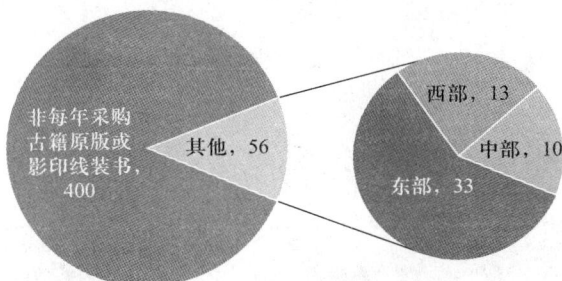

图 4-14　每年采购古籍原版或影印线装书的高校馆数量区域分布图

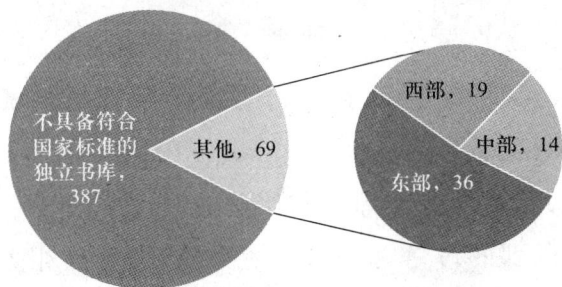

图 4-15　具备符合国家标准的独立书库的高校馆数量区域分布图

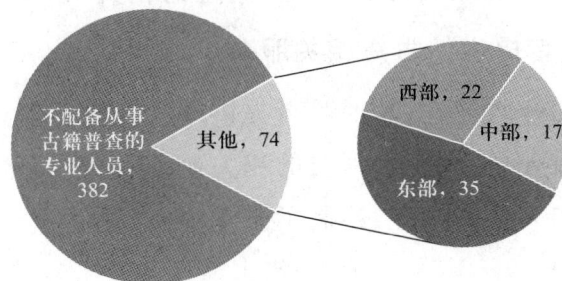

图 4-16　配备从事古籍普查的专业人员的高校馆数量区域分布图

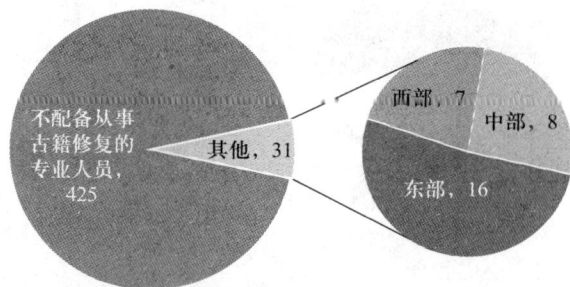

图 4-17　配备从事古籍修复的专业人员的高校馆数量区域分布图

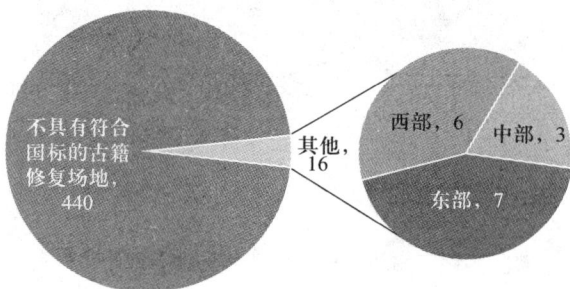

图 4-18　具有符合国标的古籍修复场地的高校馆数量区域分布图

由上述图表可见,是否设有专门的古籍保护与收藏部门分析与馆藏量有较大的正相关性。西部由于馆藏较少,在 1 万 ~ 10 万馆藏馆就设有专门的古籍保护与收藏部门的比例最高。

总体而言,东部的古籍管理保护情况最好,各项相关工作均是占比最高的。西部地区虽然馆藏较少,但保护与管理的意识较强,各项工作开展也比较好。中部地区的古籍保护管理的相关工作相对最少。

4.5.3.2　为读者提供的古籍相关服务

根据提交的有效答卷,按照是否提供原版古籍复制服务、是否提供古籍文献传递服务、古籍工作涉及的相关业务、古籍阅览室开放时间以及古籍相关工作人员的情况,绘制了图 4-19 至图 4-26 以及表 4-60。

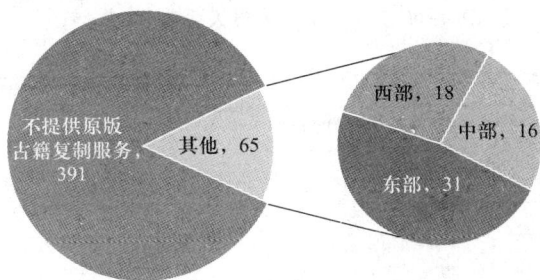

图 4-19　提供原版古籍复制服务的高校馆数量区域分布图

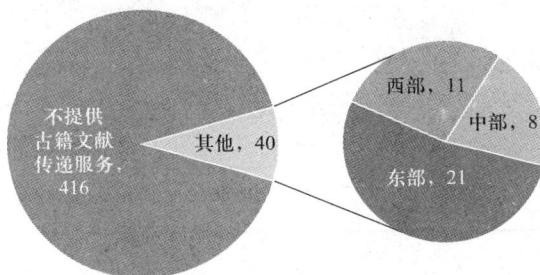

图 4-20　提供原版古籍文献传递服务的高校馆数量区域分布图

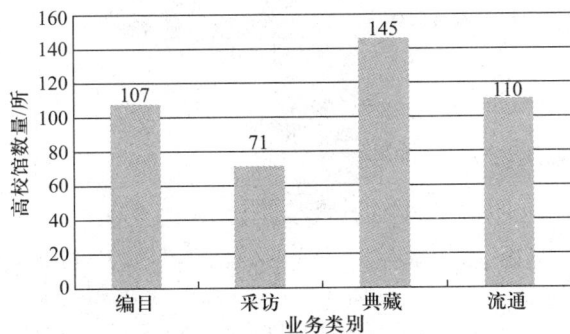

图 4-21　高校馆涉及的古籍相关业务图

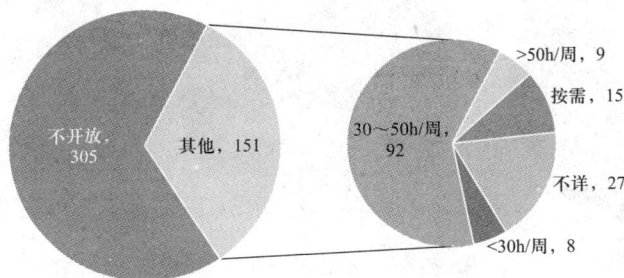

图 4-22　古籍阅览室开放时间分布图

表 4-60　古籍从业人员人数表 TOP 15

单位：人

序号	机构名称	古籍从业人数
1	北京大学图书馆	23
2	中山大学图书馆	22
3	四川大学图书馆	10
4	苏州大学图书馆	10
5	复旦大学图书馆	9
6	厦门大学图书馆	8
7	安徽师范大学图书馆	8
8	山东大学图书馆	8
9	南京大学图书馆	8
10	武汉大学图书馆	7
11	河南大学图书馆	7
12	湖南师范大学图书馆	7
13	华东师范大学图书馆	7
14	西北师范大学图书馆	6
15	贵州师范学院图书馆	6

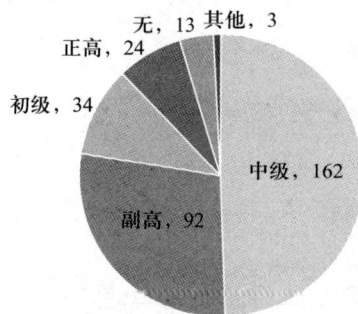

图 4-23　古籍从业人员的职称类别分布图

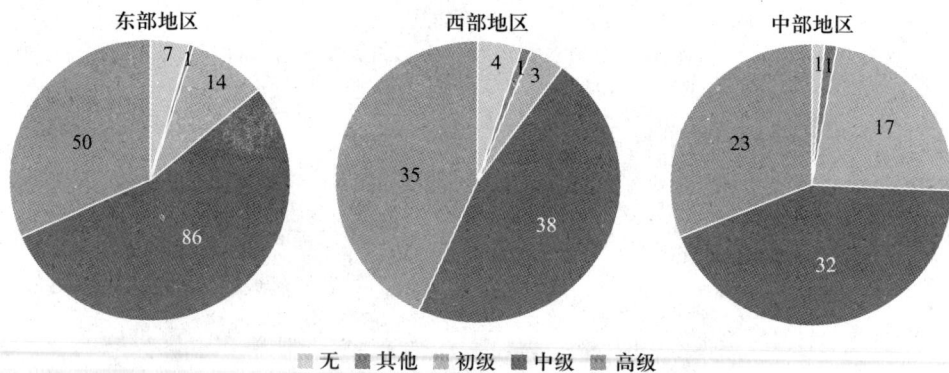

图 4-24　古籍从业人员的职称类别区域分布图

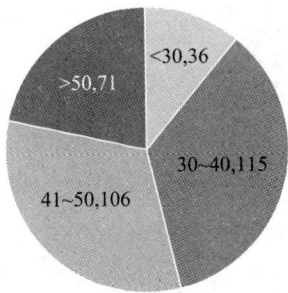

图 4-25　古籍从业人员年龄分布图

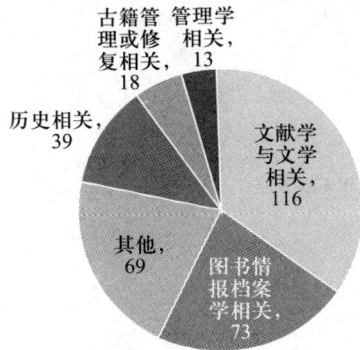

图 4-26　古籍从业人员专业分布图

以上图表可见,原版古籍复制服务、古籍文献传递服务的普及率不高,不足 1/7。相关的业务中,典藏和编目是最高的,其次为流通,采访工作开展得最少。

从调查得知,155 个高校开放古籍相关阅览室,周开放时间多数为30 小时 ~ 50 小时,平均数为 40 小时,众数为 35 小时,中位数为 37.5小时。有 9 个学校的周开放时间超过 50 小时。

专业从业人员分析:共有 127 个学校配备专业从业人员 341 名。从业人员数量平均数为 2.7,众数为 1,中位数为 2。15 个学校超过 6名从业人员,其中北京大学有 23 名,中山大学有 22 名,远超其余高校。有 1/2 的人员具有中级专业技术职务,1/3 的人员具有高级专业技术职务。在专业技术职务的区域分布中,东部与中部相近,西部的高级专业技术职务比例明显高。从业人员的年龄多为 30 岁 ~ 50 岁,大多数从业人员的专业背景为文学相关或图情学,古籍相关背景仅占 5.7%。

4.5.3.3　古籍利用与开发

根据提交的有效答卷,按照是否出版过馆藏书本式古籍目录(善本或普本)、是否有完整的可供检索的网上古籍书目、是否开发过具有馆藏特色的古籍相关数据库、是否影印或整理出版过相关馆藏古籍文献、专业人员是否出版过古籍类相关成果绘制一系列分布图,图 4-27 至图 4-31。

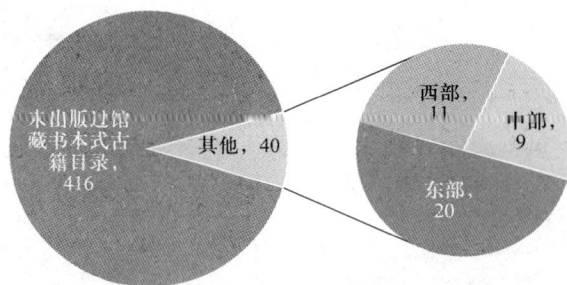

图 4-27　出版过馆藏书本式古籍目录的高校馆数量区域分布图

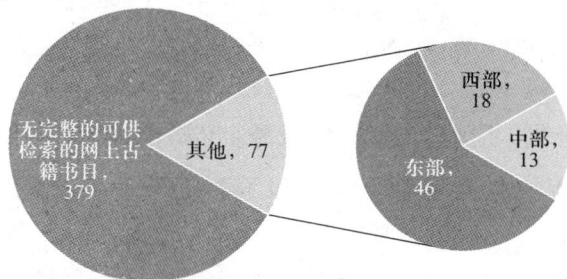

图 4-28　拥有完整的可供检索的网上古籍书目的高校馆数量区域分布图

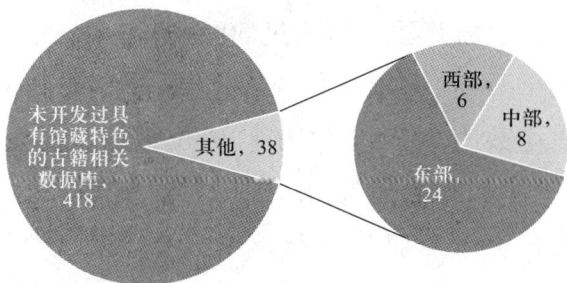

图 4-29　开发过具有馆藏特色的古籍相关数据库的高校馆数量区域分布图

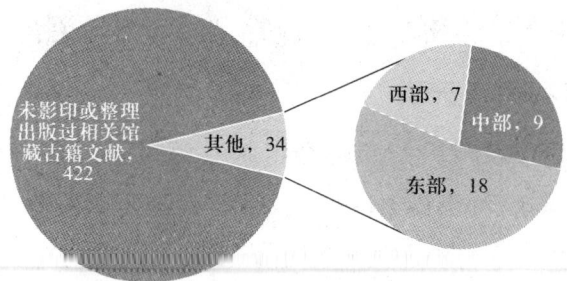

图 4-30　影印或整理出版过相关馆藏古籍文献的高校馆数量区域分布图

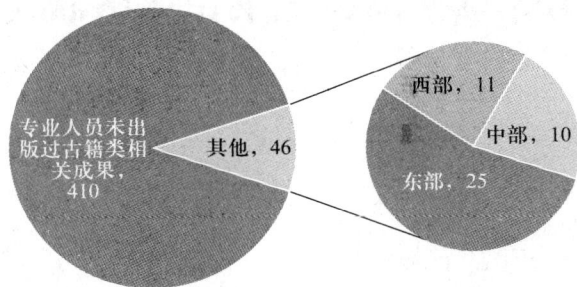

图 4-31　专业人员出版过古籍类相关成果的高校馆数量区域分布图

从以上分布图可见,古籍较深层次的利用开发还是少数馆,以上考察的业务,除 18% 的高校馆拥有完整可供检索的古籍书目,其余工作的开展均不足 10% 。其中,东部的工作开展优于西部和中部,其相关工作成果占半数以上。

参 考 文 献

［1］林明 等 . 我国图书馆民国时期文献保护状况调查［J］. 国家图书馆学刊,2015(2):55-62.

［2］钟建法 . 高校图书馆信息资源采访［M］. 广州:世界图书出版广东有限公司,2014:196.

第5章 高校图书馆服务状况

美国图书馆学家谢拉曾说:"服务,是图书馆的基本宗旨。"无论是资源建设、规章制度,还是新技术的应用,归根到底就是为用户提供满意的服务,服务水平是衡量图书馆软实力的重要指标。本章主要从五个方面进行统计分析:基本服务状况(读者人数、开馆时间、书刊外借)、馆际互借与文献传递、电子资源使用、信息服务和信息素质教育。计量指标既有传统的借还服务,也有深层次的信息服务,较全面地反映了高校图书馆的服务状况。从各项数据反映的基本情况来看,传统的外借服务呈下降趋势,科技查新业务萎缩,电子资源的访问和下载量增长,深层次的信息服务更加广泛展开,这也对"高校图书馆事实数据库"中关于服务状况的统计指标提出了新的要求。

本章数据主要来源于"高校图书馆事实数据库"、教育部高校图工委秘书处于 2015 年 7 月向全国高校图书馆发放的"高校图书馆发展状况(蓝皮书)调查问卷"、CALIS 管理中心及高校图书馆官方网站。

5.1 基本服务状况

基本服务状况包括读者人数、开馆时间和书刊外借三个方面。读者类型主要集中在学生群体,以本科生居多。开馆时间多数达到每周 7 天,90 个小时。从整体上来说,基本服务状况东部地区要远好于中部地区和西部地区,地区发展差异较大。

5.1.1 读者人数

共有 688 所高校图书馆提交了 2014 年读者总人数数据,其中 630

所填报的数据有效,读者总人数为 11 723 438 人次,馆均约为 18 609 人次,中位值为 14 442(居于排名第 315 位的贵州师范学院图书馆和排名第 316 位的漯河职业技术学院图书馆之间)。馆际读者人数差距很大,最少的图书馆一年读者人数仅 135 人,极差为 134 110。2014 年高校图书馆读者总人数,按读者类型分布如图 5-1 所示,按在校生学历层次分布如图 5-2 所示,读者人数排前 20 位的高校图书馆如表 5-1 所示。

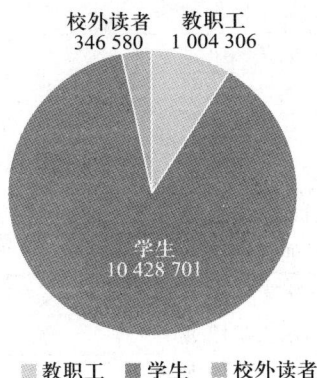

图 5-1 2014 年高校图书馆读者总人数(按读者类型分布)

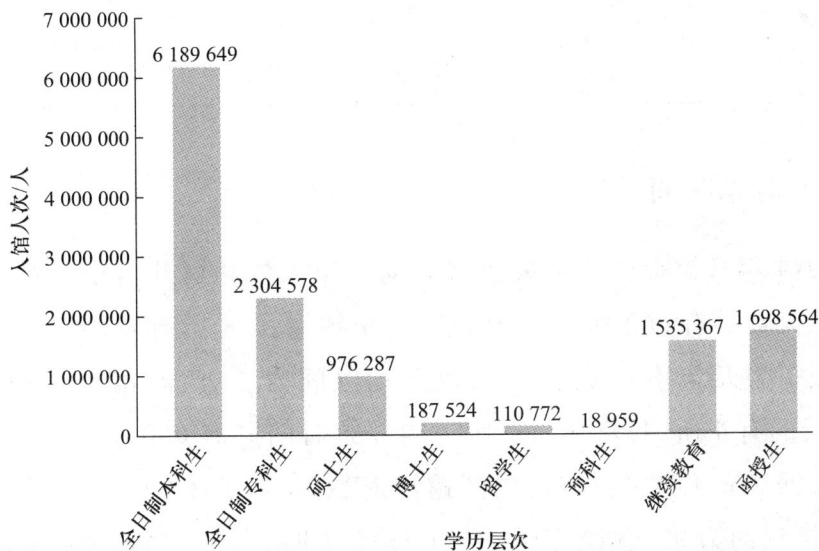

图 5-2 2014 年高校图书馆读者总人数(按在校生学历层次)

表 5-1　2014 年高校图书馆读者人数 TOP 20

单位:人

序号	机构名称	读者人数
1	北京大学图书馆	134 245
2	浙江大学图书馆	90 948
3	中山大学图书馆	89 257
4	四川大学图书馆	88 890
5	武汉大学图书馆	86 326
6	西南大学图书馆	71 962
7	厦门大学图书馆	66 279
8	清华大学图书馆	66 074
9	华中科技大学图书馆	62 197
10	同济大学图书馆	61 331
11	贵州大学图书馆	60 564
12	上海交通大学图书馆	59 025
13	重庆大学图书馆	58 369
14	华东师范大学图书馆	57 799
15	武汉理工大学图书馆	57 768
16	广州大学图书馆	57 714
17	大连理工大学图书馆	56 504
18	中国矿业大学图书馆	56 309
19	复旦大学图书馆	54 954
20	湖南大学图书馆	54 112

5.1.2　开馆时间

2014 年各馆提交的相关数据为周开馆天数和周开馆小时数,其中周开馆天数共有 662 所高校图书馆提交数据,658 所有效,周开馆天数为 4 天~7 天,628 所高校图书馆开馆时间为 7 天,开馆 6 天的有 24 所、5 天的有 4 所、4 天的有 2 所。周开馆时间共有 660 所高校图书馆提交数据,656 份数据有效,周开馆小时数最高为 168 小时,最低为 13 小时,馆均的为 91 小时,中位值为 93.5 小时,众值为 98 小时(共 145 所高校图书馆)。2015 年新颁布的《普通高等学校图书馆规程》第六章中的《服务》第二十九条明确规定："图书馆在学校教学时间内开馆每周应不低于90小时"。按照这一标准,656份有效数据中,423所高校图书馆周开放时间达到90小时及以上。表5-2为周开馆小时数排在前20位的高校图书馆。

表5-2　2014年高校图书馆开馆时间 TOP 20

单位:小时

序号	机构名称	周开馆小时数
1	上海公安高等专科学校图书馆	168.0
2	南京审计学院图书馆	168.0
3	池州学院图书馆	168.0
4	齐齐哈尔工程学院图书馆	168.0
5	河北北方学院图书馆	162.0
6	厦门理工学院图书馆	158.0
7	福州英华职业学院图书馆	148.0
8	南京中医药大学图书馆	126.0
9	内蒙古财经学院图书馆	117.0
10	浙江科技学院图书馆	115.5
11	中山大学南方学院图书馆	115.5
12	淮阴师范学院图书馆	115.5
13	绥化学院图书馆	115.5
14	哈尔滨商业大学图书馆	115.5
15	山东政法学院图书馆	115.0
16	四川文理学院图书馆	112.0
17	合肥学院图书馆	112.0
18	江西理工大学图书馆	112.0
19	深圳大学图书馆	112.0
20	广东技术师范学院图书馆	112.0

5.1.3　书刊外借

共有619所高校图书馆提交了2014年书刊外借总量数据,其中有效数据为610份,书刊外借总量为101 928 359册,馆均约为167 096

册,中位值为 212 474 册(位于排名第 305 位的浙江建设职业技术学院图书馆和排名第 306 位的榆林学院图书馆之间)。表 5-3 为 2014 年书刊外借排在前 20 位的高校图书馆。

表 5-3　2014 年高校图书馆书刊外借量 TOP 20

单位:册次

序号	机构名称	书刊外借量
1	四川大学图书馆	1 820 000
2	贵阳学院图书馆	1 697 845
3	淮阴师范学院图书馆	1 697 845
4	兰州交通大学图书馆	1 596 455
5	中国人民公安大学图书馆	1 203 625
6	武汉大学图书馆	1 141 251
7	厦门大学图书馆	979 129
8	广东工业大学图书馆	932 974
9	湖南大学图书馆	910 296
10	沈阳师范大学图书馆	807 950
11	清华大学图书馆	774 871
12	哈尔滨工程大学图书馆	764 711
13	中山大学图书馆	745 971
14	宜宾学院图书馆	679 692
15	浙江大学图书馆	672 191
16	武汉理工大学图书馆	643 603
17	北京师范大学图书馆	625 418
18	陕西师范大学图书馆	610 816
19	西南科技大学图书馆	598 434
20	华东师范大学图书馆	576 248

5.2　馆际互借与文献传递

馆际互借和文献传递是衡量高校图书馆资源共享程度的重要标志。2014 年馆际互借总量 235 593 册,文献传递总量 30 671 722 篇次,可见反应迅速、不需返还的文献传递方式更受到读者的青睐。从提交的数据来看,河北、山西、云南、西藏、青海、宁夏、新疆、广西、内蒙古高校图书馆馆际互借和文献传递数据为 0,说明在资源共享方面,西部地区与东部地区、中部地区相比,差异明显。从学校类型上来看,高职高专院校读者对馆际互借与文献传递利用程度最低。

5.2.1 馆际互借

高校图书馆馆际互借情况包括馆际互借借出量与馆际互借借入量。2014 年馆际互借借入量共 520 所高校图书馆提交数据,借入总量为 154 371 册,馆均 297 册,中位值为 0。馆际间差异较大,其中 318 所高校图书馆提交数据为 0,极差为 81 972。馆际互借借出量共 523 所高校图书馆提交数据,借出总量为 81 222 册,馆均 155 册。其中 358 所提交数据为 0,极差 12 000 册。

CALIS 全国中心 2014 年馆际互借借出量分别为:文理中心(北京大学图书馆)1 690 册,工程中心(清华大学图书馆)1 047 册。七个地区中心 2014 年馆际互借借出量分别为:华东南地区(上海交通大学图书馆)295 册,华中地区(武汉大学图书馆)2 173 册,华南地区(中山大学图书馆)11 552 册,西北地区(西安交通大学图书馆)91 册,西南地区(四川大学图书馆)325 册。华东北地区和东北地区中心未传数据。馆际互借借入量、借出量排在前 20 位的高校图书馆如表 5-4、表 5-5 所示。

表 5-4 2014 年高校图书馆馆际互借(借入量)TOP 20

单位:册次

序号	机构名称	馆际互借(借入量)
1	华南农业大学珠江学院图书馆	81 972
2	中山大学图书馆	16 805
3	华南理工大学图书馆	9 614
4	北京大学图书馆	2 982

序号	机构名称	馆际互借（借入量）
5	中国人民大学图书馆	2 595
6	复旦大学图书馆	2 295
7	北京理工大学珠海学院图书馆	2 191
8	北京师范大学图书馆	2 187
9	清华大学图书馆	2 020
10	北京工业大学图书馆	1 536
11	东北师范大学图书馆	1 525
12	南开大学图书馆	1 288
13	上海交通大学图书馆	1 242
14	武汉大学图书馆	1 115
15	厦门大学图书馆	1 099
16	河北工业大学图书馆	950
17	中山大学新华学院图书馆	930
18	兰州大学图书馆	860
19	中央财经大学图书馆	829
20	上海外国语大学图书馆	771

表 5-5　2014 年高校图书馆馆际互借（借出量）TOP 20

单位：册次

序号	机构名称	馆际互借（借出量）
1	南京工业大学图书馆	12 000
2	苏州职业大学图书馆	11 645
3	中山大学图书馆	11 552
4	华南理工大学图书馆	9 614
5	江苏大学图书馆	3 861
6	北京理工大学珠海学院图书馆	3 015
7	北京师范大学图书馆	2 724
8	武汉大学图书馆	2 173
9	北京大学图书馆	1 690
10	贵州大学图书馆	1 400

序号	机构名称	馆际互借(借出量)
11	清华大学图书馆	1 047
12	中国人民大学图书馆	1 002
13	浙江大学图书馆	999
14	贵州财经大学图书馆	900
15	厦门大学图书馆	843
16	河北工业大学图书馆	750
17	中国政法大学图书馆	739
18	中央财经大学图书馆	679
19	首都师范大学图书馆	615
20	南京航空航天大学图书馆	543

5.2.2 文献传递

高校图书馆文献传递数量包括文献传递传入量与文献传递传出量。文献传递传入量共有538所高校提交数据,传入总量为12 532 627篇次,馆均23 295篇次,中位值98篇次。馆际差异较大,279所高校图书馆提交数据为0,多数为高职高专院校。文献传递传出量共521所高校提交数据,传出总量为18 139 095篇次,馆均34 816篇次,297所高校图书馆提交数据为0。

CALIS全国中心2014年文献传递传出量分别为:文理中心(北京大学图书馆)15 164篇次,工程中心(清华大学图书馆)16 615篇次。七个地区中心2014年馆际互借借出量分别为:华东南地区(上海交通大学图书馆)18 656篇次,华中地区(武汉大学图书馆)12 423篇次,华南地区(中山大学图书馆)3 836篇次,西北地区(西安交通大学图书馆)650篇次,西南地区(四川大学图书馆)5 566篇次。华东地区和东北地区中心未提交数据。文献传递传入量、传出量排在前20位的高校图书馆如表5-6、表5-7所示。

表 5-6 2014 年高校图书馆文献传递（传入量）TOP 20

单位:篇次

序号	机构名称	文献传递（传入量）
1	成都工业学院图书馆	4 990 897
2	陕西工业职业技术学院图书馆	2 224 342
3	上海中医药大学图书馆	650 454
4	宝鸡文理学院图书馆	450 900
5	陕西理工学院图书馆	403 849
6	深圳职业技术学院图书馆	298 926
7	西安医学院图书馆	267 632
8	广东科技学院图书馆	210 177
9	西安邮电大学图书馆	205 600
10	四川商务职业学院图书馆	185 783
11	广东培正学院图书馆	171 621
12	广州中医药大学图书馆	158 429
13	榆林职业技术学院图书馆	144 556
14	贵州医科大学图书馆	135 433
15	浙江工业大学图书馆	112 796
16	浙江工商大学图书馆	109 068
17	兰州交通大学图书馆	90 000
18	西安财经学院图书馆	87 225
19	安康学院图书馆	76 395
20	西安美术学院图书馆	74 929

表 5-7 2014 年高校图书馆文献传递（传出量）TOP 20

单位:篇次

序号	机构名称	文献传递（传出量）
1	西安工业大学图书馆	17 243 985
2	北京科技大学图书馆	199 349
3	宁波大学图书馆	62 997
4	南昌航空大学图书馆	42 167
5	浙江水利水电学院图书馆	40 596
6	浙江工商职业技术学院图书馆	35 341
7	安徽医科大学图书馆	24 382

序号	机构名称	文献传递（传出量）
8	浙江金融职业学院图书馆	22 955
9	池州学院图书馆	20 068
10	上海交通大学图书馆	18 656
11	浙江理工大学图书馆	17 977
12	清华大学图书馆	16 615
13	浙江工业大学图书馆	15 646
14	浙江农林大学图书馆	15 406
15	北京大学图书馆	15 164
16	湖南师范大学图书馆	14 957
17	福建农林大学图书馆	13 824
18	南方医科大学图书馆	13 700
19	南京医科大学图书馆	12 907
20	武汉大学图书馆	12 423

5.3 电子资源使用

电子资源以其海量的信息、便捷的检索方式越来越受到读者的青睐。了解电子资源的使用情况，不仅可以对其使用效益进行科学评估，而且也为采购工作提供决策依据。电子资源使用情况包括电子资源访问量和电子资源下载量，由于电子资源访问量统计还存在困难，故未有相关数据提交。2014 年，高校图书馆电子资源下载量共 1 150 472 328次，近五年呈逐年增长趋势。东部地区高校图书馆电子资源下载量最高，西部地区次之，中部地区最低。

共 549 所高校填报了电子资源下载量，共 1 150 472 328 次，馆均 2 095 578 次，中位值 397 131 次（为排名第 274 位的大连交通大学图书馆）。电子资源下载量排在前 20 位的高校图书馆见表 5-8 所示。电子资源的下载量呈明显增长趋势，说明读者对电子资源的依赖越来越多。

电子资源访问量和下载量是衡量电子资源使用效益的重要指标,但是多数高校图书馆对访问量和下载量数据的获得依赖于数据库商,在数据的快速、便捷、准确获得方面存在困难,建议高校图书馆着力建设自己的电子资源访问量和下载量数据获取渠道。

表 5-8　2014 年高校图书馆电子资源下载量 TOP 20

单位:篇次

序号	机构名称	电子资源下载量
1	北京师范大学珠海分校图书馆	54 656 523
2	南京师范大学图书馆	32 187 201
3	河北工业大学图书馆	29 924 885
4	同济大学图书馆	25 361 053
5	暨南大学图书馆	22 664 016
6	安徽师范大学图书馆	22 626 137
7	中山大学图书馆	21 041 180
8	黑龙江中医药大学图书馆	20 530 000
9	北京大学图书馆	19 196 062
10	清华大学图书馆	18 668 701
11	复旦大学图书馆	17 726 080
12	上海财经大学图书馆	17 344 923
13	华中科技大学图书馆	16 785 775
14	西北民族大学图书馆	16 705 626
15	北京师范大学图书馆	16 400 893
16	安徽大学图书馆	16 000 000
17	西南交通大学图书馆	15 829 782
18	上海交通大学图书馆	14 884 454
19	济宁学院图书馆	14 640 438
20	湖州师范学院图书馆	14 317 436

5.4　信息服务

信息服务是图书馆除最基本的书刊借阅服务之外的服务内容,在信息时代,信息服务对提升图书馆软实力水平有着重要的作用。从具体业务来看,高校图书馆信息服务包括学科服务、科技查新和论文收录及被引用检索。学科服务自1998年首次在清华大学图书馆推进后,成为高校图书馆的发展大趋势,推行学科服务的图书馆越来越多。由于相关政策的原因,2014年科技查新量较以往有所下降。论文收录及被引用检索工作量仍呈明显增长趋势。从总体来看,2014年高校图书馆信息服务总量增长显著,且参与的高校越来越多。

5.4.1 学科服务

由于学科服务并不是一项定量的工作,不便于进行数据上的统计,在"高校图书馆事实数据库"中只有"定题服务"一项衡量指标,因此本节"学科服务"状况分析分成两部分:学科服务和定题服务。由于"高校图书馆事实数据库"中未设学科服务项,调查问卷调研回收数据有限,因此学科服务状况采取网站调研的方式,定题服务则依据"高校图书馆事实数据库"中数据。

对学科服务的网站调研采用以下方式:"985""211"院校全部调研,普通地方高校和高职高专采取抽样调查的方式。39所"985"高校,有3所未实行学科服务,109所"211"高校,有90所在不同程度上实施了学科服务。普通本科院校抽样调研了66所高校,有24所未实行学科服务。高职高专抽样60所,普遍未实施学科服务。表明学科服务已基本上在"985""211"院校中全面普及,但在高职高专中普及不够。学科服务内容主要有:(1)学科文献资源建设;(2)院系联络,包括与院系师生的对接,资源服务的宣传;(3)信息咨询服务,包括师生咨询的解答、论文收录及被引用检索、科技查新等;(4)信息素养教育;(5)学科资料的编辑与推送。学科服务推行的深度,即使是在"985""211"高校图书馆中,差异也较为明显。近年来,情报服务成为高校图书馆学科服务推进过程中一个亮点内容,不少高校图书馆进行了很好的尝试,如清华大学图书馆、北京大学图书馆、上海交通大学图书馆、华中科技大学图书馆等。

定题服务业务总量共有 180 所高校图书馆提交数据，共 2 167 项，馆均 13 项，其中 90 所高校提交数据为 0，极差 409。定题服务量排在前 20 位的高校图书馆如表 5-9 所示。

表 5-9　2014 年高校图书馆定题服务 TOP 20

单位：项

序号	机构名称	定题服务量
1	同济大学图书馆	409
2	上海交通大学图书馆	341
3	湛江师范学院图书馆	210
4	黑龙江大学图书馆	135
5	华北电力大学图书馆	80
6	华南农业大学图书馆	73
7	电子科技大学图书馆	72
8	广州体育学院图书馆	48
9	苏州职业大学图书馆	45
10	中国科学技术大学图书馆	44
11	四川大学图书馆	39
12	南充职业技术学院图书馆	35
13	西北农林科技大学图书馆	35
14	漯河职业技术学院图书馆	34
15	黔南民族师范学院图书馆	27
16	湖南师范大学图书馆	25
17	贵州师范大学图书馆	22
18	复旦大学图书馆	20
19	东华大学图书馆	20
20	四川音乐学院图书馆	20

5.4.2　科技查新

共有 185 家高校图书馆提交了 2014 年科技查新的有效数据，共

21 205 项,馆均 115 项。从地区分布来看,东部地区高校图书馆平均科技查新最高,为 1 402.2 项,中值为 931.5 项;中部地区高校图书馆平均科技查新最低为 529.83 项,中值为 485 项;西部地区高校图书馆平均科技查新为 667.33 项,中值为 759.5 项。科技查新量排在前 20 位的高校图书馆如表 5-10 所示。

表 5-10　2014 年高校图书馆科技查新 TOP 20

单位:项

序号	机构名称	查新量
1	苏州大学图书馆	1 100
2	江南大学图书馆	1 047
3	北京科技大学图书馆	806
4	福州大学图书馆	734
5	东北师范大学图书馆	698
6	华南理工大学图书馆	646
7	华北电力大学图书馆	625
8	华东师范大学图书馆	598
9	东南大学图书馆	586
10	中国矿业大学图书馆	564
11	华中科技大学图书馆	549
12	北京中医药大学图书馆	537
13	西安交通大学图书馆	514
14	厦门大学图书馆	510
15	湖南大学图书馆	509
16	重庆大学图书馆	503
17	扬州大学图书馆	491
18	武汉理工大学图书馆	430
19	南方医科大学图书馆	394
20	西南大学图书馆	375

5.4.3　论文收录及被引用检索

论文收录及被引用检索有 186 所高校提供数据,共 528 438 项。从地区分布来看,东部地区高校图书馆论文收录及被引用检索平均为25 197.37 项,中值为 8 361 项;中部地区高校图书馆论文收录及被引用检索平均为 36 900.67 项,中值为 13 397 项;西部地区高校图书馆论文收录及被引用检索平均为 4 977.17 项,中值为 2 031 项。论文收录及被引用检索量排名在前 20 位的如表 5-11 所示。从整体情况来看,理工类高校论文收录及被引用检索数量明显多于以文科见长的高校,高职高专在论文收录及被引用检索上数据多数为 0。

表 5-11 2014 年高校图书馆论文收录及被引用检索 TOP 20

单位:项

序号	机构名称	论文收录及被引用检索量
1	华中科技大学图书馆	162 000
2	华南理工大学图书馆	129 877
3	东华大学图书馆	23 000
4	东北师范大学图书馆	18 383
5	东北林业大学图书馆	12 412
6	华北电力大学图书馆	10 350
7	上海交通大学图书馆	9 291
8	中山大学图书馆	8 911
9	暨南大学图书馆	8 337
10	西北工业大学图书馆	8 123
11	杭州师范大学图书馆	7 066
12	武汉大学图书馆	5 757
13	杭州电子科技大学图书馆	5 584
14	同济大学图书馆	5 494
15	华南农业大学图书馆	5 205
16	西安交通大学图书馆	5 026
17	合肥工业大学图书馆	5 000
18	武汉理工大学图书馆	4 923
19	浙江大学图书馆	4 790
20	清华大学图书馆	4 756

5.5 信息素养教育

在计算机技术、网络技术迅速发展的今天,信息素养教育在高等学校的人才培养体系中占有越来越重要的地位。在新的知识环境下,高校图书馆不再仅仅是图书收藏和提供阅览的地方,同时还肩负着培养学生学习能力的使命,在实现高校信息素养教育的目标中扮演了极为重要的角色。纵观国内高校图书馆信息素养教育现状,多年来高校图书馆在信息素养教育的实践中逐渐积累了非常丰富的经验,分别通过开设信息检索课程、新生入学培训、数据库使用讲座、嵌入式教学、信息检索竞赛等多种形式实现多元化、全方位的用户信息素养教育,取得一定成效。

5.5.1 信息检索课程

信息素养教育是高等教育中必不可少的重要部分,其目的是培养大学生的信息意识、获取信息的能力,从而提高其创新能力。开设信息检索相关课程已成为高校图书馆进行信息素养教育的主要手段,到目前为止,在被调查的545所高校图书馆中有377所至少开设一门授课对象为本科生(含高职高专)的相关课程,比例达到69.17%。有134所开设了以研究生为对象的相关课程,占被调查高校总数的24.50%。本科生与研究生的信息检索课程,在课程设置、教学内容、教学方法、考查方式与效果评价方面略有不同。

5.5.1.1 本科生信息检索课程

1. 课程基本情况

从课程名称来看,开设课程的高校中有70.29%的高校以"文献检索"或"信息检索"为课程名称;一些专业性质比较鲜明的高校则侧重于专业信息检索,如医学信息检索、经济信息检索等。有72%的高校并未区分学科,有 21% 的高校将文献信息检索课区分为文科和理科,还有 7% 的高校区分为科技类和文史类。在教育对象中,本科一到四年级所有学生都为教育对象,但以大二和大三本科生为主。开设课程的高校中有 94 所高校将此课程设为必修课,占 25%;而 283 所高校将此课程设为选修课,占 75%。在课时设置方面,将课时长度设置在 16~20 学时的高校最多,有 146 所,占 38.73%;其次是将课时长度设置在 31~35 学时之间,占 23.87%。最少为 2 课时,最多为 72 课时。65% 的高校每学期平均接受教育人数在 1 000 人以下。其中 100~500 人最多,有 114 所,占 33.43%。

2. 教学内容与方法

作为一门方法类课程,超过半数的图书馆没有指定教材;有 30% 的图书馆选用任课教师自编教材,这些教材亦是正规出版发行的图书;只有 7% 的图书馆使用他编教材,被选用的教材多是来自清华大学出版社和高等教育出版社的信息检索类相关图书;有 8% 的图书馆使用规划教材,这些院校以医学类高校和高职高专为主,使用卫生部统编教材和"十二五"规划教材。

各高校在教学内容中涉及了与文献检索相关的众多内容,其中排名前几位的是信息检索基础知识、数据库使用方法、网络资源及检索工具、图书馆网站的利用、OPAC 使用方法,还有论文写作与投稿指南、工具书介绍、知识产权相关知识、文献管理软件、科研选题方法、开放获取资源、专利、竞争情报、移动图书馆、常用软件等。

在教学方法上,大部分图书馆都采用课堂讲授、教师上机操作演示与学生上机操作相结合的教学方法,占被调查高校的 94.7%。上机课时为课程总课时长的 1/3~1/2。有部分图书馆开发了信息检索教学平台,通过网络授课的方式完成课程教学。各图书馆在文献检索课程中融入了许多创新教学模式,最广泛采用的是应用案例教学法和任务驱动教学法。此外,项目教学法、激励型教学法、Big6 教学法、TBL 教学法等也被应用于信息检索课的教学实践中。另外,有 30 所高校图书馆尝试将慕课与信息检索课相结合,寻找文献检索课新的改革发展方向。有 34 所高校将"翻转课堂"应用到了教学实践中,并取得了良好的效果。

3. 考查方式与效果评价

大部分图书馆所开设的文献检索课都以多种方式对学生的学习成果进行考核,其中出勤情况和平时作业是使用最广泛的两种方式,在这两项的基础上,再增加期末考试得到学生的最终成绩。使用期末开卷考试为考核方式的图书馆最多,采用期末作业的其次,仅有少数图书馆采用闭卷考试的方式。

大部分高校都对课程是否达到预期效果进行了评价。在 377 所院校中有 66 所未采取任何评价。在进行课程效果评价的这些院校中,采用课堂反馈与交流方式的最多;部分院校采取发放满意度调查问卷、小组听课评课、在图书馆网页设有反馈意见和建议表等方式进行课程评价。此外,还有一部分院校是借助学校教务处统一的评教系统以及教务处统一组织督学听课的方式来进行课程效果评价。

5.5.1.2 研究生信息素养课程

1. 课程基本情况

通过调研统计,开展研究生信息素养教育课程的图书馆共有 134 所,占总问卷 546 份的 24.5%,开设率相比本科生并不是很高。课程名称多以"信息检索"或"文献检索"命名。课时安排多为 16~20 课时、32~36 课时。其中安排学生上机实习的课时一般占总课时的 1/3。课程以设置选修课居多。

2. 教学内容与方法

多数图书馆并不指定教材,教学内容除信息检索基础知识和数据库使用之外,也侧重于论文写作与投稿、文献管理软件、课题选题与分析、学术道德等方面的知识传授,符合研究生对文献综合分析与利用的需求特点。

研究生信息素养教育课程应用最多的创新教学法是"应用案例法""PDL 教学法""任务驱动教学法""需求驱动教学法""项目教学法"。目前,最热门的几种创新教学模式也在一些图书馆中尝试,如"翻转课堂"、MOOC、"微课"等教学模式,这些都很好的为业界同行起到引领和示范作用,经过实践的检验,运用成熟后,可以普遍推广。

3. 考查方式与效果评价

研究生信息检索课的考查方式,以"出勤情况+平时作业+期末作业"的考试、考查方式居多,以期末开卷考查方式为主,其他考核方式还包括提交文献综述、撰写综述论文、以导师所定课题的综合检索报告、项目检索汇总报告等。体现出对研究生整体信息素养能力的考查倾向于与专业学科紧密联系,达到学以致用的授课目的。

研究生信息素养教育课程最多的是通过课堂反馈与交流进行教学效果的评价,这种反馈最为直接快速,教师可以随时根据反馈对教学进行改进与调整。其次是发放满意度调查问卷、小组听课评课、图书馆网站设有反馈意见或建议表等方式进行教学效果评价。

5.5.2 新生入学培训

新生入学培训教育是新生了解图书馆的资源与服务,建立对图书馆初步印象的重要途径。调查显示,80%的高校图书馆都开展了不同形式的新生入学教育,其中以发放新生手册等宣传材料、现场讲解与参观图书馆这两种形式最为普遍,采取这两种方式的高校图书馆均达到65%左右;另一方面,利用互联网,向新生提供网络培训与问答的高校图书馆则相对较少,只占到总数的15%。此外,调查还显示,几乎所有的高校图书馆都采用了两种,甚至更多的教育方式,全方位地开展新生教育。其中有一些图书馆还采取了非常有新意的新生入馆教育,例如沙画宣传视频,在学生活动时播放新生入馆教育视频,湖北省十几所高校图书馆共同举办书海寻宝、知识问答等各种互动活动来吸引新生注意,增强新生对图书馆的认识等。

5.5.3　数据库使用讲座

数据库使用讲座将信息检索知识"化整为零",方便学生快速上手,是文献信息检索课的有效补充。数据库培训是一种"可选择的自由学习"模式,学生可以根据个人兴趣选择适合的主题进行听课。在调研的 545 所高校图书馆中有 499 所开展过数据库使用培训讲座,占到 91.5%。

调研数据显示,"数据库使用方法"是专题培训讲座的主要讲授内容,其次是图书馆网站的利用、信息检索基础知识、网络资源及检索工具、馆藏书目使用方法、论文写作与投稿、文献管理软件、计算机及常用软件使用、工具书介绍、知识产权相关知识等。另外,调研显示有 121 所图书馆增设了有关"计算机及常用软件使用""新技术新媒体""就业指导""科学研究方法""学科信息资源检索"等方面的专题讲座。

培训讲座以教师讲授形式进行的有 478 所图书馆,此外有部分图书馆还同时上传了网络培训课程,或通过网络课堂进行授课,或请数据库商培训师授课等。使用最多的创新教学方式是互动交流、应用案例和需求驱动法。此外,结合专业论文讲授、分组讨论、学生课题展示等也是图书馆在教学方式的创新手段。

从数据库讲座的宣传看,436 所图书馆通过图书馆主页对专题培训讲座进行宣传,221 所图书馆印制宣传海报,213 所图书馆通过电子显示屏进行宣传,210 所图书馆通过数据库宣传单进行宣传。此外,宣传单、数据库使用手册、易拉宝、官方微博、微信也是主要的宣传途径。其他宣传推广方式还包括 QQ 群,学校办公系统,与学院、系辅导员联系,学生公寓黑板张贴培训日程,短信平台通知,校园 BBS,教学网站等。

5.5.4 其他讲座与培训

5.5.4.1 嵌入式教学

嵌入式教学是一种新兴的教育模式,指将信息素养知识通过实体或虚拟课堂的方式嵌入学科专业课程中,从而有效提升学生的信息素养能力和知识创新能力。

从2003年起,嵌入式教学开始在高校图书馆中萌芽。截至目前,被调查的464所图书馆中已有97所开展了嵌入式教学服务,占总数的20.9%。这表明嵌入式教学正在逐渐地、稳步地开展。从嵌入课程的数量分布来看,嵌入式教学能够嵌入学校1~3门课程的图书馆占大多数,共有53所,占总数的67.95%。

5.5.4.2 其他信息素养教育活动

1. 举办读书会活动

被调查的545所高校图书馆中有341所曾举办读书会等活动进行信息素养教育,比例达到62.6%。读书会可以拓展学生的学术视野,丰富学生知识,在信息素养教育中具有特别的积极作用。活动主要有两种形式:一是以读书月、读书节为契机,开展读书会等活动;二是依托学生社团或成立读书社,定期举办读书活动。

2. 举办检索竞赛活动

通过调研发现,竞赛式信息素养教育模式已悄然兴起,目的是"以赛促学"来提升信息素养教育。被调查的545所高校图书馆中有184所举办过检索赛等竞赛活动。检索赛等竞赛活动与传统信息素养教育模式相比,更有趣味性,更能调动学生的积极性和主动性,帮助读者更好地了解图书馆的各种电子资源和服务内容,快速掌握检索和使用电子资源的技巧,增加利用图书馆各种电子资源的兴趣。

3. 举行讲座报告

讲座报告类活动也是促进信息素养教育的常用方式。被调查的545所高校图书馆中有224所举办过真人图书馆、专家讲坛、沙龙等讲座报告类活动来提升信息素养教育。

4. 其他活动

除了读书会、检索赛、真人图书馆、专家讲坛外,各高校图书馆也在创新活动方式,用多种活动促进信息素养教育。如开展学生实验室、研究生学习室的现场调研培训辅助活动;评选数据库的推广形象大使,促进学生对数据库的认识;开发设计网络教育游戏,将有关图书馆的借阅规则、历史概况、资源服务和宣传活动的信息融入到游戏题目中,寓教于乐,使学生在玩游戏的过程中潜移默化地接受关于图书馆的教育培训。

参 考 文 献

[1] 经渊.普通本科院校图书馆学科化知识服务研究[J].情报探索,2012,02:116-119.

[2] 陈红艳,章望英,孙晶.我国"985"高校图书馆学科服务现状调查与分析[J].高校图书馆工作,2012,03:85-89.

[3] 唐淑香.985高校图书馆学科服务实践调研[J].图书馆学研究,2012,12:60-65.

[4] 陆莉."211工程"高校图书馆学科服务现状调查与分析[J].图书馆学研究,2013,04:59-63.

[5] 何飞.湖北省"211工程"高校图书馆学科服务现状调查与分析[J].湖北经济学院学报(人文社会科学版),2013,11:220-222.

第6章　高校图书馆科学研究与专业人才培养

　　高校图书馆是为教学和科学研究服务的学术性机构。由此可知，高校图书馆不仅仅是一个文献信息服务机构，同时也是一个学术性机构。准确地说，高校图书馆是一个承担一定科学研究任务，服务于学校教学、科研以及管理工作的服务性机构。高校图书馆通过科学研究一方面提高专业信息服务水平，另一方面加强自身的人才培养，保障事业的发展。

　　面对快速发展的教育事业和多变的网络信息环境，高校图书馆越来越重视科研工作和专业人才的培养工作。从各类科研项目、发表论文数量和举办各类学术活动看，与往年相比，2014 年科研工作和人才培养有不同程度的发展。为了较为全面地反映全国高校图书馆行业科学研究与图书情报硕士研究生的培养情况，下面从科研项目立项、科研成果、学术会议和专业人才培养四个方面进行统计分析。

　　本章数据主要来源于国家社科基金网站、研究生招生信息网、高校图书馆官方网站、教育部司局函件、中国知网、万方数据、维普数据、e 线图情等。

6.1　高校图书馆科研项目立项情况

6.1.1　国家社科基金项目立项情况

　　2014 年度国家社科基金共计资助了 131 项图书情报类项目，其中，重点项目立项 9 项，高校图书馆获 2 项；一般项目立项 75 项，高校图书馆获 11 项;青年项目立项 47 项,高校图书馆获 3 项。各类型项目统计数据如表 6-1 所示,立项详细情况如表 6-2 所示。

表 6-1　2014 年高校图书馆获得国家社科基金图书情报类立项数量统计表

项目类型	总立项数量/个	高校图书馆立项数量/个	所占比例/%
重点项目	9	2	22.2%
一般项目	75	11	14.7%
青年项目	47	3	6.4%

注:判断立项项目是否属于高校图书馆的标准是项目负责人是否为高校图书馆工作人员。人工检索所得。本次检索仅从图书情报学科领域进行的筛选,由于时间所限,未检索高校图书馆工作人员在其他学科立项情况。

表 6-2　2014 年全国高校图书馆国家社科基金项目立项一览表

序号	项目名称	负责人	工作单位	项目类别	省、自治区、直辖市
1	基于云计算的国家数字学术信息资源安全保障体系构建研究	刘万国	东北师范大学	重点项目	吉林
2	基于读者需求的图书馆阅读推广活动与服务创新研究	崔波	郑州大学	重点项目	河南
3	基于生态系统理论的公共图书馆与社会支撑体系相关性实证研究	赵迎红	武汉理工大学	一般项目	湖北
4	我国跨系统区域图书馆联盟建设与发展实证研究	赵乃瑄	南京工业大学	一般项目	江苏
5	学术图书馆云存储联盟模式与机制研究	刘华	上海大学	一般项目	上海
6	高校图书馆延伸服务的理论与实践研究	陈幼华	上海交通大学	一般项目	上海
7	数字图书馆动态组合学科服务模式研究	董颖	哈尔滨师范大学	一般项目	黑龙江
8	图书馆知识发现服务的功能定位和建设策略研究	袁润	江苏大学	一般项目	江苏
9	四川凉山彝族毕摩文献整理编目与研究	安群英	西南民族大学	一般项目	四川
10	大数据环境下科研数据管理关键技术与服务机制研究	殷沈琴	复旦大学	一般项目	上海
11	机构科研数据管理关键技术和服务机制研究	崔宇红	北京理工大学	一般项目	北京

序号	项目名称	负责人	工作单位	项目类别	省、自治区、直辖市
12	英文版中国学术期刊的国际影响力评价与发展策略研究	范爱红	清华大学	一般项目	北京
13	社会化媒体在跨语言信息检索中的应用研究	刘伟成	武汉科技大学	一般项目	湖北
14	图书馆资源组织中的数据关联机制研究	常娥	东南大学	青年项目	江苏
15	高校图书馆嵌入式学科服务模式与质量评价研究	谢守美	中南民族大学	青年项目	湖北
16	高校图书馆全媒体服务推广模式及运行保障机制研究	刘兰	北京师范大学	青年项目	北京

6.1.2 获得教育部项目情况

2014 年教育部人文社会科学研究规划基金图书情报类共立项 14 项,其中高校图书馆 5 项;青年基金项目图书情报类共立项 29 项,其中高校图书馆 13 项。统计数据如表 6-3 所示,立项详细情况如表 6-4 所示。

表 6-3 2014 年高校图书馆获得教育部人文社科基金图书情报类项目立项数量统计表

项目类型	总立项数量	高校图书馆立项数量	所占比例
一般项目	14	5	35.7%
青年基金	29	13	44.8%

注:判断立项项目是否属于高校图书馆的标准是项目负责人是否为高校图书馆工作人员。人工检索所得。本次检索仅从图书情报学科领域进行的筛选,由于时间所限,未检索高校图书馆工作人员在其他学科立项情况。

表 6-4 2014 年度高校图书馆获得教育部规划基金项目立项一览表

序号	项目名称	负责人	工作单位	项目类别	省、自治区、直辖市
1	比较法视角下图书馆孤儿作品利用的路径选择和制度构建	王本欣	大连海洋大学	一般项目	辽宁
2	李燕亭图书馆学著述整理与研究	翟桂荣	河南大学	一般项目	河南

序号	项目名称	负责人	工作单位	项目类别	省、自治区、直辖市
3	伦明《辛亥以来藏书纪事诗》研究	刘平	湖南大学	一般项目	湖南
4	西部文化生态系统中的基层图书馆服务体系建设研究	段小虎	西安文理学院	一般项目	陕西
5	制度创新视野下西藏农家书屋工程后续发展问题研究	李子	西藏民族学院	一般项目	西藏
6	基于《马拉喀什条约》视角的图书馆无障碍服务版权制度研究	徐轩	复旦大学	青年项目	上海
7	微博热点事件发现及其内容自动摘要研究	王连喜	广东外语外贸大学	青年项目	广东
8	近代以来藏书文化嬗变研究——以典籍捐公为中心	王安功	河南师范大学	青年项目	河南
9	RDA 与中国编目变革及推广研究	姜化林	湖南科技学院	青年项目	湖南
10	高校图书馆开展科研产出元数据监护服务研究	杨鹤林	暨南大学	青年项目	广东
11	基于超图模型的专利文本多标签分类研究	刘桂锋	江苏大学	青年项目	江苏
12	认同性整合视野下面向西北民族地区城市社区的图书馆延伸	牛勇	兰州大学	青年项目	甘肃
13	我国科研人员接受开放存取期刊出版的影响因素模型构建与实证研究	苏小波	南京森林警察学院	青年项目	江苏
14	数据素养对科学数据管理的影响及对策研究	沈婷婷	上海大学	青年项目	上海
15	基于用户体验的移动图书馆服务质量提升机制研究	金小璞	西交利物浦大学	青年项目	江苏
16	新疆汉文古籍调查与研究	赵剑锋	新疆大学	青年项目	新疆
17	19 世纪士人日常阅读的书目整理、编纂与研究	程彦霞	浙江工业大学	青年项目	浙江
18	基于用户认知的可视化学科服务模式研究	李亚梅	郑州大学	青年项目	河南

6.1.3　获得立项情况分析

从立项题目看,高校图书馆2014年立项的图书馆、情报与文献学基金项目中,主要聚焦的研究领域为科研数据、文献学、信息检索、学科服务、联盟建设、图书馆建设、延伸服务、知识产权等方面,其中科研数据管理、文献学、信息检索的相关新兴标准与技术、学科服务是重中之重。另外,从获得立项的地域分布和学校类型分布看,有如下特点。

6.1.3.1　获得项目的地域分布

在34项立项项目中,江苏高校图书馆获得6项,上海高校图书馆获得5项,河南高校图书馆获得4项,北京和湖北各获得3项。根据统计,34项立项项目共分布在16个省、自治区、直辖市,其中江苏、上海、河南、北京、湖北等21项,占全国高校图书馆一半以上,其余省、自治区、直辖市分布比较稀疏。详细情况如表6-5和图6-1所示。

表6-5　2014年高校图书馆立项地区分布

单位:项

省、自治区、直辖市	数量
江苏	6
上海	5
河南	4
北京	3
湖北	3
广东	2
湖南	2
甘肃、黑龙江等9省	9
合计	34

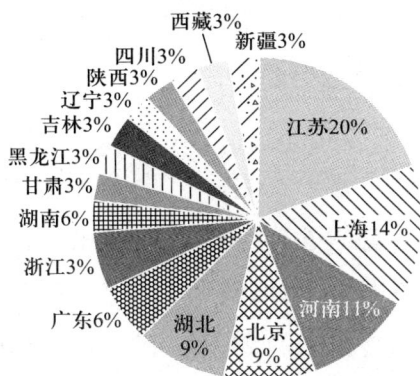

图 6-1 2014 年高校图书馆立项地区分布

6.1.3.2 获得项目的学校类型分布

在 34 项立项项目中,"985""211"高校图书馆获得 17 项,普通本科高校图书馆获得 16 项,中外合作办学图书馆获得 1 项。详细情况如表 6-6 和图 6-2 所示。

表 6-6 2014 年高校图书馆立项所在高校类型分布

图书馆类别	立项数量/个	占比/%
985/211 高校图书馆	17	50
普通本科高校图书馆	16	47.1
中外合作办学高校图书馆	1	2.9
合计	34	100.0

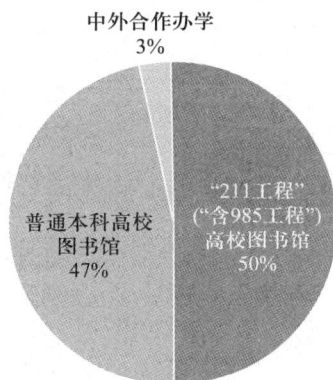

图 6-2 2014 年高校图书馆立项所在高校类型分布

6.2　学术著作情况

著作是学术成果的重要形式之一。除发表学术论文外,高校图书馆馆员每年都会出版一定量的著作。据版本图书馆提供的数据统计,2014年出版图书情报学类图书165种,其中高校图书馆馆员出版图书35种,占全部出版图书情报学类图书的21.1%,具体情况如表6-7所示。

表6-7　2014年高校图书馆出版图书目录

题名	著者	出版社	出版年	作者单位	依据	高校类别	省、自治区、直辖市
图书馆学及其左邻右舍	王波 编著	海洋出版社	2014	北京大学图书馆委	亚马逊	985	北京
可爱的图书馆学	王波 著	海洋出版社	2014	北京大学图书馆	亚马逊	985	北京
国家图书馆拓片元数据规范与著录规则	肖珑,苏品红,胡海帆 主编	国家图书馆出版社	2014	北京大学图书馆	亚马逊	985	北京
国家图书馆古籍元数据规范与著录规则	肖珑,苏品红,刘大军 主编	国家图书馆出版社	2014	北京大学图书馆	亚马逊	985	北京
国家图书馆舆图元数据规范与著录规则	肖珑,苏品红,姚伯岳 主编	国家图书馆出版社	2014	北京大学图书馆	亚马逊	985	北京
新技术、图书馆空间与服务	张春红 主编	海洋出版社	2014	北京大学图书馆	亚马逊	985	北京
文献检索与利用/2版	花芳 编著	清华大学出版社	2014	清华大学图书馆	亚马逊	985	北京
信息检索/2版	于光 主编	电子工业出版社	2014	哈尔滨工业大学图书馆	亚马逊	985	黑龙江
大学图书馆学科服务案例精选	郭晶,金晓蕾 主编	上海交通大学出版社	2014	上海交通大学图书馆	CNKI	985	上海

题名	著者	出版社	出版年	作者单位	依据	高校类别	省、自治区、直辖市
医学文献检索/3版	邢美园，王鸿，何立芳 主编	浙江大学出版社	2014	浙江大学图书馆（邢美园），杭州师范大学图书馆（何立芳）	CNKI	985	浙江
网络学术信息资源与大学生利用研究	王宪洪，王玉玫 主编	中国财政经济出版社	2014	中央财经大学图书馆	CNKI	211	北京
科技信息检索	何力，周庆梅，马磊 主编	东北林业大学出版社	2014	东北林业大学图书馆	百度	211	黑龙江
知识服务探索与实践	赵颖梅 主编	西南交通大学出版社	2014	西南交通大学图书馆	CNKI	211	四川
中美军队院校图书馆事业发展比较研究	温敬朋 著	上海世界图书出版公司	2014	解放军电子工程学院图书馆	亚马逊	普通高校	安徽
图书馆危机管理	贾彩莲，孔维维 著	国防工业出版社	2014	解放军炮兵学院图书馆	CNKI	普通高校	安徽
图书馆学基础与工作实务	员莉萍 编著	北京交通大学出版社	2014	交通运输部管理干部学院图书馆	CNKI	普通高校	北京
文献价值：理论文献学的价值论解读	贺巷超 著	电子科技大学出版社	2014	洛阳师范学院图书馆	CNKI	普通高校	河南
现代图书馆学热点研究	吴南，刘萍，张妮妮 著	知识产权出版社	2014	黑龙江科技大学图书馆	亚马逊	普通高校	黑龙江
文献检索实用技术	李其港 主编	人民邮电出版社	2014	武汉职业技术学院图书馆	CNKI	普通高校	湖北
长春工程学院图书馆学术文集	张萍，岳凌云 主编	吉林文史出版社	2014	长春工程学院图书馆	CNKI	普通高校	吉林
图书馆信息共享与信息集群研究	王爱 著	西南财经大学出版社	2014	淮海工学院图书馆	亚马逊	普通高校	江苏

题名	著者	出版社	出版年	作者单位	依据	高校类别	省、自治区，直辖市
科技文献检索与利用/5版	王立诚 主编	东南大学出版社	2014	扬州大学图书馆	CNKI	普通高校	江苏
文献信息检索与实践	郭年琴，康忠民，蔡福瑞 编著	中国铁道出版社	2014	（康忠民）江西理工大学图书馆	CNKI	普通高校	江西
网络信息检索与利用	张玉慧 主编	北京理工大学出版社	2014	内蒙古工业大学图书馆	亚马逊	普通高校	内蒙古
图书馆职业英语最低限度词汇	谢蓉 等 选编	海洋出版社	2014	上海对外贸易学院图书馆	CNKI	普通高校	上海
大世界里的丰碑:湛恩纪念图书馆的前生今世	王细荣 著	上海交通大学出版社	2014	上海理工大学图书馆	CNKI	普通高校	上海
知识管理与数字图书馆建设研究	龚胜泉，汪红军 编著	四川大学出版社	2014	绵阳师范学院图书馆	CNKI	普通高校	四川
中文普通图书 CNMARC 格式著录解析	辛苗 著	电子科技大学出版社	2014	内江师范学院图书馆	亚马逊	普通高校	四川
实用网络信息检索	王雅南 等编著	高等教育出版社	2014	四川建筑职业技术学院图书馆	CNKI	普通高校	四川
信息检索	李明伍 编著	科学出版社	2014	西华大学图书馆	CNKI	普通高校	四川
文献检索与利用教程	王良超，高丽 主编	化学工业出版社	2014	西南石油大学图书馆	亚马逊	普通高校	四川
图书馆管理与服务研究	杨晓梅 著	吉林大学出版社	2014	保山学院图书馆	CNKI	普通高校	云南
数字图书馆服务研究	韩丽 著	云南科技出版社	2014	曲靖师范学院图书馆	CNKI	普通高校	云南
多元文化下的图书馆建设与发展:第五届中美图书馆窄务论坛论文集	赵世林 主编	民族出版社	2014	云南民族大学图书馆	CNKI	普通高校	云南

题名	著者	出版社	出版年	作者单位	依据	高校类别	省、自治区、直辖市
信息检索与利用教程/2版	伍雪梅 主编	清华大学出版社	2014	重庆师范大学图书馆	CNKI	普通高校	重庆

注:在 2014 年出版的 165 种图书中,有 7 种图书无法确定其作者单位。作者单位的确定是从亚马逊和中国知网逐条检索获得的。

6.2.1　不同类型高校图书馆出版图书分布

2014 年高校图书馆出版的 35 本图书中,普通本科院校图书馆出版了 22 种,占高校图书馆出版图书种类的 62.9%;"985""211"院校图书馆出版 13 种,占 37.1%。

6.2.2　不同地区高校图书馆出版图书分布

从出版图书高校所处的地域看,北京(9 种)、四川(6 种)、黑龙江(3 种)、上海(3 种)和云南(3 种)出版的图书较多,共计 24 种,5 省市高校图书馆出版图书总量占全国高校图书馆的 68.6%。

6.3　高校图书馆召开会议情况

会议是进行业务和学术交流的重要形式。通过学术会议可以看出,2014 年高校图书馆学术活动非常活跃。据 e 线图情统计,全年高校图书馆共召开各类会议 55 次。从会议内容看,主要有以下一些类型,一是教育部图书情报委员会和中国图书馆学会高校分会组织的全国性会议,二是部分省高校图书馆召开的区域性会议,三是各省、自治区、直辖市召开的会议,四是部分省、自治区、直辖市高校图书馆召开的会议。

分析会议名称有以下一些特点:一是高校图书馆比较重视国际交流与合作,例如每年一届的"数字图书馆前沿问题高级研讨班",从某种程度上表明了高校图书馆紧跟国际图书馆发展前沿,比较重视引进新理念、新技术和新方法,提高图书馆业务水平和服务能力;二是高校图书馆比较重视业务工作的探讨,从召开的会议看,以图书馆自身的业务交流为主要内容的较多。具体情况如表 6-8 所示。

表 6-8　2014 年全国高校图书馆召开会议一览表

会议名称	时间	主办方	地点
第三届图书馆资源建设学术交流论坛	2014 年1 月 9 日		中国人民大学图书馆
新疆地方文献及周边中亚国家文献资源建设与合作发展论坛	2014 年 7 月6 日至 8 日	石河子大学	石河子大学图书馆
2014 年陕西省图书情报界文献学专家代表座谈讨论会	2014 年1 月 7 日		长安大学图书馆
华北地区高校图协第二十八届学术年会	2014 年 9 月24 日至 25 日	北京高校图工委	中国人民大学国学院
"图书馆事业的历史与未来"学术研讨会	2014 年 12 月27 日至 28 日	河南省高校图书情报工作委员会	河南师范大学图书馆
第十一届"数字图书馆前沿问题高级研讨班"	2014 年 6 月24 日至 27 日	中国图书馆学会高等学校图书馆分会、中国图书馆学会数字图书馆专业委员会、美国斯坦福大学图书馆、中国海洋大学图书馆	高校分会
海南省高校图工委 2014 年工作会议暨图书馆内涵建设研讨会	2014 年3 月 6 日		琼州学院图书馆
2014 年中国索引学会年会暨学术研讨会	2014 年11 月 20 日	中国索引学会、北京大学图书馆、中华书局有限公司	北京大学图书馆
第七届图书馆管理与服务创新论坛	2014 年 9 月21 日至 24 日	教育部高等学校图书情报工作指导委员会、中国图书馆学会高等学校图书馆分会、上海交通大学图书馆	高校图书情报委员会
CALIS 大数据时代医学图书馆变革与创新研讨会暨 2014 两岸三地医学图书馆馆长论坛	2014 年 6 月3 日至 5 日	CALIS 全国医学文献信息中心、北京大学医学图书馆	昆明连云宾馆

会议名称	时间	主办方	地点
2014 年 CASHL 中心馆馆长工作会议	2014 年 3 月 17 日		苏州大学
2014 TALIS 馆长年会	2014 年 4 月 2 日	天津高等教育文献信息中心	天津理工大学新校区图书馆
湖北省高校图书馆共建共享工作研讨会	2014 年 4 月 11 日		武汉大学图书馆
第二届（2014）新技术时代大学图书馆领导与管理创新国际会议	2014 年 6 月 3 日至 6 日		同济大学
在杭高校图书馆咨询服务研讨会	2014 年 4 月 19 日		浙江财经大学图书馆
2014 年甘肃省高校图工委委员馆馆长工作会议	2014 年 4 月 26 日		西北民族大学榆中校区
2014 年云南高校图书馆馆长工作会暨云南高校图书馆联盟理事会	2014 年 3 月 28 日至 29 日	云南高校图工委	云南省安宁市
2014 年四川省高校图书馆建设发展研讨会	2014 年 4 月 29 日至 30 日	四川省图工委	乐山师院沫若图书馆
2014 年湖南省市（州）公共图书馆（中心馆）馆长联席会议	2014 年 4 月 25 日至 26 日	湖南图书馆	株洲市图书馆
2014 中国数字图书馆可持续发展研讨会	2014 年 5 月 21 日	高等教育文献保障系统（CALIS）管理中心、江苏省高校图书情报工作委员会和方正 IT 旗下的北京方正阿帕比技术有限公司	江苏省南京市
TALIS 高校图书馆信息服务与推广研讨	2014 年 5 月 27 日		南开大学图书馆
广西高校图书馆工作与学术年会	2014 年 5 月 8 日至 10 日	广西高校图工委、广西高教学会图专委、CALIS 广西中心	广西科技大学
天津市高校文献传递研讨会	2014 年 5 月 7 日		天津大学
大数据时代高校图书馆网络、数字、信息技术的变革及应用研讨会	2014 年 5 月 23 日	云南省高校图工委、云南高校图书馆联盟	昆明理工大学图书馆

会议名称	时间	主办方	地点
2014 年山西高校图书馆馆长业务研讨会	2014 年 6 月 12 日		山西大学图书馆
2014 年中国高校图书馆发展论坛	2014 年 5 月 29 日		西安
河北省高等学校图书馆科学管理研究会第六次会员代表大会暨第十三次学术研讨会	2014 年 6 月 12 日至 13 日		河北省廊坊市
天津高校图书馆信息服务研讨会	2014 年 5 月 27 日		南开大学图书馆
"大数据与图书馆发展"学术研讨会	2014 年 6 月 19 日		上海大学校本部图书馆
北京地区高校图书馆新技术应用与服务模式创新研讨会	2014 年 6 月 6 日		北京师范大学图书馆
2014 年教育部高校图工委文献资源建设工作年会暨全国高校图书馆第十届文献资源建设研讨会	2014 年 9 月 2 日至 4 日		大连理工大学
2014 年湖北省高校图工委管理工作专业委员会工作会议暨湖北省信息学会高校分会年会	2014 年 6 月 23 日		华中师范大学图书馆
云南省"第六届中美图书馆实务论坛"	2014 年 7 月 9 日至 11 日	云南省高校图工委、美国华人图书馆员协会	云南财经大学图书馆
2014 年黑龙江省地市公共图书馆馆长工作会议	2014 年 7 月 15 日		黑龙江省大庆市
第二届（2014）新技术时代大学图书馆领导与管理创新国际会议	2014 年 6 月 3 日至 6 日		同济大学
中南六省区高校图书馆 2014 年学术年会	2014 年 10 月 15 日至 18 日	湖北省高等学校图书情报工作委员会	湖北民族学院
辽宁省高校图书馆馆长工作会议	2014 年 9 月 17 日	辽宁省高等学校图书情报工作委员会	辽宁省交通高等专科学校
上海市高校图书馆 2014 年馆长工作会议	2014 年 9 月 29 日		上海交通大学凯原法学院
中南六省区高校图书馆 2014 年学术年会	2014 年 10 月 16 日至 17 日	湖北省高等学校图书情报工作委员会	湖北省恩施市

会议名称	时间	主办方	地点
江西省高校数字图书馆开通仪式暨 2014 江西省高校图书馆馆长大会	2014 年 12 月 26 日		江西师范大学瑶湖校区
全国高校图书馆十三五规划研讨会	2014 年 12 月 18 日至 20 日	教育部图书情报工作指导委员会战略规划组	海南省海口市
江苏省高校图工委读者工作专业委员会 2014 年年会	2014 年 11 月 28 日		常州大学图书馆报告厅
数字图书馆资源建设高端论坛	2014 年 12 月 17 日	天津科技大学图书馆	天津科技大学
湖南省图书馆学会图书馆公共文化服务工作专业委员会工作会议	2014 年 12 月 6 日		湖南省长沙市
东南十一省（市）省属重点师范大学图书馆管理与服务创新研讨会	2014 年 12 月 17 日至 20 日		华南师范大学
2014 年山东省高校图书馆现代化技术研讨会	2014 年 12 月 23 日		山东师范大学图书馆
辽宁省高校文献信息中心馆际互借与文献传递业务研讨会	2014 年 12 月 18 日		辽宁大学
华东南地区民国时期文献共建与共享服务启动大会	2014 年 12 月 9 日	CASHL 管理中心和复旦大学图书馆	华东师范大学
教育部直属师范大学图书馆第二十次馆长年会暨海峡两岸师范大学图书馆论坛	2014 年 12 月 3 日至 5 日		华东师范大学
RDA 编目业务培训研讨会	2014 年 11 月 24 日至 28 日	中国高等教育文献保障系统（CALIS）联机合作编目中心	北京师范大学图书馆
第十九届西南地区高校图工委联席会议	2014 年 11 月 14 日	贵州省高校图工委	贵州省遵义市
2014 年安徽省高校图书馆阅读推广活动研讨会	2014 年 11 月 7 日		安徽师范大学敬文图书馆
江苏省高校图工委情报咨询专业委员会 2014 年学术年会	2014 年 11 月 5 日至 7 日		南京信息工程大学
华东地区六省一市高校图工委秘书处工作会议	2014 年 10 月 13 日至 16 日	山东高校图工委	山东省
第二届全球高校东亚图书馆国际论坛	2014 年 10 月 17 日		中山大学南校区图书馆

注：数据来源于 e 线图情。

6.4 专业人才培养情况

根据对研究生招生信息网和相应高校图书馆网站进行的访问,截至第十一批硕士学位授权,获得独立培养或联合培养图书馆学、情报学硕士生授权点的图书馆共有 24 所,具有独立培养资格的高校图书馆有 12 所。从 2014 年硕士专业目录获得,10 所高校图书馆硕士点共招生 54 人(其中推免 3 人)。具体分布情况如表 6-9 所示。

表 6-9 高校图书馆硕士点审批、分布与招生情况

序号	硕士点单位	批次	授权时间/年	招生学科	地区	2014 招生数/人
1	北京理工大学图书馆*	10 11	2006 2011	情报学 图书情报与档案管理	北京	3
2	中国农业大学图书馆*	9 11	2003 2011	情报学 图书情报与档案管理	北京	8
3	天津工业大学图书馆*	9	2003	情报学	天津	7
4	天津理工大学图书馆*	10	2006	情报学	天津	
5	复旦大学图书馆文献信息中心*	9	2003	图书馆学	上海	3
6	上海交通大学情报科技研究所*	6 10	1996 2006	情报学 图书情报与档案管理	上海	
7	华东理工大学科技信息研究所*	9	2003	情报学	上海	4
8	东南大学情报科技研究所*	9 11	2003 2011	图书馆学 图书情报与档案管理	江苏	5
9	南京航空航天大学科技信息研究所*	9	2003	情报学	江苏	3
10	江苏大学科技信息研究所*	10 11	2006 2011	情报学 图书情报与档案管理	江苏	10
11	福州大学图书馆*	9	2003	情报学	福建	8
12	山东理工大学科技信息研究所*	9	2003	情报学	山东	8

序号	硕士点单位	批次	授权时间/年	招生学科	地区	2014招生数/人
13	北京航空航天大学图书馆	10	2006	情报学	北京	
14	北京师范大学图书馆	8	1998	图书馆学	北京	
15	天津大学图书馆	9	2003	情报学	天津	
16	山西财经大学图书馆	10	2006	情报学	山西	
17	上海大学图书馆	9 10	2003 2006	图书馆学 图书情报与档案管理	上海	
18	第二军医大学图书馆	8 10	1998 2006	图书馆学 图书情报与档案管理	上海	
19	河南科技大学图书馆	10	2006	图书馆学	河南	
20	新乡医学院图书馆	10	2006	情报学	河南	
21	重庆大学图书馆	9 10	2003 2006	情报学 图书情报与档案管理	重庆	
22	西南科技大学图书馆	10	2006	情报学	四川	
23	西安电子科技大学图书馆	10	2006	图书馆学	陕西	
24	第四军医大学图书馆	8	1998	图书馆学	陕西	

注:加"＊"号的为具有独立培养图情专业硕士研究生资格的单位。

另外,从招收专业上看,具有一级学科硕士点的有 8 所高校图书馆;招收图书馆学的有 8 所高校图书馆,招收情报学的有 16 所高校图书馆。

从硕士点分布地域看,北京有 4 所,上海有 5 所,天津和江苏各有 3 所,河南和陕西各有 2 所,福建、山东、山西、重庆和四川各有 1 所。

第7章　高校图书馆合作与共享状况

本章主要从高等教育文献保障体系(包括简称 CALIS 的高等教育文献保障系统和简称 CADAL 的大学数字图书馆合作计划)、中国高校人文社会科学文献中心(简称 CASHL)和教育部外国教材中心等教育部投资建设的全国性高校图书馆资源共建共享服务体系,和各省、自治区、直辖市政府建设的地方区域性高校图书馆资源共建共享体系,以及高校图书馆数字资源采购联盟等开展的工作、经费来源与规模、成员馆数量、部分有代表性的馆际合作共享业务数据等方面来展现高校图书馆间的合作与共享。主要数据来源于对上述共享体系和联盟的调查和总结报告。

7.1　高校图书馆合作与共享概述①

高校图书馆间的合作与共享由来已久,且已成为我国高校图书馆界的常态。从馆馆合作,到多馆合作;从馆际资源共享,到馆员交流访问;从全国高校图书馆外文原版期刊协调会协调采购到高校图书馆数字资源采购联盟;从政府主导的图书馆自动化联合采购到高校自发的高校图书馆 RFID 技术应用联盟……高校图书馆间的合作与共享的内容、深度、规模、方式等多种多样。而最具影响力、规模较大的高校图书馆合作,当属由教育部和各地方政府主导、支持的各级各类高校图书馆

---

① 本节内容来自于各全国性共享机构的年度总结报告、主页、规划和工作报告等。

资源共享系统或共享联盟。本节对全国性的合作与共享体系价值到2014年底的情况作了简要归纳，并对各省、自治区、直辖市支持的共享体系的基本情况作了粗略归纳整理。

7.1.1 全国性合作与共享

具有较大影响力的高校图书馆合作与共享体系有教育部"211 工程"建设、教育部高教司主持的高等教育文献保障体系（包括 CALIS 和 CADAL）和教育部社科司主持的中国高校人文社会科学文献中心（包括"文科外文图书引进专款项目"和"外文期刊项目"），以及从 CALIS 项目中分离出来的高校图书馆数字资源采购联盟（简称 DRAA）。

此外，还有教育部于 1979 年开始建设的外国教材中心，经过多年建设，逐渐开展优秀境外教材的共享服务。全国性高校图书馆共享体系概况如表 7-1 所示。

表 7-1 全国性高校图书馆共享体系概况

序号	机构名称	上级主管	经费来源	2014 年经费/万	累计投资/万	机构用户数/所	资源总量	主要服务
1	高等教育文献保障系统	教育部高教司	教育部	1 300	37 800	1 280	整合各类高校资源4.3亿（册、篇、件）	联机编目资源发现馆际互借文献传递协同采购统一认证软件共享馆员培训
2	大学数字图书馆合作计划	教育部高教司	教育部	700	23 400	94	全文资源250万（册、件）	目录检索在线浏览文献借阅
3	中国高校人文社会科学文献中心	教育部社科司	教育部	外文期刊1 500文科专款480万美元	文科专款15 000	782	213.7 万种外文图书2.2万余种外文期刊	文献传递馆际互借全文下载代查代检

序号	机构名称	上级主管	经费来源	2014年经费/万	累计投资/万	机构用户数/所	资源总量	主要服务
4	高校图书馆数字资源采购联盟	——	自筹	——	——	572	——	外文电子资源集团采购谈判
5	教育部外国教材中心	教育部高教司	教育部	500	11 200	13	11.9万册外文教材	馆际互借文献保障教材研究

注：统计时间截至2014年年底。

7.1.1.1　高等教育文献保障系统（CALIS）

CALIS体系由设在北京大学的管理中心和分布在全国的服务支撑体系组成。

CALIS服务支撑体系主要由全国中心、地区中心、省级中心和共享域中心组成,各级中心均在CALIS项目所建的文献资源共建共享平台上,依托本馆丰富的文献资源优势和高水平服务团队优势,承担着为所在地区(城市)或专业院校联盟成员馆提供文献保障服务,组织所在地区或专业院校联盟成员馆开展文献资源共建共享等任务。表7-2为CALIS各级中心名单。

表7-2　CALIS各级中心名单

中心类别	中心馆所在学校			
全国中心	北京大学（文理中心）	清华大学（工程中心）	北京大学医学部（医学中心）	中国农业大学（农学中心）
地区中心	吉林大学（东北）	上海交通大学（华东南）	南京大学（华东北）	武汉大学（华中）
	中山大学（华南）	四川大学（西南）	西安交通大学（西北）	
省级中心	中国科技大学（安徽）	人民大学（北京）	厦门大学（福建）	兰州大学（甘肃）
	中山大学（广东）	广西大学（广西）	贵州师范大学（贵州）	海南大学（海南）
	燕山大学（河北）	郑州大学（河南）	哈尔滨工业大学（黑龙江）	武汉大学（湖北）

中心类别	中心馆所在学校			
省级中心	湖南师范大学 （湖南）	吉林大学 （吉林）	南京大学 （江苏）	南昌大学 （江西）
	辽宁大学 （辽宁）	内蒙古大学 （内蒙古）	宁夏大学 （宁夏）	青海师范大学 （青海）
	山东大学 （山东）	山西大学 （山西）	西安交通大学 （陕西）	上海交通大学 （上海）
	四川大学 （四川）	天津高等教育 文献信息中心 （天津）	西藏大学 （西藏）	新疆大学 （新疆）
	云南师范大学 （云南）	浙江大学 （浙江）	重庆大学 （重庆）	
共享域 中心	北京外国语大学 （外语院校联盟）	上海旅游专科学校 （五星联盟）	大连理工大学 （大连城市共享域）	深圳大学城 （深圳城市共享域）

7.1.1.2　大学数字图书馆合作计划（CADAL）

CADAL 体系由设在浙江大学的管理中心和分布在全国服务支撑体系组成。

CADAL 服务体系由 8 个数据中心、5 个服务中心、33 个服务分中心（含服务中心）、68 个参建馆组成。CADAL 各级中心名单如表 7-3 所示。

表 7-3　CADAL 各级中心名单

中心类别	中心馆所在学校			
数据中心	北京大学	清华大学	中山大学	上海交通大学
	四川大学	西安交通大学	东北师范大学	湖北省数字图书馆
服务中心	浙江大学			
	北京大学	清华大学	复旦大学	南京大学
服务 分中心	吉林大学	北京交通大学	电子科技大学	哈尔滨工业大学
	西安交通大学	北京大学医学部	东南大学	宁波大学
	武汉大学	兰州大学	西藏大学	石河子大学
	中山大学	重庆大学	新疆农业大学	云南大学
	四川大学	苏州大学	中国海洋大学	
	上海交通大学	南昌大学	广西大学	西南交通大学
	北京师范大学	华南理工大学	湖南大学	东北师范大学
	中国农业大学			

7.1.1.3 中国高校人文社会科学文献中心（CASHL）

CASHL 管理中心设在北京大学图书馆。

CASHL 资源和服务运行体系由全国中心、区域中心、学科中心、服务馆组成。CASHL 各级中心名单如表 7-4 所示。

表 7-4 CASHL 各级中心名单

中心类别	中心馆所在学校			
全国中心	北京大学		复旦大学	
区域中心	武汉大学	中山大学	南京大学	吉林大学
	四川大学	北京师范大学	兰州大学	
学科中心	东北师范大学	华东师范大学	南开大学	山东大学
	清华大学	厦门大学	浙江大学	中国人民大学

7.1.1.4 高校图书馆数字资源采购联盟（DRAA）

DRAA 由 30 个大学图书馆的 34 位专家组成的理事会领导，由 11 家牵头馆负责组织集团采购，秘书处设在 CALIS 管理中心。DRAA 理事会和牵头单位名单如表 7-5 所示。

表 7-5 DRAA 理事会和牵头单位名单

类别	成员所在学校			
理事会	北京大学	北京大学医学部	北京师范大学	重庆大学
	大连理工大学	东南大学	复旦大学	哈尔滨工业大学
	华中科技大学	吉林大学	兰州大学	南京大学
	南开大学	清华大学	厦门大学	山东大学
	上海交通大学	深圳大学	首都师范大学	四川大学
	天津高等教育文献信息中心		天津师范大学	
	武汉大学	西安交通大学	浙江大学	郑州大学
	中国农业大学	中国人民大学	中南大学	中山大学
牵头馆	清华大学	北京大学	北京大学医学部	中国农业大学
	上海交通大学	中山大学	南京大学	武汉大学
	西安交通大学	四川大学	兰州大学	复旦大学

7.1.1.5 教育部外国教材中心

教育部外国教材中心由分布在各高校的 12 个中心图书室和高等

教育出版社外国教材中心图书室组成。截至 2015 年 6 月，各中心共引进印刷本教材、教参 11.9 万册。根据信息环境的发展和读者需求的变化，外国教材中心在原有基础上将新增经费集中用于共享版电子教材建设，目前已累计引进电子教材、教参 2 800 多种。

各中心分工如表 7-6 所示。

表 7-6　教育部外国教材中心全国布局与分工

序号	布点机构名称	分工
1	高等教育出版社外国教材中心图书室	理工基础类
2	南开大学外国教材中心图书室	物理类
3	吉林大学外国教材中心图书室	化学类
4	复旦大学外国教材中心图书室	数学类
5	东南大学外国教材中心图书室	土木建筑、工程力学类
6	武汉大学外国教材中心图书室	生物类
7	重庆大学外国教材中心图书室	机械类
8	华南理工大学外国教材中心图书室	化工类
9	西安交通大学外国教材中心图书室	电子、电力类
10	清华大学外国教材中心图书室	理、工、管理学科类
11	中国农业大学外国教材中心图书室	农科类
12	北京医科大学外国教材中心图书室	医科类
13	南京大学外国教材中心图书室	地学、天文、气象类

7.1.2　地区性合作与共享

CALIS 共享体系在各省、自治区、直辖市（以下简称省）都建立了省级中心，以推动 CALIS 服务在本省的应用，开展省内高校图书馆的共享与合作。

此外，我国绝大部分省教育厅（教委）都不同程度安排地方政府经费支持省内高校图书馆开展资源共建共享方面的合作。有些省采取项目方式，项目验收后就结束，并未留下专门的合作或共享体系管理机构继续推动合作，如四川、广东、云南、河南等。有些省或依托省级图工委或依托 CALIS 省级中心，或成立专门的共享体系管理机构，在省经费和国家项目(如 CALIS、CADAL 和 CASHL 等)经费支持下,持续地开展地区高校图书馆的共享与合作。如表 7-7 所示。

表 7-7　各省政府投资建设省内共享体系情况一览

序号	省别	机构名称	成立年份	主持单位	经费情况			成员馆数量/家	建设/服务内容
					经费来源	年度经费/万	累计投入/万		
1	上海	长三角高校图书馆联盟	2011	上海高校图工委	市教委	50	300	150	联合采购 联合目录 特色库 馆际互借与文献传递
2	湖北	湖北省高校数字图书馆	2006	湖北大学图书馆	省教育厅	50	1 800	120	联合采购 联合目录 馆际互借与文献传递 应用软件与设备共享 数字中心
3	江苏	江苏省高等学校数字图书馆(JALIS)	1997	南京大学、东大大学、南师大等高校图书馆	省财政	600	6 224	120	联合采购 联合目录 特色库 馆际互借与文献传递 数字资源合作加工 应用软件与设备共享
4	浙江	浙江省高校数字图书馆(ZADL)	2008	省中心及分中心所在图书馆	省财政及成员学校自筹	800	3 200	105	联合采购 联合目录 特色库 馆际互借与文献传递 应用软件与设备共享
5	天津	天津高等教育文献信息中心	2004	天津工业大学图书馆	教委	1 500	22 000	60	联合采购 联合目录 特色库 馆际互借与文献传递 数字资源合作加工 应用软件与设备共享
6	河北	河北省高等学校数字图书馆	2002	燕山大学图书馆	自筹	30	500	40	联合采购
7	北京	BALIS 北京地区高校文献资源保障体系	2007	中国人民大学图书馆	市教委	349	2 595	90	联合采购 联合目录 特色库 馆际互借与文献传递 数字资源合作加工 应用软件与设备共享

序号	省别	机构名称	成立年份	主持单位	经费情况			成员馆数量/家	建设/服务内容
					经费来源	年度经费/万	累计投入/万		
8	安徽	安徽省高等学校数字图书馆	2009	中国科学技术大学图书馆	省财政厅	1 500	5 000	70	联合采购 联合目录 文献传递 资源数字化加工 应用系统建设 安徽省高校 MOOC 项目建设 本科院校读者信息素养教育 高职院校企业文化进校园系列 联合阅读推广 其他:拟进行知识交流分享、面向企业和政府的联合信息咨询服务
9	辽宁	辽宁省高校新共享联盟	2011	辽宁大学图书馆	辽宁省教育厅	0	55	62	联合采购 联合目录 特色库 馆际互借与文献传递 应用软件与设备共享
10	福建	福建省文献信息资源共享平台(Fulink)	2010	福州大学	省财政厅	475	4 125	11	联合采购 联合目录 馆际互借与文献传递 应用软件与设备共享
11	湖南	湖南省高校数字图书馆	2014	湖南师范大学图书馆	省教育厅	290	575	37	联合目录 馆际互借与文献传递 数字资源合作加工 应用软件与设备共享
12	海南	海南省教育科研数字图书馆	2009	海南大学图书馆	省教育厅	80	490	17	联合采购 联合目录 特色库 馆际互借与文献传递 应用软件与设备共享
13	甘肃	CALIS 甘肃省文献信息服务中心	1998	兰州大学图书馆	无	5.4	328	33	联合采购 联合目录 特色库 馆际互借与文献传递 应用软件与设备共享

序号	省别	机构名称	成立年份	主持单位	经费情况			成员馆数量/家	建设/服务内容
					经费来源	年库经费/万	累计投入/万		
14	宁夏	CALIS宁夏回族自治区文献信息服务中心	2010	宁夏大学图书馆	自治区教育厅	0	100	15	联合目录 特色库 馆际互借与文献传递
15	广西	广西高校图书情报工作指导委员会	1984	广西大学图书馆		0	60	0	联合采购 信息资源共享 馆际互借与文献传递

注:统计时间截至2014年年底。

7.2 高校图书馆开展合作与共享的主要业务领域

高校图书馆间开展合作与共享的范围几乎覆盖了目前图书馆所涉及业务领域的所有方面。其中大多数近几年新开拓的业务领域多是学术交流、实地考察性质,开展实质性合作,取得较大效益并成为常态的几乎没有。凡是合作规模大,可持续且产生较大效益的合作共享,绝大部分都与图书馆的基础业务相关,且依托全国性共享体系或省级共享体系。各省级共享体系主要开展文献资源集团采购(外文文献则依托全国性共享体系)、省级联合目录建设、省级文献传递与馆际互借和特色数据库建设等。

本节主要对 CALIS、CASHL、CADAL 和 DRAA 开展的全国性合作共享业务进行统计分析。

7.2.1 联机合作编目

联机合作编目由 CALIS 联机编目中心组织并向各成员馆编目业务提供优质的、符合国际主流规范的中外文图书、连续出版物等文献资源的书目数据套录下载服务,而这些优质书目数据又是经联机编目中心认证过的高校图书馆编目团队(B+或 B 级成员馆)或编目员(C 级为主)在线实时提交的原编书目数据。

截至 2014 年年底,CALIS 联机编目体系中、西文图书编目各认证了 10 家 B+级成员馆和 19 家 B 级成员馆,名单如表 7-8 所示。

表 7-8　CALIS 联机编目 B+级与 B 级成员馆名单

中文图书		西文图书	
成员馆名称	级别	成员馆名称	级别
北京大学图书馆	B+	北京大学图书馆	B+
南京大学图书馆		中山大学图书馆	
上海交通大学图书馆		武汉大学图书馆	
华东师范大学图书馆		复旦大学图书馆	
武汉大学图书馆		南京大学图书馆	
中山大学图书馆		华南理工大学图书馆	
西安交通大学图书馆		华东师范大学图书馆	
清华大学图书馆		吉林大学图书馆	
东南大学图书馆		清华大学图书馆	
北京工业大学图书馆		上海交通大学图书馆	
北京邮电大学图书馆	B	西安交通大学图书馆	B
复旦大学图书馆		中国人民大学图书馆	
中国人民大学图书馆		北京航空航天大学图书馆	
北京航空航天大学图书馆		北京师范大学图书馆	
大连理工大学图书馆		北京邮电大学图书馆	
中国农业大学(西区)图书馆		华中科技大学图书馆	
四川大学图书馆文理分馆		大连理工大学图书馆	
吉林大学图书馆		首都师范大学图书馆	
首都师范大学图书馆		北京工业大学图书馆	
北京理工大学图书馆		北京大学医学部图书馆	
北京师范大学图书馆		北京理工大学图书馆	
华中科技大学图书馆		四川大学图书馆工学分馆	
北京大学医学部图书馆		中国农业大学(西区)图书馆	
厦门大学图书馆		内蒙古大学图书馆	
天津大学图书馆		南开大学图书馆	
华中农业大学图书馆		厦门大学图书馆	
南开大学图书馆		山东大学图书馆	
山东大学图书馆		天津大学图书馆	
内蒙古大学图书馆		西南财经大学图书馆	

注:统计时间截至 2014 年年底。

这些 B+或 B 级成员馆,加上拥有通过 C 级编目员认证,取得原编数据上载权的其他成员馆,总共有 260 个图书馆可以向 CALIS 联机编目中心提交原编数据。

本小节内,若非特别申明,凡是 2014 年,实际数据统计区间均为 2013 年 12 月 1 日至 2014 年 11 月 30 日,历年累计总量统计截至 2014 年 11 月 30 日。

CALIS 联合目录数据库中的书目数据 2014 年总增量为 324 964 条,总量达 6 113 468 条。如表 7-9 所示。

表 7-9　CALIS 联机编目数据情况统计

文献类型		2014 年上载增量	数据总量/条
中文	图书	169 884	3 656 664
	连续出版物	1 028	39 771
	古籍	61	34 395
西文	图书	79 975	1 719 903
	连续出版物	425	32 161
日文	图书	55 828	481 557
	连续出版物	326	4 886
俄文	图书	17 425	142 477
	连续出版物	12	1 654
合计		324 964	6 113 468

注:统计时间为 2013 年 12 月 1 日至 2014 年 11 月 30 日。

联机编目中心 2014 年新发展编目服务高校成员馆 144 家,成员馆总数达 1 112 家,其中有 280 家高职院校。

各省参加联机合作编目,提交数据成员馆数量统计如表 7-10 所示。

表 7-10　各省(自治区、直辖市)高校图书馆提交数据成员馆统计

区域	省市	上载馆数/家	普通院校/所	普通院校成员馆比例/%	高职院校/所	高职院校成员馆比例/%	所有院校/所	所有院校成员馆比例/%
西部	甘肃	1	22(14)	63.64	23(2)	8.70	45(16)	35.56
	广西	9	36(23)	63.89	35(16)	45.71	71(39)	54.93
	贵州	1	27(18)	66.67	30(2)	6.67	57(20)	35.09
	内蒙古	4	17(15)	88.24	36(5)	13.89	53(20)	37.74

区域	省市	上载馆数/家	普通院校/所	普通院校成员馆比例/%	高职院校/所	高职院校成员馆比例/%	所有院校/所	所有院校成员馆比例/%
西部	宁夏	1	8(5)	62.50	10(2)	20.00	18(7)	38.89
	青海	0	4(1)	25.00	8(1)	12.50	12(2)	16.67
	陕西	12	55(40)	72.73	37(5)	13.51	92(45)	48.91
	四川	7	51(27)	52.94	58(10)	17.24	109(37)	33.94
	西藏	0	3(2)	66.67	3(1)	33.33	6(3)	50.00
	新疆	2	18(13)	72.22	26(6)	23.08	44(19)	43.18
	云南	3	31(16)	51.61	38(7)	18.42	69(23)	33.33
	重庆	1	25(13)	52.00	38(4)	10.53	63(17)	26.98
西部合计		41	297(187)	62.96	342(61)	17.84	639(248)	38.81
东部	北京	28	66(66)	100.00	25(5)	20.00	91(71)	78.02
	福建	6	35(24)	68.57	53(10)	18.87	88(34)	38.64
	广东	25	62(53)	85.48	80(23)	28.75	142(76)	53.52
	海南	1	6(6)	100.00	11(9)	81.82	17(15)	88.24
	河北	3	59(30)	50.85	59(4)	6.78	118(34)	28.81
	江苏	15	77(37)	48.05	85(18)	21.18	162(55)	33.95
	辽宁	24	65(47)	72.31	51(8)	15.69	116(55)	47.41
	山东	12	67(54)	80.60	76(32)	42.11	143(86)	60.14
	上海	17	38(32)	84.21	29(6)	20.69	67(38)	56.72
	天津	9	29(29)	100.00	26(18)	69.23	55(47)	85.45
	浙江	6	57(32)	56.14	48(5)	10.42	105(37)	35.24
东部合计		146	561(410)	73.08	543(138)	25.41	1 104(548)	49.64
中部	安徽	5	44(20)	45.45	75(2)	2.67	119(22)	18.49
	河南	8	52(43)	82.69	77(28)	36.36	129(71)	55.04
	黑龙江	6	38(33)	86.84	43(11)	25.58	81(44)	54.32
	湖北	30	67(51)	76.12	56(15)	26.79	123(66)	53.66
	湖南	5	51(22)	43.14	73(12)	16.44	124(34)	27.42
	吉林	12	37(37)	100.00	21(12)	57.14	58(49)	84.48
	江西	4	42(19)	45.24	55(0)	0.00	97(19)	19.59
	山西	3	31(10)	32.26	48(1)	2.08	79(11)	13.92
中部合计		73	362(235)	64.92	448(81)	18.08	810(316)	39.01

注:1. 统计时间截至 2014 年 11 月 30 日;

2. 表中"普通院校"包括"211 工程"院校;

3. 表格中括号外的数字为该类院校总数,括号内的数字为成为 CALIS 联机编目成员馆的该类院校数目。

2013 年 12 月 1 日至 2014 年 11 月 30 日,联机合作编目成员单位共套录数据 10 183 582 条次。套录的数据类型情况如表 7-11 所示。

表 7-11　2014 年成员单位套录数据总量统计 (按文献类型)

文献类型		2014 年下载量/条次
中文	图书	8 756 733
	连续出版物	99 794
	古籍	1 789
西文	图书	992 867
	连续出版物	14 092
日文	图书	255 117
	连续出版物	2 755
俄文	图书	45 271
	连续出版物	641
	其他	14 523
合计		10 183 582

按省统计的套录数据情况如表 7-12 所示。

表 7-12　2014 年高校成员馆套录数据总量统计 (按省统计)

区域	省市	上载馆数/家	成员馆总数/家	下载量/条次
西部	甘肃	1	16	160 696
	广西	9	39	209 801
	贵州	1	20	41 375
	内蒙古	4	20	91 699
	宁夏	1	7	23 220
	青海	0	2	0
	陕西	12	45	429 646
	四川	7	37	182 627
	西藏	0	3	2 776
	新疆	2	19	118 112
	云南	3	23	49 109
	重庆	1	17	84 014
西部合计		41	248	1 393 075
东部	北京	28	71	1 501 840
	福建	6	34	263 273
	广东	25	76	1 030 412
	海南	1	15	133 760
	河北	3	34	117 281

区域	省市	上载馆数/家	成员馆总数/家	下载量/条次
东部	江苏	15	55	635 492
	辽宁	24	55	349 987
	山东	12	86	559 513
	上海	17	38	1 032 886
	天津	9	47	391 305
	浙江	6	37	304 432
东部合计		146	548	6 320 181
中部	安徽	5	22	232 875
	河南	8	71	287 376
	黑龙江	6	44	161 404
	湖北	30	66	716 573
	湖南	5	34	227 223
	吉林	12	49	536 586
	江西	4	19	160 804
	山西	3	11	89 188
中部合计		73	316	2 412 029
总计		260	1 112	10 125 285

注:表 7-11 和表 7-12 套录下载总数量不一致是因为表 7-11 的统计中包括了非高校用户下载的数据。

7.2.2 馆际互借与文献传递

在文献传递与馆际互借方面,国内多个层面的服务体系互相补充,共同向读者提供馆际互借服务。高校范围内全国性的就有 CALIS 和 CASHL 两大服务体系,还有各省建立的区域性服务体系。本小节就 CALIS 和 CASHL 馆际互借与文献传递 2014 年的情况进行统计。

7.2.2.1 CALIS 文献传递与馆际互借

为实现全国高校馆际互借与文献传递服务的集中式调度,CALIS 三期推出了馆际互借调度中心系统,通过调度中心不仅可调度到高校图书馆,同时也可调度到国家图书馆、上海图书馆、国家科技图书文献中心(NSTL)等合作机构,为实现"一个账号,全国获取"的目标奠定了基础。另外,调度中心还提供了调度策略和补贴优惠的管理,便于更好地管理补贴经费的合理使用。

在文献获取的方式上,CALIS 积极整合公共馆系统、情报所系统和共享服务项目及商业化服务资源,不断开拓新的服务类型。与国家图书馆、上海图书馆合作提供馆际借书服务;与(NSTL)签署了服务合作协议,开通"NSTL 文献传递服务(高校版)";与北京方正阿帕比技术有限公司合作,推出方正电子书的借还服务;与维普公司合作,推出了中文期刊的单篇订购(PPV)的服务;与教育部外国教材中心合作,推出外国教材的馆际借书试点服务。

表 7-13、表 7-14、表 7-15、表 7-16 是以 CALIS 馆际互借调度中心的数据为依据,给出 CALIS 2014 年度及总体的馆际互借与文献传递情况统计。

表 7-13　CALIS 馆际互借与文献传递总体情况

服务分项	请求量/笔	满足量/笔	平均满足率/%	平均运送时间/小时	请求馆数量/家	服务馆数量/家
文献传递	361 813	312 584	86.39	93.6	527	4 663
馆际互借	32 770	27 727	84.61	57.7	278	147
合计	394 590	340 316	86.25		535	470

注:统计时间截至 2014 年年底。

表 7-14　CALIS 馆际互借与文献传递总体情况

文献类型	请求量/笔	满足量/笔	满足率/%	请求馆数量/家	服务馆数量/家
期刊论文	295 273	267 105	90.46	506	377
图书	73 112	57 891	79.18	392	298
会议论文	7 459	4 616	61.88	230	121
学位论文	14 344	8 101	56.48	348	252
古籍	387	195	50.39	67	34
专利	235	186	79.15	60	33
标准	951	593	62.36	107	36
科技报告	752	261	34.71	76	38
其他	2 077	1 368	65.86	157	71

注:按文献类型统计,截至 2014 年年底。

表 7-15　CALIS 馆际互借与文献传递年度情况

服务分项	请求量/笔	满足量/笔	平均满足率/%	平均运送时间/小时	请求馆数量/家	服务馆数量/家
文献传递	112 012	97 529	87.07		390	297
馆际互借	9 327	7 482	80.22		168	85
合计	121 339	105 011	86.54	54.4	394	298

注:统计时间为 2014 年 1 月—12 月。

表 7-16　CALIS 馆际互借与文献传递年度情况

文献类型	请求量/笔	满足量/笔	满足率/%	请求馆数量/家	服务馆数量/家
期刊论文	83 316	75 580	90.71	369	224
图书	29 898	24 085	80.56	283	195
会议论文	2 479	1 738	70.11	159	73
学位论文	3 820	2 379	62.28	238	164
古籍	171	103	60.23	37	21
专利	100	87	87.00	32	21
标准	335	235	70.15	64	28
科技报告	263	99	37.64	43	25
其他	957	705	73.67	106	41

注:按文献类型统计,2014 年 1 月—12 月。

2014 年 CALIS 继续 KERIS(韩国教育学术情报院)、香港 JULAC、美国哈佛大学哈佛燕京图书馆等机构合作开展文献传递工作。2014 年 11 月 CALIS 开通成员馆获取 KERIS 韩文文献的服务。读者在 e 得平台即可检索 KERIS 韩文文献,并直接提交文献传递服务申请。

2014 年 1 月至 11 月,CALIS 与海外学术机构开展文献传递服务的相关数据统计如表 7-17 所示。

表 7-17　CALIS 与海外学术机构开展文献传递服务统计

请求事务量及完成情况	请求件数/笔	满足件数/笔	未满足件数/件	满足率/%
KERIS 向 CALIS 提出的	251	206	44	82.07
CALIS 成员馆向 KERIS 提出的	5	2	2	40.00
香港 JULAC 向 CALIS 提出的	20	10	10	50.00
CALIS 成员馆向 JULAC 提出的	66	43	22	65.15
CALIS 成员馆向哈佛燕京提出的	41	15	24	36.59

注:统计时间为 2014 年 1 月—11 月。

7.2.2.2 CASHL 文献传递与馆际互借

近年来,通过陆续与 CALIS、中国社科院、上海图书馆、北京地区高校图书馆文献资源保障体系(BALIS)等机构的战略合作,CASHL 逐步形成了人文社科资源服务新格局。截至 2014 年年底,使用 CASHL 服务的高校馆已经达到 781 家。

2014 年文献传递年服务总量达 112 647 笔,文献平均满足率达 92.94%,时间进一步缩短为 1.77 天。手工文献传递量达到 11.3 万篇,累计总量突破 100 万笔;跨区域图书借阅量达到 4 000 册,比上一年度增加 35%。本年度 CASHL 文献平均满足率达 92.94%,时间进一步缩短为 1.77 天。CASHL 馆际互借与文献传递情况及使用排在前 20 位的 CASHL 成员馆如表 7-18、表 7-19、表 7-20 所示。

表 7-18 CASHL 馆际互借与文献传递总体情况

分项	请求量/笔	实际满足量/笔	平均满足率/%	请求馆数量/家	服务馆数量/家
文献传递	858 194	774 140	90.21	569	36
馆际互借	8 352	6 051	72.45	108	32
合计	866 548	780 191	90.03	569	39

注:统计时间截至 2014 年 12 月 31 日。

表 7-19 CASHL 馆际互借与文献传递总体情况

文献类型	请求数量/笔	满足数量/笔	满足率/%	请求馆数量/家	服务馆数量/家
期刊论文	849 885	768 837	90.46	565	22
图书	15 182	10 672	70.29	281	36
会议论文	244	114	46.72	81	13
学位论文	600	244	40.67	126	15
专利	19	9	47.37	17	9
标准	26	12	46.15	16	8
科技报告	20	10	50.00	16	3
其他	572	293	51.22	82	16

注:按文献类型统计,截至 2014 年 12 月 31 日。

表 7-20 2014 年 CASHL 成员馆使用 TOP 20

成员馆名称	新增用户数/个	发出请求数/笔
四川大学图书馆	506	2 850

成员馆名称	新增用户数/个	发出请求数/笔
西华师范大学图书馆	28	2 774
云南师范大学图书馆	176	2 744
吉林华桥外国语学院图书馆	191	2 714
郑州大学图书馆	47	2 361
中南财经政法大学图书馆	111	2 357
河南师范大学图书馆	35	2 355
北京师范大学图书馆	418	1 825
中国社会科学院图书馆	26	1 419
南开大学图书馆	140	1 167
成都大学图书馆	2	1 156
贵州师范大学图书馆	145	1 034
黑龙江大学图书馆	8	947
西南财经大学图书馆	254	933
天津师范大学图书馆	199	905
渤海大学图书馆	13	835
内蒙古民族大学图书馆	17	817
吉林化工学院图书馆	1 089	750
西北民族大学图书馆	132	744
南京师范大学图书馆	68	730

7.2.3 外文资源集团采购

高校图书馆数字资源集团采购工作作为 CALIS 最先开展的一项服务,于 1997 年起步,并且取得了有目共睹的成绩。2010 年 5 月,在 CALIS 第八届引进数据库培训周大会上,高校图书馆数字资源采购联盟(www.libconsortia.edu.cn)正式成立,启动运行,并发布联盟章程、工作规范和工作主页。至此,高校引进资源集团采购的组织工作正式由 CALIS 移交至高校图书馆数字资源采购联盟。

DRAA 宗旨为"团结合作开展引进数字资源的采购工作,规范引进资源集团采购行为,通过联盟的努力为成员馆引进数字学术资源,谋求最优价格和最佳服务"。各高校图书馆、其他图书情报机构在了解DRAA 联盟后,根据自身意愿,自主决定是否参加联盟组织的数字资源集团采购。联盟成员需接纳联盟章程,享有成员馆的各项权利,同时应履行成员馆义务。

"DRAA 门户"以采购方案为索引,以资源百科为支撑,管理监督集团采购全过程,探索高效准确的资源统计与评估服务,新增了资源培训平台,建立起"多方协作、共建共享"的综合多元在线平台。为加快引进资源的规范化管理,为成员馆提供更加优质的服务,2013 年 6 月,DRAA 数字资源"在线采购"工作全面启动,传统手工模式的集团采购工作在历史篇章中圆满画下句号,联盟的发展迈出了大胆前进的一步。在线采购优化了传统的采购流程,极大地提高了资源采购的效率。截至2014 年,DRAA 共发展了 570 多家成员馆,集团采购了 134 个数据库。2014 年是高校集团采购工作的第十八年,图 7-1、图 7-2、表 7-21、表 7-22、表 7-23、表 7-24、表 7-25、表 7-26 分别通过集团采购数量、类型、用户数等各项统计展示 DRAA 的工作成果。

图 7-1　DRAA 历年组团采购数据库数量

2014 年度总共组团采购了 134 个各类外文数据库。

230

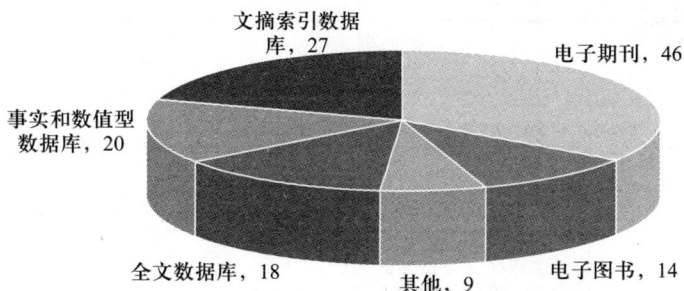

图 7-2   2014 年度集团采购的数据库数量和类型统计

表 7-21   2014 年度 DRAA 集团采购的电子期刊及其用户数量

序号	资源类型	用户数/个
1	Springer 电子期刊	494
2	Elsevier ScienceDirect	280
3	Wiley Online Library	203
4	ACS 数据库	184
5	IEEE/IET Electronic Library	163
6	ACM Digital Library	151
7	Nature 全文数据库及研究月刊/评论月刊	149
8	APS 全文电子期刊数据库	132
9	Science Online	132
10	ASME 数据库	120
11	ASCE 数据库	117
12	Journal Storage	108
13	AIP 全文电子期刊及会议录数据库	101
14	IOP Publishing Journals	100
15	RSC 英国皇家化学学会期刊及数据库	100
16	Oxford Journals Collection	98
17	SIAM E-journals Package	74
18	Emerald 全文期刊库	71
19	OSA E-journals	68
20	Cambridge Journals Online	68
21	SAGE 现刊数据库	67
22	PNAS 数据库	60

序号	资源类型	用户数/个
23	LWW 医学全文期刊数据库	59
24	Taylor & Francis 期刊数据库	58
25	Frontiers 系列期刊	50
26	SPIE Digital Library	40
27	British Medical Journals	35
28	AGU 美国地球物理学会数据库	28
29	Project MUSE E-journal	26
30	Cell Press	26
31	AIAA 美国航空航天学会数据库	24
32	IMechE Journals Collection	23
33	Thieme E-journals	23
34	Begell Digital Library	21
35	American Society for Microbiology	21
36	ASTM SEDL	20
37	Karger 医学电子期刊	20
38	Periodicals Archive Online	17
39	Project Euclid	15
40	BioOne 数据库	11
41	SAE 国际汽车工程师学会数据库	11
42	IWA 数据库	10
43	F1000Prime 数据库	9
44	Informa Healthcare 电子期刊	7
45	IET Digital Library	5
46	Landes Bioscience journal 数据库	4
	总计	3 603

表 7-22　2014 年度 DRAA 集团采购的电子书及其用户数量

序号	资源类型	用户数/个
1	Springer 电子图书	149
2	World eBook Library	31
3	Library 电子图书	21
4	Karger 医学电子书	17

序号	资源类型	用户数/个
5	Early English Books Online	15
6	Eighteenth Century Collection Online	15
7	Emerald 电子系列丛书	13
8	Safari Tech Books Online	11
9	Thieme e-Book Library	10
10	Oxford Medicine Online	9
11	酶学方法（METHODS IN ENZYMOLOGY）	7
12	Oxford Reports on International Law	3
13	Investment Claims	3
14	Landes Bioscience 电子图书	1
	总计	305

表 7-23　2014 年度 DRAA 集团采购的全文数据库及其用户数量

序号	资源类型	用户数/个
1	Business Source Premier	410
2	Academic Search Premier	406
3	Business Search Complete	98
4	Academic Search Complete	95
5	Westlaw International	76
6	Lexis.com 律商联讯法律数据库	48
7	ProQuest Biology Journals	42
8	ProQuest Agriculture Journals	35
9	TWS 台湾学术期刊在线	29
10	ProQuest ABI/INFORM Complete	27
11	LexisNexis® Academic 学术大全数据库	27
12	ProQuest Research Library	25
13	PHMC/PML	18
14	EBSCO 食品科学全文数据库	16
15	H. W. Wilson 数据库	14
16	EBSCO 环境科学全文数据库	9
17	ProQuest Science Journals	8
18	Morgan & Claypool 综述文集数据库	4
	总计	1 387

表 7-24　2014 年度 DRAA 集团采购的文摘索引数据库及其用户数量

序号	资源类型	用户数／个
1	Web of Science-SCIE	223
2	Engineering Village Compendex	210
3	CPCI 会议录引文索引	131
4	SciFinder Academic	130
5	JCR Web	122
6	Web of Science-SSCI	111
7	OCLC FirstSearch 基本组数据库包	82
8	Essential Science Indicators	78
9	PQDT B	63
10	Inspec	52
11	CSCD 中国科学引文索引	47
12	Derwent Innovations Index	47
13	InCites	41
14	Biosis Previews	37
15	Web of Science-A&HCI	33
16	AGRICOLA Database	32
17	ProQuest Cambridge Science Abstract	32
18	AGRIS Database	32
19	CAB Abstracts database	31
20	PQDT A	26
21	Scopus	24
22	Reaxys	18
23	MICROMEDEX 临床暨循证医药学数据库	15
24	BIOSIS Citation Index	15
25	FSTA 数据库	15
26	EBSCO 园林园艺索摘数据库	5
27	Thomson Innovation	2
	总计	1 654

表 7-25　2014 年度 DRAA 集团采购的事实和数值型数据库及其用户数量

序号	资源类型	用户数／个
1	Encyclopaedia Britannica Academic	94
2	INFOBANK 高校财经数据库	89

序号	资源类型	用户数/个
3	Gale 文学资源中心	36
4	Gale 人物传记资源中心	24
5	Springer Protocols	20
6	International Monetary Fund	16
7	Gale 商业资源中心（精要版/增强版）	15
8	Best Practice	14
9	Clinical Evidence	13
10	Gale 历史资源中心	12
11	SpringerMaterials	12
12	Oxford English Dictionary	12
13	Emerging Markets Information Service	11
14	OECD	10
15	World Bank	8
16	Jane's 军事装备与技术情报中心数据库	7
17	马克斯·普朗克国际公法百科全书	4
18	Gale GREENR 数据库	4
19	Oxford Language Dictionaries Online	3
20	Oxford Dictionaries Online	1
	总计	405

表 7-26　2014 年度 DRAA 集团采购的其他数据库及其用户数量

序号	资源类型	用户数/个
1	NoteExpress	293
2	PQDT 博硕士论文全文数据库	226
3	OCLC CAMIO 艺术博物馆在线数据库	34
4	PressDisplay 报纸数据库	18
5	Innography 高端专利分析数据库	13
6	Oxford Music Online	10
7	Ulrich's Periodicals Directory	7
8	Oxford Art Online	6
9	ASP 学术视频数据库	3
	总计	610

注："其他数据库"包括书目数据库、多媒体数据库、软件数据库、报纸和学位论文。

7.2.4 应用软件共享

为快速提高高校图书馆的馆际资源共享能力和数字图书馆建设进程,降低共享 CALIS 的门槛,CALIS 三期利用云计算技术构建了"软件即服务(SaaS)"平台,建立了多级"云服务"平台,将文献资源共享拓展到了设备、软件、人员、知识等更多层面的共享,向高校图书馆提供应用软件云服务;或帮助各类图书馆联盟搭建联盟级(CALIS 称其为共享域)SaaS 平台,向联盟成员提供应用软件云服务。

CALIS 共享域级云服务平台为共享域中的成员提供了以统一认证为基础的软件租用服务,包括馆际互借与文献传递、虚拟参考咨询、统一数据交换(用于支持成员馆与 CALIS 或联盟中心系统进行数据自动交换)、特色数据库,并且提供能整合这些服务的共享域门户。CALIS 成员馆无需购买设备和软件,也不用配备系统管理员,通过申请即可使用 CALIS 应用软件云服务,搭建自己的数字图书馆或馆际共享的应用系统环境,开展数字图书馆建设,获取馆外资源共享服务或向其他成员馆提供共享服务。

CALIS 云服务平台有效地带动了中小型图书馆的发展,提升了其服务能力。截至 2014 年年底,共有 1 207 所内地高校、1 所澳门高校和 1 个联盟(五星联盟)租用了 CALIS 云平台服务。统一认证、馆际互借等多套主流应用系统部署馆均超过 1 250 余家,全国租用的软件总量为 4 857 套。CALIS 应用系统租用情况及高校馆或机构租用 CALIS 应用软件情况如表 7-27、表 7-28 所示。

表 7-27 CALIS 应用系统租用情况统计

租用软件名称	成员馆租用数量/次	联盟租用数量/次	共享域中心租用数量/次	小计/次
CALIS 统一用户认证系统	1 281		42	1 323
CALIS 馆际互借与文献传递系统	1 215		42	1 257
CALIS e 读学术搜索	457	1	41	499
CALIS 统一交换系统	592		28	620

租用软件名称	成员馆租用数量/次	联盟租用数量/次	共享域中心租用数量/次	小计/次
CALIS 虚拟参考咨询系统	1 046		37	1 083
CALIS 特色库系统	55		20	75
合计	4 646	1	210	4 857

注:统计时间截至 2014 年 12 月底。

表 7-28　高校馆及其他类型图书馆、机构(不含联盟)租用 CALIS 应用软件情况

单位:所

省、自治区、直辖市	普通高校(含民办)				其他高校	小计
	985/211	普通本科	高职高专	独立学院		
安徽	3	4	0	0	2	9
北京	22	24	7	2	10	65
福建	2	23	24	2	1	52
甘肃	1	5	0	0	0	6
广东	4	32	17	5	5	63
广西	1	24	17	1	3	46
贵州	0	18	7	1	1	27
海南	1	6	9	0	1	17
河北	0	18	3	2	5	28
河南	1	23	3	1	6	34
黑龙江	4	27	14	0	2	47
湖北	7	43	31	4	4	89
湖南	4	28	13	1	0	46
吉林	3	28	17	5	2	55
江苏	11	34	28	0	9	82
江西	1	12	0	0	2	15
辽宁	4	36	5	0	2	47
内蒙古	1	12	8	1	4	26
宁夏	1	5	4	1	0	11
青海	1	2	1	0	1	5
山东	2	47	34	5	6	94
山西	1	13	0	0	0	14
陕西	8	15	1	2	3	29

省、自治区、直辖市	普通高校(含民办)				其他高校	小计
	985/211	普通本科	高职高专	独立学院		
上海	10	19	7	0	3	39
四川	5	20	6	4	1	36
天津	3	17	19	10	4	53
西藏	1	2	0	0	1	4
新疆	2	11	0	0	0	13
云南	1	13	0	1	0	15
浙江	1	32	36	5	6	80
重庆	2	15	8	2	3	30
澳门	0	1	0	0	0	1
合计	108	609	319	55	87	1 178

7.2.5 其他合作共享情况统计

7.2.5.1 CADAL 项目资源建设情况

高校图书馆数字资源加工的合作建设主要通过 CADAL(China-America Digital Academic Library)项目开展。CADAL 集结了国内外多家高校图书馆或图书情报机构,进行文献资源的数字化加工与共享。CADAL 项目自建设以来,拥有良好的资源基础并得到国内外图书馆的大力支持。目前为止,已有 64 家国内高校图书馆、5 家美国高校图书馆和 16 家印度图书馆机构加入 CADAL 数字资源建设项目中,截至 2014 年 2 月 27 日,CADAL 项目资源入库已达到 2 748 688 件(册),其中包括民国、现代期刊,中文报纸,古籍,民国图书,现代图书,外文图书,光盘,学位论文,科技报告,图形图像,音视频等。如表 7-29、表 7-30 所示。

表 7-29 CADAL 项目资源合作建设入库数量统计

类型	截至 2014 年 2 月底入库总量(册/件)	备注
民国期刊	156 433	
现代期刊	3 134	
中文报纸	198 909	

类型		截至 2014 年 2 月底入库总量（册/件）	备注
古籍		236 581	
民国图书		173 836	
现代图书	普通图书	693 943	
	少数民族文献	8 068	
	地方志	17 404	
	敦煌经卷（缩微）	763	
	小计	720 178	
外文图书		767 059	
随书光盘		54 157	
科技报告		47 551	
民国学位论文		1 924	
现代学位论文		166 925	
侨批		50 064	
满铁		13 410	
图形图像	医学切片	63 224	
	油画	12 101	12 141
	国画	17 257	24 879
	书法	2 599	14 646
	皮影	11 647	11 647
	门神图片	231	
	小计	107 059	
音视频		50 468	
合计		2 748 688（册/件）	

注：统计时间截至 2014 年 2 月 27 日。

表 7-30　CADAL 数字资源加工的主要合作伙伴

中国（64 家）		
清华大学图书馆	北京大学图书馆	吉林大学图书馆
西安交通大学图书馆	浙江大学图书馆	复旦大学图书馆
南京大学图书馆	武汉大学图书馆	中山大学图书馆
四川大学图书馆	上海交通大学图书馆	北京师范大学图书馆
华中科技大学图书馆	景德镇陶瓷学院图书馆	中国人民大学图书馆
中国农业大学图书馆	厦门大学图书馆	暨南大学图书馆
华南理工大学图书馆	北京交通大学图书馆	华东师范大学图书馆
同济大学图书馆	兰州大学图书馆	北京大学医学图书馆

中国(64 家)		
中国海洋大学图书馆	重庆大学图书馆	山东大学图书馆
苏州大学图书馆	南昌大学图书馆	陕西师范大学图书馆
内蒙古大学图书馆	井冈山大学图书馆	河南大学图书馆
湖南大学图书馆	中央美术学院图书馆	广西大学图书馆
云南大学图书馆	南京农业大学图书馆	浙江师范大学图书馆
华中师范大学图书馆	汕头大学图书馆	青海师范大学图书馆
东北师范大学图书馆	东南大学图书馆	新疆师范大学图书馆
西北农林科技大学图书馆	中央广播电视大学图书馆	浙江大学城市学院图书馆
中国民航飞行学院图书馆	华南师范大学图书馆	西南交通大学图书馆
新疆农业大学图书馆	电子科技大学图书馆	西藏大学图书馆和现代教育技术中心
西北工业大学图书馆	中国美术学院图书馆	北方民族大学图书馆
河北师范大学图书馆	上海师范大学图书馆	西南政法大学图书馆
石河子大学图书馆	哈尔滨工业大学图书馆	浙江理工大学图书馆
宁波大学图书馆		
美国(5 家)		
卡内基-梅隆大学	UIUC	IA
哈佛燕京	哥伦比亚大学	
印度(16 家)		
印度科学院(班加罗尔)	教育研究网(德里)	安那大学
阿鲁密工程学院	果阿大学	印度天体物理学院
印度信息技术学院(阿拉哈巴德)	国际信息技术学院(海得拉巴)	Kanchi Mutt
马哈拉施特拉邦工业发展合作组织	旁遮普技术大学	Shanmugha 科技艺术研究院
Sringeri Mutt	海得拉巴省城市中心图书馆	印度神祈巴拉吉的神殿
浦那大学		

7.2.5.2 CASHL 文科专款图书历年采购情况统计

CASHL 历年文科专款图书采购数量如表 7-31 所示。

表 7-31 历年文科专款图书采购数量

单位:种

年份	2008 年	2009 年	2010 年	2011 年	2012 年	2013 年	2014 年
文专图书采购	22 448	29 482	41 102	41 470	47 901	45 234	40 064

7.2.5.3 CALIS e 读

CALIS e 读学术搜索为实现对全国高校丰富的纸本和电子资源的全面搜索与发现,构建了包括期刊、学位论文、普通图书、工具书、年鉴、报纸等资源的元数据联合仓储作为数据基础。通过 CALIS 自身建设与对外合作,截至 2014 年 12 月底,元数据联合仓储中可检索的书目元数据量达 2.41 亿条,包括 883 家图书馆的馆藏数据 4.3 亿条。CALIS e 读学术搜索资源分类统计如表 7-32 所示。

表 7-32　CALIS e 读学术搜索资源分类统计

资源类型	书目元数据量/条
图书	13 867 385
中文期刊	18 492
中文期刊文章	59 593 304
外文期刊	110 688
外文期刊文章	88 356 495
学位论文	4 661 361
工具书	2 733
工具书条目	10 700 627
年鉴	6 610
年鉴条目	6 022 574
报纸文章	58 008 009
合计	241 348 278

7.2.5.4 CALIS 外文期刊目录

CALIS 外文期刊网是全面揭示国内高校外文期刊的综合服务平台,为用户提供一站式期刊和文章检索及全文链接服务。2014 年度共收录 13.5 万多种纸本期刊和电子期刊,新增外文期刊目次约 1 835 万条,目次总量约 1.05 亿条。提供 160 多个全文数据库、30 个文摘数据库的链接,管理 290 多家图书馆的馆藏纸本期刊信息和 508 家图书馆的馆藏电子期刊信息。截至 2014 年年底,成员馆数量达到 1 156 家。

资料数量统计及使用 CCC 成员馆的数量如图 7-3、图 7-4 所示。

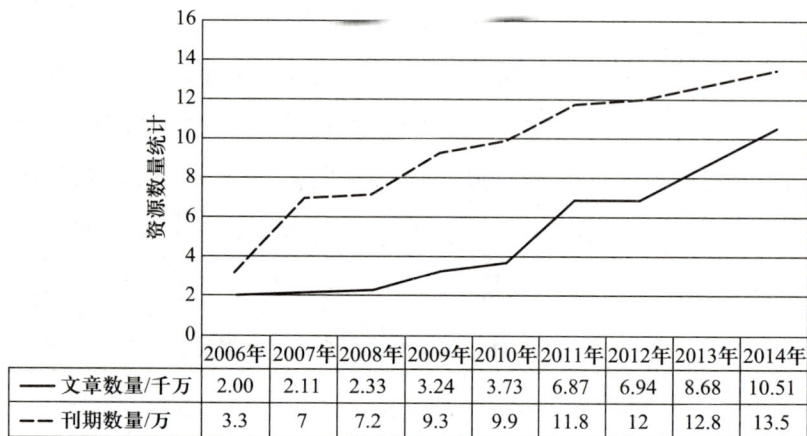

	2006年	2007年	2008年	2009年	2010年	2011年	2012年	2013年	2014年
—— 文章数量/千万	2.00	2.11	2.33	3.24	3.73	6.87	6.94	8.68	10.51
- - - 刊期数量/万	3.3	7	7.2	9.3	9.9	11.8	12	12.8	13.5

图 7-3　2006—2014 年资源数量统计

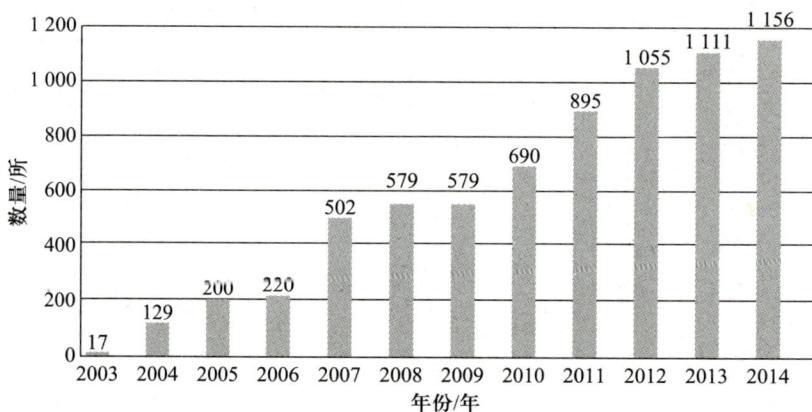

图 7-4　2003—2014 年使用 CCC 成员馆的数量

7.2.5.5　古籍

"高校古文献资源库"是 CALIS 二期专题特色库项目之一,于 2006 年 6 月初步建成。后得到 CALIS 三期项目的大力支持,成为 CALIS 三期的重点建设项目之一。截至 2014 年 12 月底,数据库收录了北京大学、南京大学、四川大学、北京师范大学、清华大学、复旦大学、中国人民大学、内蒙古大学、香港中文大学、澳门大学等 24 所高校图书馆的古籍

242

与舆图,包含元数据 64 万余条、书影 23 万余幅、电子书 8.35 万册,成为世界上规模最大的中国古籍书目数据库之一,同时建立了多项相关标准规范,以及基于云计算基础的著录系统、发布系统、中心式共享服务平台,并试验性开展了古籍文献传递服务,开创全国古籍文献传递先河,为解决古籍的保护和利用之间的矛盾提供可以借鉴的方法。

7.2.5.6 学位论文

CALIS 学位论文中心服务系统面向全国高校师生提供中外文学位论文检索和获取服务。博硕士学位论文数据逾 384 万条,其中中文数据约 172 万条,外文数据约 212 万条,有近 76 万篇论文提供前 16 页试读。包含 CADAL 学位论文以及 PQDT 与 NDLTD 的外文学位论文。与此同时,CALIS 学位论文中心服务系统以合作建设、资源共享为目的,为读者提供全文传递服务。

第8章 高校图书馆发展趋势

本章反映了国内高校图书馆在技术、服务、管理、人才、合作共享等方面的发展状况，并从技术发展趋势、服务发展趋势、管理体制创新、人才队伍建设、合作与共享联盟五个方面进行宏观分析，得出相关结论。其中包括对图书馆技术应用、系统更新、智能化发展、服务规范化、服务个性化、服务泛在化、管理理念创新、管理机构改革、管理手段升级、人才队伍特征、人才队伍培养、图书馆联盟等方面的分析。

8.1 技术发展趋势

信息技术是高校图书馆各项功能与服务得以实现的基础。一方面，信息技术为图书馆发展提供了技术手段，深刻地改变了图书馆的信息环境和运行管理模式；另一方面，对信息技术的应用和管理已成为现代图书馆工作的重要组成部分。在当今信息技术指数级发展的情况下，高校图书馆技术发展有了新的背景和动力。首先，"云物移大智"①等新技术的探索与应用为图书馆的发展带来了新的机遇。"云计算""物联网射频识别""移动互联网"等技术的应用使人们随时随地利用图书馆成为可能，要求图书馆有新的信息技术应用理念和管理战略。其

---

① "云物移大智"是当今影响信息技术和信息产业发展的五个要素，即云计算、物联网、移动互联网、大数据、智慧城市。另有一种说法为"几智修五"，由 2013 年 8 月召开的中国互联网大会提出，将大数据、智能化、移动互联网和云计算作为产业互联网的重要技术载体和推动力。

次,图书馆业务的深化和服务的扩展要求相关信息技术的支持。目前图书馆服务向以数据为中心的实证型、密集型、创新型服务方式转化,对数据管理、数据分析、知识组织和知识发现等技术的应用需求空前提高。最后,用户的个性化需求推动图书馆技术的不断创新。高校图书馆用户的学习理念和使用习惯正随着信息技术的发展而更新改变,对个性化服务如移动学习平台、图书推荐、互动交流、虚拟化学习研讨等的需求日渐强烈,使精致高效的服务质量和更加满足用户需求成为技术发展的驱动力。总体看来,信息技术的发展推动着高校图书馆的全面变革,重构着高校图书馆的生态系统,其技术发展呈现出以下几个主要的趋势。

8.1.1 技术应用更加广泛

图书馆信息化进程的加快表现在技术支持直接影响图书馆工作业务的各个环节。刘炜和周德明分析了与图书馆行业未来十年的发展较为相关的技术和应用领域,包括服务相关技术、行业性应用技术、资源组织技术、应用系统和与图书馆新形态相关的技术应用五大类共计 35 项新兴技术,如表 8-1 所示。《新媒体联盟地平线报告(2015 图书馆版)》列出了专家组认定的未来五年内影响图书馆技术规划和决策制

表 8-1 图书情报相关的新兴技术应用

服务技术	行业应用	资源组织	应用系统	图书馆新形态
iBeacon NFC RFID 二维码 位置服务 3D 打印服务 BYOD 游戏化 SNS 微博 微信 智能参考问答	云计算 WEB APP 移动 APPS 应用 HTML5	RDA SKOS 本体 关联数据 书目框架 大数据 内容分析 替代计量学	发现系统 数字阅读平台 数字人文与 e-Science 下一代图书馆 自动化系统 电子书 数据服务	无人图书馆 移动图书馆 智慧图书馆 全自动密集书库 创客空间

定的六项技术,如表8-2所示。从以上内容中可以看出,信息技术应用几乎涉及了现代图书馆的方方面面,从资源组织、应用系统、信息服务、用户交互、行业应用、图书馆内部管理到图书馆跨界联盟的建立和运作。

表8-2　新媒体联盟2015年所追踪的主要技术

消费者技术	学习技术	数字策略	使能技术
3D视频 无人机 电子出版 自我量化 机器人学 平板电脑 可穿戴技术	自适应学习技术 数字徽章 学习分析 移动学习 在线学习 开放许可 虚拟远程实验室	自带设备 翻转课堂 智能定位 创客空间 保存/保护技术	情感计算 电震动 弹性显示器 机器学习 蜂窝网络 移动宽带 自然用户界面 近距离无线通信 新一代电池 开放硬件 语音对语音翻译 虚拟助手 无线电源
社交媒体技术	网络技术	可视化技术	
众包 网络身份 社交网络	文献计量学和引用技术 云计算 网络对象 语义网和键连资料 联合工具	3D打印 增强现实 信息可视化 全息显示	

8.1.2　技术系统的集成发展

高校图书馆为实现其服务功能与工作任务所借助的技术系统是各种技术手段和技术制度的高度集成。随着信息技术被普遍应用到图书馆工作的各个环节,图书馆技术系统实现了快速的自我更新和高度集成。将计算机技术、网络通信技术、物联网技术等融合构建集成性图书馆技术系统,是实现集成服务的基础。以图书馆集成管理系统 ILS (Integrated Library System)[1]为例,从传统的 ILS 系统到数字图书馆时

---

① 集成管理系统 ILS(Integrated Library System),产生于20世纪80年代初,伴随机读目录出现,单一功能的系统逐渐发展成为各个功能模块已相当成熟的集成管理系统,主要致力于图书馆内部馆藏管理和本机构内读者的管理。

代,对 ILS 系统进行功能拓展、内容丰富、界面优化和增强交互,ILS 系统的集成性、可用性和用户体验也在不断提升,可实现书目信息快速查找与定位、语义检索和导航、用户标注和互动等多种功能。在未来的发展过程中,图书馆的技术集成趋势将更加明显,总体上主要包括信息技术基础(设施及其结构)、信息技术功能(服务)以及图书馆业务应用三个层面的技术集成。这意味着图书馆将不断开发和应用新的技术集成管理模型,优化基于信息技术集成的综合管理架构和管理模式,以实现基于集成效能的服务增值和更加满意的用户体验。

8.1.3 智能图书馆技术的探索

智能图书馆是从传统图书馆、数字图书馆等概念和实践中逐步演化出来的一个新概念,也是新一代图书馆发展的方向,是"智能技术+图书馆建筑+数字图书馆",通过信息物理系统(CPS,Cyber-Physical Systems)来实现智能化的服务和管理。为实现高校图书馆提供智能化感知、环境、管理、服务和体验的目标,需要借助情境感知技术、传感器技术、RFID(无线射频识别)技术、语义技术等,提升图书馆环境、管理和服务以促进图书馆智能化发展。在美国图书馆协会(ALA,American Library Association)举办的"新技术在图书馆服务中的应用"优秀案例征集中,全自动触摸屏自助借还书机、手机图书馆、图书推荐工具等新技术均已在图书馆运行且效果良好。通过图书自动识别与智能续借、个性化智能信息推送、面向移动端的语义检索、可视化导航、实时交流互动等功能的实现,相关智能技术和语义技术的应用能将全面感知空间与泛在信息空间集成起来,极大地方便读者对图书馆资源的使用和精致服务的体验。不断探索发展智能图书馆相关技术及其应用是图书馆服务质量和服务水平提升的重要措施,也是高校图书馆技术发展的必然趋势之一。

8.1.4 计算技术的深入应用

随着大数据时代的到来,用户对图书馆的服务能力提出了更高的要求,这对图书馆的发展而言无疑是一种挑战。而现代图书馆的信息资源总量日益增长、数据组成结构与类型复杂多模态,体现出了大数据特征,也为计算技术的深入应用、数据资源的有效利用、智能决策支持和服务创新提供了契机。计算技术(Computing Technology)的兴起源于大数据时代对人类个体和群体行为进行精准洞察的需要,对图书馆来说,计算技术应用关注图书馆信息环境的可计算性与用户行为的可计算性。图书馆的资源数字化程度越来越高,且前所未有地支持用户产生数据(UGC,User Generated Content)。利用相关计算技术与数据分析,可实现用户导向的服务分析与设计,如发现读者的阅读倾向进而进行个性化推送;可进行动态精准化环境监测和预测,进而支持图书馆管理决策;可实现内部资源的整合与外部资源的共享,促进信息资源的精准获取和有效利用;可将感知空间数据与信息空间数据融合起来,提供全方位多元的集成式服务。计算技术的深入应用将是图书馆技术发展过程中的一个重要研究方向和应用领域。

8.1.5 个性化服务技术的推广

个性化服务是数字化服务普及的情况下,满足图书馆各类用户综合、多元或个性化的需求,提高服务质量和水平,赢得发展机遇的重要选择。早在 1999 年,美国图书馆与信息技术协会就指出信息技术应用于图书馆的七大发展趋势中,个性化服务为第一大趋势。《新媒体联盟地平线报告(2015 图书馆版)》也指出,驱动高校图书馆技术采用的一个关键近期趋势仍是提升用户体验的价值。对图书馆个性化服务的认识与实践不断发展并在图书馆信息化、数字化、智能化发展的过程中不断推进,如个性化界面与检索方式、个性化信息推送、个性化网站、个性化信息空间（学习空间、研究空间）建设等。与此同时,用户参与的服务设计理论被引入到高校图书馆实践,产生了诸如SSA(Space,Service,Assessment)、真人图书馆(Living library)、读者决策采购(Patron Driven Acquisition,PDA)、SoLoMo(Mobile+Social+Local)等新型服务理念和模式,有效提升用户的体验价值。应用数据挖掘、移动互联网、人机交互、信息可视化、群体智慧等技术,支持图书馆个性化服务和用户参与的服务设计与服务创新,是高校图书馆技术发展的又一个重要趋势。

8.2 服务发展趋势

近年来,数字技术的发展给图书馆服务带来了深刻而快速的变革。国内外一些图书馆在完善的图书馆网络、丰富的馆藏资源、舒适的馆舍环境、方便的线上资源、专业的馆员点对点服务以及免费开放、异地借还等方面,均进行了积极实践和探索,取得了理想的效果。作为高校知识中心、学习中心和交流中心的高校图书馆,在构建网络化、数字化、个性化、终身化的教育体系,建设"人人皆学、处处能学、时时可学"的学习型社会和培养大批创新人才的进程中,主要呈现出服务管理的规范且社会化、读者服务的个性且智能化、信息服务的泛在且协同化发展趋势。

8.2.1 服务管理的规范且社会化趋势

8.2.1.1 服务管理规范逐步建立

纵观全球,包括英国、美国、日本等许多国家和地区已通过设立图书馆法,对图书馆的职能、服务、经费、管理等进行详细的规定。不仅如此,很多国家还有十分完善的图书馆法律体系:专门性的图书馆法、图书馆相关法、图书馆行为规范等。例如,日本就有专门为学校图书馆而设立的《学校图书馆法》。我国在图书馆法方面作出的努力还只是刚刚开始。2015年12月,《中华人民共和国公共图书馆法(征求意见稿)》公开征求意见,对公共图书馆的设立、运行、服务等进行了明确的规定,这是我国向规范建设和管理公共图书馆所迈出的重要一步。针对高等学校图书馆事业发展需要,教育部于2015年12月31日印发了《普通高等学校图书馆规程》,它是对2002年发布的《普通高等学校图书馆规程(修订)》所进行的全面修订,可更好地指导和规范高校图书馆工作。相信未来将会有更多有效的法律法规来指导图书馆的建设与运行,使图书馆更好地为读者服务。

8.2.1.2 资源服务社会化趋势逐步增强

互联网与移动技术的发展,使图书馆服务群体不再受地域的限制,高校图书馆也将不再仅仅服务于本校读者。2004年始,美国网络搜索引擎巨头谷歌公司就开始与英、美两国的5个世界著名图书馆,即美国哈佛大学图书馆、密歇根大学图书馆、斯坦福大学图书馆、纽约公共图书馆和英国牛津大学图书馆共同筹建全球最大的网络图书馆,通过将馆藏图书电子化放到网上,使全世界用户可免费在线查询和使用,从而使图书馆的"离线"图书成为"在线"资源,吸引更多用户使用图书馆馆藏。目前,我国一些高校图书馆在建设和完善电子馆藏的同时,还注重向社会用户提供一些资源和服务,深入开展各种形式的文化活动,如举办各种形式的读书节、阅读推广,积极在社区中开展全民阅读活动等。随着社会化服务功能的不断拓展,相信未来高校图书馆的各类资源和服务都将逐步向社会开放使用。

8.2.1.3 资源服务内涵不断拓展延伸

随着图书馆"在线"资源的不断丰富完善,能够吸引读者的将不只是馆藏,还有环境。正如美国未来图书馆中心所表示的,快捷和休闲的服务理念将会体现在图书馆的空间建设上。近年来,越来越多的国内外高校图书馆注重建设信息共享空间、研讨室、休闲娱乐空间等,在改善空间的舒适度、愉悦度等方面下功夫,并且将空间和设备看成馆藏资源一样,作为可以借阅的内容提供给读者,如耶鲁大学图书馆、澳门大学图书馆、台湾清华大学图书馆等。更有甚者,瑞典一家图书馆还提供出借人员的服务,充分体现出高校图书馆资源服务的不断开放延伸趋势。

8.2.2 读者服务的个性且智能化趋势

8.2.2.1 个性化读者服务发展日渐深入

随着图书馆读者群体的快速扩展,读者需求日趋多样化,统一标准的图书馆服务将不再能够满足读者的需求。因此,不少的高校图书馆已经开始对图书馆的资源使用、服务情况、读者行为等进行大数据分析,甚至有的图书馆还对读者个人使用图书馆的行为数据进行挖掘,如厦门大学图书馆,有的通过建立图书馆智能门户网站,根据读者的个人身份特征进行资源和服务的个性化推送,如上海交通大学图书馆。数据分析的结果有助于高校图书馆对不同的读者群体进行个性化服务,向不同读者推送即时的信息和服务,从而提高读者使用图书馆的效率和用户体验。这种“以用户为中心”的服务是对图书馆传统服务的颠覆,是未来图书馆服务的新增长点。当然,未来高校图书馆对大数据的分析也许不再局限于读者使用图书馆的行为数据,还包括读者的健康状况、职业发展、教育培训等相关数据,从而为每一位读者提供量身定做的学习计划、阅读建议等。

此外,社交媒体快速发展,不仅给用户使用图书馆带来极佳的新技术体验,而且促进了微服务在国内外图书馆的良好发展,为图书馆开展营销和个性化服务提供了便利条件。如 Facebook、Twitter、YouTube 等一些知名社交媒体平台在国外图书馆界已有着极高的覆盖率,而微信、微博等社交媒体在国内图书馆界也得到了普及应用,众多的高校图书馆都建立起自己的微博主页和微信公众平台,诸如馆藏检索、座位预约、图书荐购、信息发布等服务内容均能够通过这些社交媒体得以实现。

8.2.2.2 智能化读者服务应用日渐普及

使复杂事情简单化是图书馆的服务原则，也是让图书馆成为用户乐园的关键之一，因为用户希望图书馆提供的服务简单易行且触手可及。而科技与网络技术的发展，已使得这种希望成为现实。图书馆读者服务日趋智能化，主要表现是机器主导、人为操作控制，建立了以读者为中心的服务理念。近年来，许多国内高校图书馆开始重视自助服务功能建设，如积极引进馆藏检索终端、自助复印打印机、自助借还书机、自助选座机、研讨室管理系统等设备和技术，既让读者体验到了图书馆主动简单的信息技术和服务，同时也使馆员从具体琐碎的管理事务中解放出来，提高了工作效率和服务效果。随着智能机器人在清华大学图书馆、武汉大学图书馆等为读者提供点对点的咨询服务成为现实，各类自助服务、"一站式"服务在高校图书馆的普及应用，以及智能技术与数字图书馆技术的不断融合发展，高校图书馆的智能化服务深度和水平将会迈上新台阶。

8.2.2.3 专业化读者服务提供日趋推进

现代技术与智能化服务的普及应用，使馆员从流通服务和一般咨询服务中解放出来，可以集中力量为用户进行专业化、技术化服务，一些图书馆馆员已成为嵌入式信息专员。例如，美国 Welch 医学图书馆的馆员已经成为医学团队中的一部分，将信息服务嵌入用户的工作流程中；莫纳什大学图书馆馆员作为"learning skills advisers"为各个学院提供服务；普林斯顿大学图书馆馆员为读者提供统计学、研究数据处理等方面的服务；斯坦福大学图书馆馆员为读者提供多媒体创作、可视化服务、计算机应用和现代技术等方面的帮助。未来这些细致的专业技术服务也将是我国高校图书馆需要注重发展和提供的服务内容，要求馆员在相应的专业素养和能力方面尽快提高以适应这一趋势发展的需要。

8.2.3 信息服务的泛在且协同化趋势

8.2.3.1 强调泛在化移动信息服务发展

泛在计算技术的高速发展,使图书馆的信息服务无所不在、无时不在。图书馆泛在化的核心理念是实现人类对所有知识的普遍访问,其具体目标是能够让任何用户,在任何时候、任何地点,获得任何图书馆拥有的任何信息资源。泛在化的服务彻底改变了图书馆只服务到馆读者的限制,将服务延伸到一切有用户存在的地方。它强调信息获取的全天候、即时性,强调信息获取的方便性、快捷性,强调信息良好的开放性与交互性。

为了实现图书馆泛在化信息服务目标,需要借助于移动信息服务这种现代化的技术方式和手段。我国高校图书馆的移动服务伴随着移动端和移动互联网日益发展,已从简单的短信(SMS)、彩信(MMS),发展到移动网站(WAP)、微信服务和客户端服务(APP),如北京大学图书馆、清华大学图书馆、武汉大学图书馆等开发出的本馆移动服务客户端,能同时提供多种模式的移动服务,已走在我国图书馆移动服务的最前端。美国橙郡移动图书馆通过为读者建立一个以 WAP 网站服务为主,以客户端应用程序和短信服务为辅的移动服务体系,将一般服务如馆藏检索、图书馆位置、通知发布等在网站服务中完成;将新闻、研究、求职、语言、娱乐等方面的特色服务通过网站找到指定的客户端来完成,同时图书馆与读者还通过社交媒体实现强大的交互,建立起资源分享的平台。

当前,高校中绝大多数的读者是智能手机的持有者。随着 2013 年 12 月国家工业和信息化部正式向中国的联通、电信、移动发放 4G 牌照,不仅标志着我国电信产业正式进入了 4G 时代,也标示着高校图书馆将全面迎来移动信息服务时代。高校图书馆如何通过智能手机为用户提供深层次的创新服务是未来发展的重要课题。

8.2.3.2　强调精细化科研情报服务提供

围绕用户的信息需求,近年来国内高校图书馆提供的科研情报服务归纳起来主要包括基本服务,如数据库导航、期刊导航、论文提交;特色服务,如科技查新、论文收录及被引用检索、发现服务、学科信息推送服务、个人参考文献服务、数据分析服务等。为了不断满足用户的需求,现时国外已有不少高校图书馆注重将科研情报服务贯穿于各个科研阶段,体现了科研情报服务的动态而精细化的趋势。例如,在项目申报阶段,明尼苏达大学图书馆专门为用户推送基金检索和申报渠道的相关信息;在项目开展阶段,斯坦福大学图书馆开发了社会科学数据软件,为读者提供数据访问、保存、分析等服务;在论文撰写阶段,康奈尔大学图书馆、拉夫堡大学图书馆等为用户提供引文管理服务。此外,德国尤利希研究中心图书馆还为学科评估提供了包括机构产出分析、影响力分析、国内外比较分析、科研热点分析等服务,并形成两个标准服务产品——文献计量消息和文献计量报告。前者主要是具体而简短的查询结果,如被引次数;后者则是对复杂问题的分析。新南威尔士大学图书馆提供的研究影响评估服务融合了书面报告、咨询建议、专题讨论和交流等方式,面向个人、院系和学校层面提供。澳大利亚则有50%高校的科研数据管理服务由图书馆负责。可喜的是,上述提到的一些精细化服务已在我国部分高校进行了尝试和探索。随着高校对开展科研情报服务工作的日益重视和加强,相信未来这些服务将会朝着更系统完整、更连续深入的方向发展。

8.2.3.3　强调协同化深度服务咨询

图书馆提供的常规咨询服务主要包括入馆须知、检索辅导、方位指引、数字资源使用、参考咨询等。随着读者对信息检索、学术论文发表、毕业论文撰写等深度咨询服务的需求不断增加,国内外一些高校图书馆已逐步开展了如论文写作、论文检测、专业辅导等深度咨询服务。

此外,为了给读者提供方便的咨询服务,需要馆员 24 小时跟踪并提供咨询,这对图书馆来说是个极大的挑战,尤其是当服务项目多样化之后。鉴于人力资源的限制,许多图书馆通过合作伙伴来安排数字参考服务。例如,耶稣会大学通过合作伙伴提供 24 小时的虚拟参考咨询服务,超过 2 200 个图书馆参与其中,体现了图书馆咨询服务的协同性。由于种种原因,大规模的协同合作在国内高校图书馆中还需要一段较长时间的实践,但互联网使合作变得更便捷。鉴于各图书馆在发展中都有相互取长补短的需要,因此,协同咨询服务将会是未来图书馆的发展方向。

8.3 管理体制创新

从数字时代到智慧时代的变迁过程中,高等教育脱胎换骨式发展所产生的磅礴力量,促使高校图书馆以创新的姿态,不断在转型中求发展。事实上,转型已经成为当前高校图书馆发展的必然趋势。其中,管理机构成为确保转型顺利和成功的重要保障,这便要求管理体制创新。管理体制创新是以读者服务为中心,包含理念创新、机构改革与重组、运行机制优化、组织文化营造和管理手段升级在内的一项系统工程。

8.3.1 理念创新

理念是人们对某一事物或现实的理性知识、理想追求及其所形成的观念体系,它指导人们的活动,决定行为并影响行为的结果。服务是图书馆的灵魂,服务理念是图书馆理念体系的核心,是对图书馆独特文化内涵的一种简练表达。然而,长期驻留在多数高校图书馆的"读者第一,服务至上"的服务理念过于空洞、抽象,无法指引图书馆的行动目标和发展方向,甚至阻碍图书馆的有效发展。因此,管理体制创新的第一要义便是理念创新。只有形成符合所在高校特点的、符合自身条件的、能激励馆员成长并能满足读者需求的服务理念,才能够明确发展方向、清晰服务思路。事实上,近年来取得良好发展的高校图书馆都有定位准确的理念作为指导思想,并贯穿于整个服务体系。例如,2008 年 9月,上海交通大学图书馆在全面思考转型与变革发展、认真分析读者需求的基础上,站在战略的高度,借助馆员头脑风暴的形式,集思广益,重塑了具有战略意义的全新服务理念,"资料随手可得,信息共享空间;咨询无处不在,馆员走进学科;技术支撑服务,科研推进发展"。该理念分别从馆舍内服务的便利性,馆员走出图书馆、进入院系和学科以及借助科研强化技术支撑服务三个层面,对图书馆的服务给出了定位准确、便于操作的行动准则,为推动泛学科化服务体系起到了极为重要和有效的指导作用。中山大学图书馆一贯秉承公平、开放、共享的图书馆理念,以"智慧与服务"为馆训,不断完善图书馆的服务功能,提高图书馆的服务质量。

总之,图书馆的理念要以创新为基础,既要有前瞻性和全局性,又必须切合实际、便于操作,最终引导图书馆形成具有特色的、不断追求卓越的核心服务能力和态势,达到可持续发展的目标。

8.3.2 机构改革(重组)

有了切合实际的、方向明确的理念,还必须有一套良好的管理机构来保障理念的全面、顺利落实,这就需要摒弃过去以图书馆自身业务流程为中心、以馆藏保存为核心的机构设置,通过改革或重组创建一套完整的、以读者为中心的高校图书馆组织机构。机构改革或重组具有至关重要的、决定性的意义。一方面,可以确保服务理念的贯彻落实和进一步深化创新,另一方面,又能够有效、有序协调各方面业务工作,形成良好的工作环境和积极向上的氛围。良好的组织机构是高校图书馆发展的核心保障和关键因素。近年来,有许多高校图书馆为适应读者需求变化、谋求新的发展,先后进行了全面或部分的机构改革或重组,并从中收获了成功的喜悦。

例如,上海交通大学图书馆在 2008 年进行了大刀阔斧的机构改革,将原有的 13 个部室整合为由读者服务总部、技术服务总部、行政管理总部及情报科学技术研究所组成的"三部一所"简洁结构,形成了垂直、扁平、多分馆协同的简洁管理结构,以读者为中心,有效地简化了工作流程,提升了工作协同能力。北京大学图书馆于 2015 年也进行了机构重组,拆解了以往以馆藏为核心的流通部、多媒体部,取而代之以学习支持(以本科生、研究生为对象,以支持学习为主要业务)、研究支持(以教师、高年级研究生为对象,以支持科研、决策和学术交流为主要业务)以及信息化与数据、资源建设、特色资源、综合管理与协作六个中心,外加一个古籍图书馆,以崭新的大部制结构开展读者服务。

8.3.3 运行机制优化

组织机构改革或重组,在上层建筑的高度给贯彻推行理念提供了保障。但为了最终落实理念的思想,达到高效协同运行、提升执行力的目标,还需要有一套良好的、不断优化的运行机制来保障具体业务工作的顺利推动,进而让用户切实享受到更为通畅、便捷的服务。运行机制优化的重点是,基于改革或重组后新的机构,打破传统的业务条块分割,建立科学、合理的规章制度和规范流程,减少部门业务之间的接口,加强和促进业务部门之间的沟通,提升协调运行的效率。与此同时,针对交叉业务、短期任务以及重点专项工作,建立专项工作组,形成合作团队,条块结合推进工作。

也就是说,在运行的过程中,通过有目的地、与时俱进地梳理业务流程、整合工作规范、加强协同思维,可以达到优化运行机制的目的,从而能够充分保障机构运行的制度化和规范化,在兼顾严格性和灵活性基础上,保证工作开展的延续性和一致性。

此外,常态化的工作例会制度与协同办公系统,也是确保各项工作及时沟通和持续高效推进的重要条件。无论是在图书馆的领导班子层面,还是在下属各个业务部门,以制定工作规划、协调工作、解决关键问题和总结经验教训为目标的、有效的例会制度,是上传下达、凝聚共识、督促落实、并确保业务工作良好运行的保障。另一方面,借助合适的协同办公系统,也能够帮助起到业务信息公开、及时共享和反馈掌控的积极作用。

8.3.4　组织文化建设

良好的文化与和谐氛围,是保障机构长期可持续发展的创新动力。文化的内涵博大精深,文化孕育着巨大的力量,有着持之以恒的魅力,而且,无形的文化可以塑造出有形价值。对图书馆而言,在当前形势下,培育共同的价值观念,塑造具有感召力的团队精神,树立良好的内外形象,更加具有深层次的意义。

在图书馆的文化体系中,良好的组织文化可以推动和激发积极、创新的服务,尤其是在图书馆事业处于快速发展的转型时期,组织文化建设对确保发展战略的实施起着决定性作用,而且有利于提升图书馆的核心竞争力,不断激发馆员乃至读者参与服务创新的积极性。而且,良好的组织文化还是保障图书馆有序、快速发展的润滑剂。

一般来说,在党、政、工、青、妇等各个方面的协同配合与互补保障条件下,通过建立帮助馆员提升的学习机制,培养馆员的使命感和忠诚度,强化团队精神与合作氛围,充分尊重馆员的能力和个性发展,均是营造昂扬、积极、进取的有效组织文化体系的重要方面。最终,希望通过组织文化体系的建立,让团队精神、创新精神、服务精神、奉献精神深入人心,进而顺利实现服务读者的总体目标。

8.3.5 管理手段升级

新技术的应用一直是高校图书馆的重要关注课题和实践热点。依靠先进的技术来支撑图书馆的管理和日常运维,可以为管理插上翅膀,让服务提升品质。因此,结合时代特征,积极运用新技术来升级管理手段,借助先进技术来形成合理的管理辅助或支撑系统,具有重要的价值。一方面,可以让日程管理,常规工作协调、顺畅、轻松、高效率;另一方面,又便于在运行过程中及时发现问题,快速形成解决方案;再进一步,还可以为运行机制优化、乃至机构重组等提供参考方向和依据。

管理手段升级可以优先从如下两个方面入手:数据统计平台,业务文档网络共享。

8.3.5.1 数据统计平台

在当今大数据时代和图书馆转型发展的新时期,几乎所有的业务工作均离不开数据。事实上,错综复杂的数据,如果不善加管理、合理利用,往往会制约图书馆的科学有效发展,因而,数据统计与管理也是评价图书馆整体发展水平及综合能力的重要依据。

因此,在有条件的情况下,图书馆应当建立数据统计平台,自动、实时采集来自不同服务和应用的各类"原子化"的基础数据,然后充分利用这些基础业务数据进行统计和分析。这样,既可以全面掌控工作动态、辅助业务联动、提升服务品质;同时还能够辅助简化工作流程,准确实时地按需组织发布数据,保证了数据的统一性和准确性,实现各类报表的快速一键生成,提高工作效率;此外,还可以及时发现工作中的问题,有效提高管理的科学化水平,进而提升服务质量。

8.3.5.2 业务文档网络共享

图书馆在服务过程中会产生大量的文件档案,如何有效管理好这些文档是检查评估一个图书馆管理水平的重要指标之一,也是图书馆良性发展的重要手段。在图书馆转型的快速发展过程中,伴随着服务推进、人员流动、岗位交接、对外联系和项目开展等繁务的工作,上下级之间、部门之间、团队之间的信息共享和文档交换表现出越来越重要的价值和作用,一旦出现信息不畅或者不对称现象,往往会影响到整个工作和服务的有序开展,轻则影响工作效率,重则可能导致产生矛盾、降低服务质量。

在现代技术环境下,云存储技术已经日益成熟,在保证信息安全可靠的条件下,利用 FTP(File Transfer Protocol 的英文缩写,是 TCP/IP 协议组中的协议之一。)、云盘、NAS(Network Attached Storage 的英文缩写,网络附属存储,是一种专用数据存储服务器。)存储等方式,可以非常方便地实现信息共享和文档快速传递,确保交流沟通的及时、顺畅。另一方面,借助良好的网络文档共享环境,还可以便捷地建立并积累历史档案,妥善保存历年的业务工作资料,这对图书馆的整体发展、乃至将来回溯研究都具有巨大的价值。

在信息爆炸与知识服务的时代,转型已经成为高校图书馆发展的必然趋势。越来越多的图书馆在认真思考之后,均在开始通过理念重塑、组织机构变革或重组、运行机制优化等手段来实现管理体制的创新,并以此支撑动态发展的服务体系。高校图书馆必须以更加开放的发展眼光和创新思维,不断调整和改变常规的服务模式和管理思路,只有如此,才能适应高等教育发展所赋予图书馆的使命。同时,图书馆也需要在理念体系、机构管理、业务运行与组织文化等几个重要层面,不断寻求变革与突破,加强管理体制和内涵建设,以便从被动发展模式转变为适应变化、用户驱动的主动创新体。

8.4　人才队伍建设

8.4.1　人才队伍呈现若干新特征

8.4.1.1　学历趋高,专业化特征日益凸显

随着国家经济社会发展从依靠要素驱动、投资驱动到创新驱动,高

校在整个国家创新体系中将发挥更为重要的作用。高校是知识创新的主体,而知识创新是技术创新的源泉,是一切其他创新的基础。为用户提供知识服务,是高校图书馆的核心目标和基本使命,也是高校图书馆与公共图书馆日益凸显的差异之所在。高校图书馆在国家实施创新驱动发展战略过程中,必须紧抓机遇、乘势而上,通过建立学科服务制度,培育学科服务人才,运用数据挖掘工具,对馆藏知识资源和网络知识资源进行广泛收集、深度挖掘、科学分析,为知识创新主体及时提供服务。在此根本发展趋向下,高校图书馆要能堪此大任,馆员队伍必须走专业化发展道路。

根据《普通高等学校图书馆规程》(教高〔2015〕14号)的规定,"图书馆馆员包括专业馆员和辅助馆员,专业馆员的数量应不低于馆员总数的50%。专业馆员一般应具有硕士研究生及以上层次学历或高级专业技术职务,并经过图书馆学专业教育或系统培训"。除此之外,专业图书馆馆员通常还应该具备所在学校的某一学科的知识背景,这样才能在图书馆的知识服务过程中发挥更好的作用。

《中国高校图书馆发展报告(2014年)》显示:在提交数据的644所高校图书馆中,66.4%的图书馆没有博士馆员,33.6%的图书馆有博士馆员,其中15.6%的图书馆仅拥有1名,7.3%的图书馆拥有2名,4.8%的图书馆拥有3~4名,仅5.9%的图书馆拥有博士馆员在5名及以上;10.7%的高校图书馆没有硕士馆员,89.3%的图书馆拥有在编硕士学位馆员,其中19.4%的图书馆仅拥有1~2名,21.3%的图书馆拥有3~5名,17.9%的图书馆拥有6~10名,11.2%的图书馆拥有11~16名,19.7%的图书馆拥有17人及以上。

这些数据表明硕士学历馆员正成为高校图书馆开展知识服务的生力军,硕士研究生学历馆员正成为高校图书馆引进人才的主要对象。各馆硕士研究生学历馆员人数总体上保持稳定增长。与此同时,本科学历馆员的总人数是硕士学位馆员总人数的1.93倍(2013年是2.24

倍),这表明:本科学历馆员仍是高校图书馆的主力,但其数量正在快速缩小。这表明图书馆员的学历结构正在提升,硕士研究生学历馆员将成为高校图书馆馆员的主要群体。

高校图书馆馆员队伍的专业化水平将逐渐提高,不过根据目前的发展趋势,要达到《普通高等学校图书馆规程》(教高〔2015〕14号)规定的专业馆员达到50%以上,预计需要至少10年以上的时间。这里基于以下两点判断:①我国普通高等教育的教育机构有全日制大学、学院、高等职业技术学院或职业学院、高等专科学校。除了全日制大学图书馆具有较好的人才结构外,其他院校的硕士生及高级专业技术职务的人员总计后,将在很长一段时间内难以达到50%的水平。从近些年来的招聘情况看,二本及以下的院校图书馆很难招聘到硕士及以上学历的毕业生,这不仅因为学校的层次,更因为这些学校的地理位置;②据粗略统计,40岁以下具有高级专业技术职务的馆员,绝大部分都有硕士学历,这样在统计上会有很大重复。40岁以上的非专业馆员,退休时间平均不少于10年,再加上国家开始实施延迟退休政策,高校图书馆队伍结构的优化需要一段较长的时间。

8.4.1.2 素质趋高,一专多能成为基本要求

大数据技术和云计算技术的应用、数字图书馆和智慧图书馆建设、互联网+图书馆建设、空间环境改造、对读者的阅读推广和信息素养教育、信息共享空间建设、微服务的深度发展、嵌入科研和课堂的知识服务、专利情报分析以及MOOC、iSchool、数据开放、众创空间等对图书馆发展产生了广泛而深远的影响。图书馆在迎接这些新生事物的同时,逐渐突破了图书馆原有的边界,开始实现图书馆的转型发展,展现出以馆藏资源数字化、服务内容知识化、服务手段智能化、服务模式虚拟化为基本特征的新型大学图书馆形态。

在这样的大背景下,高校图书馆如果还停留在传统的采编、流通、阅览等职能上,将无法满足读者日益多样化的信息需求、知识需求和文

化需求。另外,图书馆的各类服务之间相互交叉、融合、嬗变。这些严峻的挑战,要求高校图书馆馆员必须具备多种能力,在继续强化现有的业务技能基础上,拓展相关的业务知识和能力,朝一专多能方向发展。比如采购业务,为了能科学判断图书是否符合本校学科发展的需要,馆员须具备读者需求调查和分析能力、策划与组织能力、与院系沟通能力,对馆藏数据监测分析能力,还应该具有一定的大数据分析能力、微服务能力、采购模型的建模能力。现在一些图书馆,如安徽大学图书馆、安徽农业大学图书馆等,为更好地开展阅读推广活动,专门成立了活动与发展部、活动公关部等,这些部门的员工所应具备的能力是传统图书馆馆员无法想象的,比如包括活动组织策划能力、新媒体开发管理与运营能力、视频拍摄能力、数字音频视频编辑能力、平面设计能力、公关宣传能力、各类文体的写作能力(如书评、影评、策划方案等)。

8.4.1.3 学生馆员和外包人员成为高校图书馆人才队伍的有力补充

学生馆员在高校图书馆中发挥着日益重要的功能,如中国科技大学、南京大学、合肥工业大学、安徽大学等高校图书馆都拥有几十人上百人的学生服务团队,他们承担着诸多业务,包括图书上架、图书清理、自修室管理、图书漂流、活动组织、媒体宣传、会议室管理、新书推荐等,还承担着图书馆与教师之间沟通的桥梁,发挥着重要作用,甚至在某些馆、某些业务中发挥着基础性作用,没有学生馆员,这些业务无法开展,或开展不好。另外,一些高校馆新书加工、阅览流通、安全保障、卫生清洁等外包给其他服务机构,这些外包人员大部分也在馆内工作,也代表着图书馆服务的水平和形象。这两类人员在今后的图书馆人员队伍构成上,会呈现增多的趋向。

8.4.2 人才队伍培育方法将不断创新

适应高校图书馆转型发展的需要,图书馆馆员需要进行大力培训,增强其适应新业务、新岗位的工作能力。培育的方法可以有实践培育、科研培育、项目培育和协同培育。

8.4.2.1 实践培育

通过在现有岗位,开展新业务,不断摸索、自学或师傅带徒弟等方法,提升自身的业务能力及相关能力,或组织参观学习其他馆或其他相关业务单位、部门的经验,甚至派人去相关单位或部门定岗实习。这些参与实践、亲自动手和体验的方法,是提升能力最好,也是最快的方法。

8.4.2.2 科研培育

通过馆内或学校科研立项的方法,激励相关人员研究思考如何更好地开展业务。如为了实施 RFID(Radio Frequency Identification 的英文缩写,射频识别,俗称电子标签。)、升级现有的图书管理系统、推进纸质图书数字化等,可能都是图书馆以前没有做过的,在这种情况下,通过立项的方法,组织课题组去进行理论探索,总结其他馆的经验,可以有效地解决面临的现实问题。

8.4.2.3 项目培育

项目培育的方法在图书馆正在开始使用,如安徽大学图书馆、安徽农业大学图书馆,分别在 2016 年年初和 2015 年年底开展了此类活动,通过案例比赛的方式,将各团队的工作面向全馆和全校展示,不仅增进了图书馆部门之间的了解,也大大提升了学校相关部门对图书馆的了解。不仅如此,安徽大学图书馆还将目前面临的一些现实重大问题,设计成若干项目,采取面向全馆进行招标的办法予以实施。

8.4.2.4 协同培育

大学图书馆馆员角色多样,承担任务的类型、复杂性和难度都要大于公共图书馆。在这种情况下,馆员队伍建设不能仅限于本部门、本馆,而应该推行跨部门、跨学校、跨系统协同培育的方法。本馆内协同培育可由馆办或发展部执行,本校跨部门培育可请校办或相关部门协助,跨校的图书馆协同,可由省图工委或全国图书馆组织执行。

8.4.3　人才队伍建设将引入更多的激励制度

8.4.3.1　多途径的升迁通道

高校图书馆人才队伍建设,目前基本上只有一个通道,就是专业技术职务晋升。虽然图书馆也有行政岗位如正副馆长,但这些职位基本上也是只有高级专业技术职务人员才有机会问鼎。从众多图书馆的情况看,专业技术职务晋升这条途径十分艰难,主要表现在:①一些馆没有专业技术职务晋升机会,这不仅表现在二三本院校,甚至一些"985"高校也有此类现象,这些"985"高校图书馆虽然在全国来说表现不凡,但在本校依然是处在弱势地位,专业技术职务评审经常处在下风而难以如愿。②大部分高校图书馆虽然有专业技术职务晋升的机会,但毕竟名额有限,尤其是在中级专业技术职务晋升上,出现了"肠梗阻"的现象,大大挫伤了年轻馆员的工作积极性。建立高校图书馆人才多途径的升迁渠道迫在眉睫,一是在专业技术职务晋升上争取更多的机会,高校图书馆是服务性的学术机构,专业技术职务是一个员工能力的根本体现,也是动力最大的因素;二是在行政晋升上,将部室主任纳入行政科级体系,组织部门对其任职资历应予以承认;三是组建项目团队,对业绩表现好的馆员,让其担任团队领队和核心成员,这包括学科服务、专利服务等。

8.4.3.2　更人性化的上班制度

高校图书馆上班制度各馆不尽相同,大体上有行政班和业务班两种,业务班中的阅览流通大部分都是倒班制或轮班制。这种制度是由工作性质决定的。高校图书馆女性偏多,而且有相当多的人员已婚(配偶多是学科带头人),照顾家庭是她们的重要任务之一。这种僵化的上班制度,不利于调动馆员的工作积极性。部分高校图书馆引入了差别化的弹性工作制,对一些创新要求较高的岗位、以工作任务为导向的岗位,可以适当引入弹性上班制,不严格考勤。对按照传统上班制度执行的部门,在确保业务正常开展的前提下,也可以上下班方面采取一定的弹性制度。

8.4.3.3　更舒适安全的工作环境

工作环境是影响员工积极性的重要方面。高校图书馆从传统的闭架借阅到现在的开架借阅,图书馆员的工作环境有了较大提升。随着新一轮的空间改造,图书馆的阅读环境将有明显的改善。同时,国家"四个全面"的战略布局以及"五大发展理念"的推行,图书馆馆员对工作环境的要求将有进一步的提高,不仅对工作的温度、湿度、光照有要求,而且环境上的绿色、健康、舒适的要求将有进一步提高。2015 年 12 月 17 日,由安徽省高校图工委主办、安徽医科大学图书馆承办的"安徽省高校图书馆员职业卫生与安全专题论坛暨学术研讨会"获得与会者的共鸣。这也表明,高校图书馆工作环境的进一步改善也将势在必行。

8.4.3.4　更多地参与图书馆决策管理

在国家推进治理体系和治理能力现代化过程中,图书馆的管理必将受到影响,表现在:①图书馆应该有自己的学术委员会,该组织对图书馆专业技术职务评定、论文论著的审核、项目立项的评审以及学风问题作出决定;②图书馆成立职工代表大会,该组织可以就图书馆重大问题作出表决意见;③图书馆建立民主决策机制,重要问题的处理或认定、制度规划的出台,都应广泛征求馆员的意见。这种参与式管理可以激发馆员的工作热情,提高对组织的认同感和归属感。

8.5　合作与共享联盟发展趋势

8.5.1　出现以业务为导向的新型联盟,联盟向专业化方向发展

近几年,高校图书馆界逐渐出现一些小规模、基于特定业务发展需

要而自发形成的图书馆联盟。比如高校图书馆 RFID 技术应用联盟、学者唯一标识符联盟等。此类联盟的特点之一是通常由新技术在图书馆的应用或者图书馆服务创新所引发,单一图书馆难以解决,需要"抱团"以形成有效的影响力,进而影响产业发展,促进行业应用。比如 RFID 技术应用联盟就是为了推动 RFID 厂商统一标准,以期在图书馆获得最佳应用而成立。此类联盟的另外一个特点是联盟自发形成,规模较小,成员发展缓慢。目前,我国高校图书馆的创新服务多是出现在"985""211"高校图书馆,因而此类联盟发起馆为数通常不多,加之创新服务在其他高校图书馆推广普及速度较慢,因此联盟成员发展也相对缓慢。

8.5.2 联盟建设突破行业壁垒,向产业联盟方向发展

随着外包市场的兴起以及新的产业链和产业环境的形成,图书馆与信息服务行业、业务外包行业及相关技术支撑行业的合作愈加频繁和紧密,已经突破了传统的买卖关系,开始趋向多途径、多形式的合作。单纯的图书馆联盟已经不能有效解决图书馆创新和发展中遇到的新问题,图书馆需要组织起来施加影响,与"外部环境"互动,建立跨行业的开放协同发展体系,进而形成有利于图书馆发展和运行的"新业态"。CALIS 正在筹备建立的"协同采编联盟"积极推动高校图书馆开展与出版、发行、馆配等图书馆上游机构的合作,构建"产业链协作联盟",通过吸收高校图书馆、出版、发行、馆配等不同行业的机构,打通不同行业之间的互联互通关系,重组采编业务流程,合作建设基于"产业链数据交换"的采编一体化业务协同平台。

8.5.3 联盟服务突破系统壁垒,跨系统合作频繁

跨系统合作是联盟发展的未来方向,无论是全国性的高校图书馆联盟还是地方性的高校图书馆联盟,都在积极沟通,寻求跨系统的合作

和共享。例如 CALIS,CALIS 于 2012 年完成与国家图书馆、上海图书馆、国家科技图书文献中心(NSTL)、中国高校人文与社会科学文献中心(CASHL)、中美百万图书馆合作计划(CADAL)等国家级公共图书馆和共享机构平台的对接,建成基于全国顶级资源与服务的协同服务平台,突破了"高校图书馆联盟"的局限,接下来将通过与各省级图书馆、情报所等机构的合作,向"全国图书情报行业联盟"迈进。CALIS 还通过和北美、欧洲、日本、韩国等大学图书馆的合作,建立国际资源共享合作联盟。区域性的图书馆联盟,如宁波市数字图书馆、首都图书馆联盟、吉林省图书馆联盟、重庆市科技文献资源共享平台等也属于跨系统的图书馆合作联盟。

8.5.4 联盟业务走向精细化,特色优质服务成为联盟发展的增长点

传统的图书馆联盟业务与服务的经营和管理都略显粗放,但随着联盟建设的发展,精细化服务成为联盟业务的建设重点和演进方向。CALIS 全国中心北京大学医学部主导的医学院校联盟以 PubMed 为基础构建了文献传递服务网,通过抢单的形式,将文献传递的平均服务时间缩短到 4 小时之内,有效提升了用户满意度。CASHL 项目 2015 年起开始设立"特藏++"项目,对引进的大型特藏进行内容深度挖掘和服务研究。2015 年由武汉大学和中山大学试点对《日本外交文书》和《卫理公会传教士信件》两个大型特藏进行深度内容揭示,获得了广泛关注。

参 考 文 献

[1] Jawad Ahmad Riaz. What is information technology-Types of information technology. Retrieved 2013 from http://www. wifinotes. com/computer-networks/Types-of-information-technology. html.

[2] 刘炜,周德明. 从被颠覆到颠覆者:未来十年图书馆技术应用趋势前瞻[J]. 图书馆杂志,2015,34(1):4-12.

［3］L. 约翰逊,S. 亚当斯贝克尔,V. 埃斯特拉达,A. 弗里曼;张铁道,吴亚婕,高茜 译.《新媒体联盟地平线报告(2015 图书馆版)》[M]//奥斯汀,德克萨斯:新媒体联盟,2015.

［4］姜爱蓉. 图书馆系统的过去、现在与未来[J]. 数字图书馆论坛,2015.

［5］Nonaka. I. A. dynamic theory of organizational knowledge creation[J]. Organization Science,Vol. 5,No. 1,1994,14-37.

［6］王建新,丁家友. 情景感知系统在智能图书馆中的应用研究[J]. 图书馆杂志,2015(7).

［7］D. Lazer,A. Pentland,L. Adamic,et al. Social Science:Computational Social Science[J]. Science,vol. 323,no. 5915,2009.

［8］曹树金,罗春荣,马利霞. 论图书馆个性化服务的几个基本问题[J]. 大学图书馆学报,2005,23(6):33-39.

［9］Nancy Fried Foster. Participatary Design in Academic Libraries:New Reports and Findings[D]. Washington,DC:Council on Library and Information Resources,2014.

［10］黄宗忠. 服务是图书馆的永恒主题——兼评国外图书馆服务的新理念、新方法[J]. 图书馆论坛,2005(06):22-29.

［11］房新宁,吴悦. 从国外图书馆法发展状况谈我国图书馆法的制定[J]. 图书馆工作与研究,2012(09):20-24.

［12］邱葵. 从美国未来图书馆中心的社会趋势研究看图书馆的发展方向[J]. 图书馆论坛,2015(09):95-106.

［13］刘霞,饶艳. 高校图书馆科学数据管理与服务初探——武汉大学图书馆案例分析[J]. 图书情报工作,2013(06):33-38.

［14］龚晓婷,陈俊杰,林霞,等. 读者数据的挖掘与创意呈现——以"圕·时光"为例[J]. 大学图书馆学报,2013(06):92-96.

［15］李金波. 国外图书馆社交媒体政策及其启示[J]. 图书与情报,2014(04):1-5.

［16］张丽娟,陈越,李丽萍. 高校图书馆的智能化管理与服务——北卡罗来纳州大学图书馆带来的启示[N]. 大学图书馆学报,2015(02):26-29.

［17］张珈利. 武大图书馆虚拟馆员"小布"表现如何？［N］. 中国山版传媒商报,2015 年 6 月 16 日第 16 版.

［18］王萍,文丽,王毅. 高校图书馆延伸服务研究——以国外医学院校图书馆为例［J］. 情报资料工作,2014(06):76-80.

［19］王长宇. 中外图书馆服务泛在化的实践探索研究［J］. 河南图书馆学刊,2013(05):115-117.

［20］江波,覃燕梅. 我国移动图书馆五种主要服务模式的比较研究［J］. 图书馆论坛,2014(02):59-62.

［21］过仕明,梁欣. 国内移动图书馆服务模式发展现状与趋势调研［N］. 大学图书馆学报,2014(01):90-96.

［22］李瑞波,过仕明. 国外移动图书馆最佳实践调研——以美国橙郡移动图书馆为例［J］. 情报资料工作,2014(04):86-89.

［23］王婉. 澳大利亚高校图书馆参与科研数据管理服务研究［J］. 图书馆论坛,2014(3):130-136.

［24］鄂丽君,蔡莉静. 国外大学图书馆科研支持服务内容介绍及特点分析［J］. 图书馆杂志,2015(1):82-86,42.

［25］孙玉伟. 欧洲学术图书馆文献计量服务实践及其启示［J］. 国家图书馆学刊,2014(01):90-96.

［26］解金兰. 高校图书馆科研信息服务体系的现状与发展对策［J］. 图书馆研究,2014(2):1-7.

［27］孙晓凤. 高校图书馆参考咨询延伸服务读者需求研究——以中山大学图书馆为例［J］. 图书馆研究,2014(02):119-123.

［28］张剑. 泛在环境下图书馆参考咨询服务模式研究［J］. 图书馆,2014(01):134-135.

［29］郭晶 等. 创新型大学图书馆的变革思路与建设实践式［J］. 图书馆,200 8(12).

［30］陈进. 书香致远 思源籍府—— 上海交通大学图书馆馆史［M］. 上海:上海交通大学出版社,2013:322,301,302.

［31］中山大学图书馆简介:http://library.sysu.edu.cn/red_theme/about-us_

detail2. html[2016-02-24].

[32] 刘雅琼,肖珑. 高校图书馆用户服务的创新发展趋势研究[J]. 图书情报工作,2015(20):34-40,93.

[33] Janice M. Jaguszewski, Karen Williams. New Roles for New Times-Transforming Liaison Roles in Research Libraries [R]. http://www.arl.org/component/content/article/6/2893.

[34] 教育部. 教育部关于印发《普通高等学校图书馆规程》的通知[EB/OL]. http://www.moe.edu.cn/srcsite/A08/moe_736/s3886/201601/t20160120_228487.html.

附　　录

一、普通本科院校（含"985""211"院校）图书馆名单

北京 （65）	北京大学图书馆	清华大学图书馆	中国人民大学图书馆
	北京航空航天大学图书馆	北京理工大学图书馆	中国农业大学图书馆
	北京师范大学图书馆	中央民族大学图书馆	北京工业大学图书馆
	北京中医药大学图书馆	北京化工大学图书馆	北京外国语大学图书馆
	中央财经大学图书馆	对外经济贸易大学图书馆	北京体育大学图书馆
	北京邮电大学图书馆	中国政法大学图书馆	华北电力大学图书馆
	北京交通大学图书馆	北京科技大学图书馆	北京林业大学图书馆
	中央音乐学院图书馆	中国传媒大学图书馆	北京电子科技学院图书馆
	北方工业大学图书馆	北京第二外国语学院图书馆	北京工商大学图书馆
	北京大学医学图书馆	北京电影学院图书馆	北京联合大学生物化学工程学院图书馆
	北京服装学院图书馆	北京工商大学嘉华学院图书馆	北京联合大学应用文理学院图书馆
	华北电力大学图书馆	北京建筑大学图书馆	北京信息科技大学图书馆
	北京联合大学商务学院图书馆	北京联合大学图书馆	北京舞蹈学院图书馆
	首钢工学院图书馆	北京石油化工学院图书馆	中国医学科学院北京协和医学院图书馆
	北京物资学院图书馆	北京信息科技大学图书馆	北京语言大学图书馆
	北京邮电大学世纪学院图书馆	北京印刷学院图书馆	首都师范大学图书馆
	国际关系学院图书馆	首都经济贸易大学图书馆	外交学院图书馆
	首都体育学院图书馆	首都医科大学图书馆	中国青年政治学院图书馆
	中国矿业大学（北京）图书馆	中国劳动关系学院图书馆	中华女子学院图书馆
	中国人民公安大学图书馆	中国石油大学（北京）图书馆	北京吉利学院图书馆

北京 （65）	中国戏曲学院图书馆	中国音乐学院图书馆	北京第二外国语学院中瑞酒店管理学院图书馆
	中央美术学院图书馆	中央戏剧学院图书馆	
天津 （28）	南开大学图书馆	天津大学图书馆	天津医科大学图书馆
	北京科技大学天津学院图书馆	南开大学滨海学院图书馆	天津财经大学图书馆
	天津财经大学珠江学院图书馆	天津城建大学图书馆	天津大学仁爱学院图书馆
	天津工业大学图书馆	天津科技大学图书馆	天津理工大学图书馆
	天津农学院图书馆	天津美术学院图书馆	天津理工大学中环信息学院图书馆
	天津师范大学津沽学院图书馆	天津师范大学图书馆	天津商业大学宝德学院图书馆
	天津商业大学图书馆	天津天狮学院图书馆	天津体育学院图书馆
	中国民航大学图书馆	天津外国语大学图书馆	天津医科大学临床医学院图书馆
	天津音乐学院图书馆	天津职业技术师范大学图书馆	天津中医药大学图书馆
	天津外国语大学滨海外事学院图书馆		
河北 （32）	河北工业大学图书馆	河北大学图书馆	河北经贸大学图书馆
	保定学院图书馆	承德医学院图书馆	河北北方学院图书馆
	河北工程大学图书馆	河北科技大学图书馆	华北科技学院图书馆
	河北建筑工程学院图书馆	华北煤炭医学院图书馆	河北民族师范学院图书馆
	河北理工大学图书馆	河北师范大学图书馆	河北体育学院图书馆
	河北农业大学图书馆	中央司法警官学院图书馆	北华航天工业学院图书馆
	河北医科大学图书馆	邯郸学院图书馆	衡水学院图书馆
	廊坊师范学院图书馆	石家庄经济学院图书馆	石家庄铁道大学图书馆
	石家庄学院图书馆	唐山师范学院图书馆	唐山学院图书馆
	邢台学院图书馆	燕京理工学院图书馆	燕山大学图书馆
	河北传媒学院图书馆	中国人民武装警察部队学院图书馆	
上海 （34）	复旦大学图书馆	上海交通大学图书馆	同济大学图书馆
	华东师范大学图书馆	东华大学图书馆	上海外国语大学图书馆
	上海大学图书馆	华东理工大学图书馆	上海财经大学图书馆
	上海师范大学图书馆	上海海事大学图书馆	上海视觉艺术学院图书馆
	上海商学院图书馆	上海海洋大学图书馆	上海海关学院图书馆
	华东政法大学图书馆	上海建桥学院图书馆	上海体育学院图书馆

上海 （34）	上海第二工业大学图书馆 上海电机学院图书馆 上海电力学院图书馆 上海对外经贸大学图书馆 上海工程技术大学图书馆 上海科技大学图书馆	上海金融学院图书馆 上海理工大学图书馆 上海立信会计学院图书馆 上海杉达学院图书馆 上海师范大学天华学院图书馆	上海戏剧学院图书馆 上海音乐学院图书馆 上海应用技术学院图书馆 上海政法学院图书馆 上海中医药大学图书馆
江苏 （64）	南京大学图书馆 南京理工大学图书馆 南京农业大学图书馆 南京航空航天大学图书馆 常州大学图书馆 南京邮电大学图书馆 南京工业大学图书馆 江苏大学图书馆 淮海工学院图书馆 盐城工学院图书馆 扬州大学图书馆 淮阴工学院图书馆 南京林业大学图书馆 南京工程学院图书馆 南通大学图书馆 南京医科大学图书馆 徐州医学院图书馆 江苏师范大学图书馆 常州工学院图书馆 江苏科技大学南徐学院图书馆 南京工业大学浦江学院图书馆 南京师范大学中北学院图书馆	东南大学图书馆 中国矿业大学图书馆 中国药科大学图书馆 江南大学图书馆 苏州科技学院图书馆 淮阴师范学院图书馆 盐城师范学院图书馆 南京晓庄学院图书馆 泰州学院图书馆 江苏理工学院图书馆 南京财经大学图书馆 南京审计学院图书馆 江苏警官学院图书馆 南京森林警察学院图书馆 南京体育学院图书馆 南京艺术学院图书馆 金陵科技学院图书馆 徐州工程学院图书馆 扬州大学广陵学院图书馆 南京医科大学康达学院图书馆 苏州大学文正学院图书馆	苏州大学图书馆 河海大学图书馆 南京师范大学图书馆 江苏科技大学图书馆 常熟理工学院图书馆 三江学院图书馆 宿迁学院图书馆 西交利物浦大学图书馆 南京信息工程大学图书馆 南通理工学院图书馆 南京中医药大学图书馆 南京理工大学泰州科技学院图书馆 南京师范大学泰州学院图书馆 中国传媒大学南广学院图书馆 江苏第二师范学院图书馆 东南大学成贤学院图书馆 南京大学金陵学院图书馆 南京理工大学紫金学院图书馆 南京航空航天大学金城学院图书馆 南京中医药大学翰林学院图书馆 南京邮电大学通达学院图书馆

浙江 (38)	浙江大学图书馆	浙江工业大学图书馆	温州大学图书馆
	温州医科大学图书馆	杭州师范大学图书馆	浙江警察学院图书馆
	杭州电子科技大学图书馆	中国计量学院图书馆	浙江科技学院图书馆
	浙江水利水电学院图书馆	浙江中医药大学图书馆	浙江理工大学科技与艺术学院图书馆
	湖州师范学院图书馆	中国美术学院图书馆	浙江理工大学图书馆
	嘉兴学院图书馆	浙江财经大学东方学院图书馆	浙江农林大学图书馆
	丽水学院图书馆	浙江财经大学图书馆	浙江师范大学图书馆
	宁波大红鹰学院图书馆	浙江传媒学院图书馆	浙江树人大学图书馆
	宁波大学图书馆	浙江大学城市学院图书馆	浙江工业大学之江学院图书馆
	宁波工程学院图书馆	浙江大学宁波理工学院图书馆	浙江外国语学院图书馆
	衢州学院图书馆	浙江工商大学图书馆	浙江万里学院图书馆
	绍兴文理学院图书馆	公安海警学院图书馆	浙江越秀外国语学院图书馆
	台州学院图书馆	浙江海洋学院图书馆	
福建 (23)	厦门大学图书馆	福州大学图书馆	漳州师范学院图书馆
	福建工程学院图书馆	福州外语外贸学院图书馆	莆田学院图书馆
	福建警察学院图书馆	华侨大学图书馆	泉州师范学院图书馆
	福建江夏学院图书馆	集美大学图书馆	厦门理工学院图书馆
	福建农林大学图书馆	龙岩学院图书馆	三明学院图书馆
	福建师范大学图书馆	闽江学院图书馆	武夷学院图书馆
	福建医科大学图书馆	闽南理工学院图书馆	仰恩大学图书馆
	福建中医药大学图书馆	宁德师范学院图书馆	
山东 (50)	山东大学图书馆	中国海洋大学图书馆	中国石油大学图书馆
	滨州医学院图书馆	青岛农业大学图书馆	山东青年政治学院图书馆
	德州学院图书馆	曲阜师范大学图书馆	山东师范大学图书馆
	菏泽学院图书馆	齐鲁理工学院图书馆	山东体育学院图书馆
	济南大学泉城学院图书馆	山东财经大学图书馆	山东英才学院图书馆
	济南大学图书馆	山东工商学院图书馆	山东艺术学院图书馆
	济宁学院图书馆	山东工艺美术学院图书馆	山东政法学院图书馆
	济宁医学院图书馆	山东警察学院图书馆	山东中医药大学图书馆
	聊城大学东昌学院图书馆	山东财经大学图书馆	泰山学院图书馆
	聊城大学图书馆	山东交通学院图书馆	泰山医学院图书馆
	鲁东大学图书馆	山东建筑大学图书馆	潍坊学院图书馆
	临沂大学图书馆	山东科技大学图书馆	潍坊医学院图书馆

山东 (50)	青岛大学图书馆 青岛理工大学图书馆 青岛科技大学图书馆 青岛理工大学图书馆 滨州学院图书馆	山东理工大学图书馆 山东农业大学图书馆 山东女子学院图书馆 齐鲁工业大学图书馆 青岛滨海学院图书馆	烟台大学图书馆 烟台大学文经学院图书馆 北京电影学院现代创意媒体学院图书馆 枣庄学院图书馆
广东 (62)	中山大学图书馆 华南师范大学图书馆 广东白云学院图书馆 广东财经大学图书馆 广东海洋大学图书馆 广州医科大学图书馆 广东医学院图书馆 广州中医药大学图书馆 广东药学院图书馆 韶关学院图书馆 惠州学院图书馆 韩山师范学院图书馆 岭南师范学院图书馆 肇庆学院图书馆 嘉应学院图书馆 广州体育学院图书馆 广州美术学院图书馆 星海音乐学院图书馆 广东技术师范学院图书馆 深圳大学图书馆	华南理工大学图书馆 汕头大学图书馆 广东外语外贸大学南国商学院图书馆 中山大学南方学院图书馆 广州航海学院图书馆 广东警官学院图书馆 仲恺农业工程学院图书馆 五邑大学图书馆 广东金融学院图书馆 电子科技大学中山学院图书馆 广东石油化工学院图书馆 东莞理工学院图书馆 广东工业大学图书馆 广东外语外贸大学图书馆 佛山科学技术学院图书馆 广东培正学院图书馆 南方医科大学图书馆 广东东软学院图书馆 华南理工大学广州学院图书馆 广州大学华软软件学院图书馆	暨南大学图书馆 广州大学图书馆 华南农业大学图书馆 广东财经大学华商学院图书馆 广东海洋大学寸金学院图书馆 华南农业大学珠江学院图书馆 广东技术师范学院天河学院图书馆 北京师范大学珠海分校图书馆 广东工业大学华立学院图书馆 广州大学松田学院图书馆 广州商学院图书馆 北京理工大学珠海学院图书馆 吉林大学珠海学院图书馆 广州工商学院图书馆 广东科技学院图书馆 广东理工学院图书馆 东莞理工学院城市学院图书馆 中山大学新华学院图书馆 广东第一师范学院图书馆 南方科技大学图书馆

广东 （62）	香港中文大学（深圳）图书馆	北京师范大学－香港浸会大学联合国际学院图书馆	
海南 （6）	海南大学图书馆 海南师范大学图书馆	海南医学院图书馆 海口经济学院图书馆	三亚学院图书馆 琼州学院图书馆
辽宁 （43）	大连理工大学图书馆 大连海事大学图书馆 东北财经大学图书馆 大连大学图书馆 大连交通大学图书馆 大连医科大学图书馆 辽宁对外经贸学院图书馆 辽宁科技大学图书馆 辽宁石油化工大学图书馆 沈阳大学图书馆 沈阳化工大学图书馆 沈阳理工大学图书馆 沈阳体育学院图书馆 沈阳医学院图书馆 中国刑事警察学院图书馆	东北大学图书馆 鞍山师范学院图书馆 大连工业大学图书馆 大连民族大学图书馆 辽宁医学院图书馆 辽宁工程技术大学图书馆 辽宁科技学院图书馆 辽宁中医药大学图书馆 沈阳工程学院图书馆 沈阳航空航天大学图书馆 沈阳农业大学图书馆 沈阳药科大学图书馆 中国医科大学图书馆 辽宁科技学院图书馆	辽宁大学图书馆 渤海大学图书馆 大连海洋大学图书馆 大连外国语大学图书馆 辽东学院图书馆 辽宁工业大学图书馆 辽宁师范大学图书馆 鲁迅美术学院图书馆 沈阳工业大学图书馆 沈阳建筑大学图书馆 沈阳师范大学图书馆 沈阳音乐学院图书馆 沈阳工业大学图书馆 营口理工学院图书馆
吉林 （23）	吉林大学图书馆 北华大学图书馆 东北电力大学图书馆 吉林工程技术师范学院图书馆 吉林化工学院图书馆 吉林华桥外国语学院图书馆 吉林建筑大学图书馆 吉林农业大学图书馆	延边大学图书馆 吉林师范大学图书馆 吉林体育学院图书馆 吉林艺术学院图书馆 通化师范学院图书馆 长春大学图书馆 长春工程学院图书馆 长春工业大学图书馆	东北师范大学图书馆 长春理工大学图书馆 长春师范大学图书馆 吉林财经大学图书馆 长春中医药大学图书馆 白城师范学院图书馆 吉林农业科技学院图书馆
黑龙江 （28）	哈尔滨工业大学图书馆 东北农业大学图书馆 东北石油大学图书馆 大庆师范学院图书馆 哈尔滨金融学院图书馆 哈尔滨理工大学图书馆 哈尔滨师范大学图书馆 哈尔滨商业大学图书馆 哈尔滨体育学院图书馆 哈尔滨学院图书馆	哈尔滨工程大学图书馆 哈尔滨医科大学图书馆 黑河学院图书馆 黑龙江八一农垦大学图书馆 黑龙江大学图书馆 黑龙江工程学院图书馆 黑龙江科技大学图书馆 黑龙江中医药大学图书馆 佳木斯大学图书馆	东北林业大学图书馆 黑龙江东方学院图书馆 牡丹江师范学院图书馆 牡丹江医学院图书馆 齐齐哈尔大学图书馆 齐齐哈尔工程学院图书馆 齐齐哈尔医学院图书馆 鸡西大学图书馆 绥化学院图书馆

山西 (26)	太原理工大学图书馆 晋中学院图书馆 山西财经大学华商学院图书馆 山西财经大学图书馆 山西大学商务学院图书馆 山西大学图书馆 山西农业大学图书馆 山西农业大学信息学院图书馆 山西师范大学图书馆	山西传媒学院图书馆 山西师范大学现代文理学院图书馆 山西医科大学晋祠学院图书馆 山西医科大学图书馆 山西中医学院图书馆 太原学院图书馆 太原工业学院图书馆 太原科技大学华科学院图书馆 太原科技大学图书馆	长治医学院图书馆 太原理工大学现代科技学院图书馆 太原师范学院图书馆 忻州师范学院图书馆 运城学院图书馆 中北大学图书馆 中北大学信息商务学院图书馆 长治学院图书馆
安徽 (32)	中国科学技术大学图书馆 安徽财经大学图书馆 安徽工程大学图书馆 安徽工业大学图书馆 安徽建筑大学图书馆 安徽科技学院图书馆 安徽理工大学图书馆 安徽农业大学图书馆 安徽师范大学图书馆 安徽师范大学皖江学院图书馆 安徽三联学院图书馆	安徽大学图书馆 安徽医科大学图书馆 安徽中医药大学图书馆 安庆师范学院图书馆 蚌埠医学院图书馆 巢湖学院图书馆 池州学院图书馆 滁州学院图书馆 阜阳师范学院图书馆 淮北师范大学图书馆 合肥师范学院图书馆	合肥工业大学图书馆 合肥学院图书馆 淮南师范学院图书馆 黄山学院图书馆 安徽新华学院图书馆 宿州学院图书馆 铜陵学院图书馆 皖南医学院图书馆 皖西学院图书馆 蚌埠学院图书馆
江西 (24)	南昌大学图书馆 东华理工大学图书馆 赣南师范学院图书馆 赣南医学院图书馆 华东交通大学图书馆 景德镇陶瓷学院图书馆 井冈山大学图书馆 九江学院图书馆	江西财经大学图书馆 江西科技师范大学图书馆 江西理工大学图书馆 江西农业大学图书馆 江西师范大学图书馆 江西中医药大学图书馆 南昌航空大学图书馆 南昌理工学院图书馆	南昌航空工业学院图书馆 上饶师范学院图书馆 宜春学院图书馆 萍乡学院图书馆 江西理工大学应用科学学院图书馆 江西科技学院图书馆 江西应用科技学院图书馆 南昌工程学院图书馆
河南 (37)	郑州大学图书馆 安阳师范学院图书馆 华北水利水电大学图书馆	河南大学图书馆 河南师范大学图书馆 河南中医学院图书馆	郑州成功财经学院图书馆 郑州航空工业管理学院图书馆 郑州轻工业学院图书馆

河南 （37）	黄河科技学院图书馆	洛阳师范学院图书馆	安阳工学院图书馆
	河南城建学院图书馆	南阳师范学院图书馆	黄淮学院图书馆
	河南财经学院图书馆	商丘师范学院图书馆	河南教育学院图书馆
	河南财经政法大学图书馆	许昌学院图书馆	河南科技大学图书馆
	河南农业大学图书馆	新乡学院图书馆	洛阳理工学院图书馆
	河南工程学院图书馆	新乡医学院图书馆	南阳理工学院图书馆
	河南工业大学图书馆	信阳师范学院图书馆	平顶山学院图书馆
	河南科技大学图书馆	周口师范学院图书馆	河南警察学院图书馆
	河南科学学院图书馆	中原工学院图书馆	郑州师范学院图书馆
	河南理工大学图书馆		
湖北 （58）	武汉大学图书馆	华中科技大学图书馆	中国地质大学图书馆
	华中农业大学图书馆	华中师范大学图书馆	中南财经政法大学图书馆
	武汉理工大学图书馆	武汉东湖学院图书馆	湖北大学知行学院图书馆
	湖北大学图书馆	武汉工程大学图书馆	湖北工业大学工程技术学院图书馆
	湖北工业大学图书馆	武汉轻工大学图书馆	湖北商贸学院图书馆
	湖北警官学院图书馆	武汉科技大学城市学院图书馆	汉口学院图书馆
	湖北经济学院图书馆	武汉科技大学图书馆	华中师范大学武汉传媒学院图书馆
	湖北美术学院图书馆	武汉科技学院图书馆	武汉纺织大学图书馆
	湖北民族学院图书馆	武汉生物工程学院图书馆	武汉工程大学邮电与信息工程学院图书馆
	湖北农学院图书馆	武汉体育学院图书馆	武昌工学院图书馆
	湖北汽车工业学院图书馆	武汉音乐学院图书馆	武汉科技大学城市学院图书馆
	湖北师范学院图书馆	湖北文理学院图书馆	武昌理工学院图书馆
	湖北医药学院图书馆	湖北工程学院图书馆	武汉理工大学华夏学院图书馆
	湖北中医药大学图书馆	湖北科技学院图书馆	武汉财经科技学院图书馆
	黄冈师范学院图书馆	荆楚理工学院图书馆	武汉工商学院图书馆
	湖北理工学院图书馆	湖北医药学院图书馆	文华学院图书馆
	武昌首义学院图书馆	长江大学图书馆	武汉大学珞珈学院图书馆
	江汉大学图书馆	中南民族大学图书馆	武汉工程科技学院图书馆
	武汉商学院图书馆	湖北第二师范学院图书馆	中国人民武装警察部队武汉指挥学院图书馆
	三峡大学图书馆		

湖南 (29)	湖南大学图书馆 怀化学院图书馆 湖南城市学院图书馆 湖南工程学院图书馆 湖南工学院图书馆 湖南科技大学图书馆 湖南科技学院图书馆 湖南理工学院图书馆 湖南农业大学图书馆 湖南商学院图书馆	中南大学图书馆 湖南文理学院图书馆 湖南中医药大学图书馆 衡阳师范学院图书馆 吉首大学图书馆 南华大学图书馆 邵阳学院图书馆 湘南学院图书馆 湘潭大学图书馆 中南林业科技大学图书馆	湖南师范大学图书馆 中南林业科技大学图书馆 湖南女子学院图书馆 长沙理工大学图书馆 湖南工业大学图书馆 湖南省第一师范学校图书馆 长沙师范学院图书馆 长沙学院图书馆 长沙医学院图书馆
重庆 (23)	重庆大学图书馆 四川美术学院图书馆 四川外国语大学图书馆 重庆警察学院图书馆 西南政法大学图书馆 渝州大学图书馆 长江师范学院图书馆 中国人民解放军后勤工程学院图书馆	西南大学图书馆 重庆工商大学图书馆 重庆理工大学图书馆 重庆交通大学图书馆 重庆第二师范学院图书馆 重庆科技学院图书馆 重庆师范大学涉外商贸学院图书馆 重庆师范大学图书馆	重庆三峡学院图书馆 重庆文理学院图书馆 重庆邮电大学图书馆 重庆医科大学图书馆 四川外国语大学重庆南方翻译学院图书馆 重庆人文科技学院图书馆 重庆工商大学融智学院图书馆
四川 (46)	四川大学图书馆 西南财经大学图书馆 川北医学院图书馆 成都大学图书馆 成都工业学院图书馆 成都理工大学图书馆 成都师范学院图书馆 成都体育学院图书馆 成都信息工程大学图书馆 成都医学院图书馆 成都中医药大学图书馆 乐山师范学院图书馆 四川医科大学图书馆	电子科技大学图书馆 四川农业大学图书馆 四川警察学院图书馆 四川理工学院图书馆 四川旅游学院图书馆 四川民族学院图书馆 四川工商学院图书馆 四川师范大学图书馆 四川文理学院图书馆 四川艺术大学图书馆 西昌学院图书馆 西华大学图书馆 西华师范大学图书馆	西南交通大学图书馆 宜宾学院图书馆 中国民用航空飞行学院图书馆 四川传媒学院图书馆 西南交通大学希望学院图书馆 四川天一学院图书馆 四川大学锦城学院图书馆 四川大学锦江学院图书馆 四川电影电视学院图书馆 四川工业科技学院图书馆 成都文理学院图书馆 四川外国语大学成都学院图书馆 成都信息工程学院银杏酒店管理学院图书馆

280

四川 (46)	绵阳师范学院图书馆	西南科技大学图书馆	西南科技大学城市学院图书馆
	内江师范学院图书馆	西南民族大学图书馆	西南石油大学图书馆
	攀枝花学院图书馆		
贵州 (19)	贵州大学图书馆	贵州民族大学图书馆	六盘水师范学院图书馆
	安顺学院图书馆	贵州师范大学图书馆	黔南民族师范学院图书馆
	贵阳学院图书馆	贵州师范学院图书馆	铜仁学院图书馆
	贵阳中医学院图书馆	贵州商学院图书馆	兴义民族师范学院图书馆
	贵州财经大学图书馆	贵州医科大学图书馆	遵义师范学院图书馆
	贵州工程应用技术学院图书馆	凯里学院图书馆	遵义医学院图书馆
	贵州理工学院图书馆		
云南 (18)	云南大学图书馆	云南师范大学图书馆	昆明理工大学图书馆
	楚雄师范学院图书馆	文山学院图书馆	云南艺术学院图书馆
	大理大学图书馆	西南林业大学图书馆	云南中医学院图书馆
	红河学院图书馆	云南财经大学图书馆	玉溪师范学院图书馆
	昆明医科大学图书馆	云南警官学院图书馆	昆明学院图书馆
	曲靖师范学院图书馆	云南民族大学图书馆	云南农业大学图书馆
西藏 (3)	西藏大学图书馆	西藏藏医学院图书馆	西藏民族学院图书馆
陕西 (50)	西安交通大学图书馆	西北工业大学图书馆	西北农林科技大学图书馆
	西北大学图书馆	长安大学图书馆	陕西师范大学图书馆
	西安电子科技大学图书馆	榆林学院图书馆	西安体育学院图书馆
	安康学院图书馆	西安工业大学图书馆	西安外国语大学图书馆
	宝鸡文理学院图书馆	西安航空学院图书馆	西安文理学院图书馆
	商洛学院图书馆	西安交通大学城市学院图书馆	西安外事学院图书馆
	陕西服装工程学院图书馆	西安交通工程学院图书馆	西安邮电大学图书馆
	陕西国际商贸学院图书馆	西安建筑科技大学图书馆	西安音乐学院图书馆
	陕西科技大学图书馆	西安科技大学高新学院图书馆	西安医学院图书馆
	陕西理工学院图书馆	西安科技大学图书馆	西北大学现代学院图书馆
	陕西学前师范学院图书馆	西安理工大学图书馆	西北工业大学明德学院图书馆
	陕西中医药大学图书馆	西安美术学院图书馆	西北政法大学图书馆
	渭南师范学院图书馆	西安欧亚学院图书馆	西京学院图书馆
	西安财经学院图书馆	西安培华学院图书馆	咸阳师范学院图书馆

陕西 (50)	西安财经学院行知学院图书馆	四女石油大学图书馆	延安大学图书馆
	西安翻译学院图书馆	西安思源学院图书馆	延安大学西安创新学院图书馆
	西安工程大学图书馆	西安工业大学北方信息工程学院图书馆	
甘肃 (16)	兰州大学图书馆	兰州交通大学图书馆	兰州理工大学图书馆
	甘肃农业大学图书馆	陇东学院图书馆	兰州文理学院图书馆
	甘肃政法学院图书馆	兰州大学医学院图书馆	天水师范学院图书馆
	甘肃中医药大学图书馆	甘肃民族师范学院图书馆	西北民族大学图书馆
	河西学院图书馆	西北师范大学图书馆	西北师范大学知行学院图书馆
	兰州财经大学图书馆		
宁夏 (5)	宁夏大学图书馆	北方民族大学图书馆	宁夏理工学院图书馆
	宁夏大学农学院图书馆	宁夏医科大学图书馆	
青海 (4)	青海大学图书馆	青海大学医学院图书馆	青海民族大学图书馆
	青海师范大学图书馆		
新疆 (12)	新疆大学图书馆	石河子大学图书馆	新疆财经大学图书馆
	昌吉学院图书馆	新疆教育学院图书馆	新疆医科大学图书馆
	喀什师范学院图书馆	新疆农业大学图书馆	新疆艺术学院图书馆
	塔里木大学图书馆	新疆师范大学图书馆	伊犁师范学院图书馆
内蒙古 (13)	内蒙古大学图书馆	内蒙古工业大学图书馆	内蒙古师范大学图书馆
	集宁师范学院图书馆	内蒙古科技大学图书馆	内蒙古医科大学图书馆
	赤峰学院图书馆	内蒙古民族大学图书馆	呼伦贝尔学院图书馆
	呼和浩特民族学院图书馆	内蒙古农业大学图书馆	河套学院图书馆
	内蒙古财经大学图书馆		
广西 (26)	广西大学图书馆	河池学院图书馆	南宁学院图书馆
	百色学院图书馆	广西民族师范学院图书馆	贺州学院图书馆
	桂林电子工业学院图书馆	广西民族大学图书馆	钦州学院图书馆
	桂林理工大学图书馆	广西师范大学图书馆	梧州学院图书馆
	桂林理工大学图书馆	广西师范学院图书馆	右江民族医学院图书馆
	桂林医学院图书馆	广西医科大学图书馆	玉林师范学院图书馆
	广西财经学院图书馆	广西艺术学院图书馆	梧州学院图书馆
	广西大学行健文理学院图书馆	广西中医药大学图书馆	广西教育学院图书馆
	广西科技大学图书馆	广西北族自治区经济管理干部学院图书馆	

二、高职高专院校图书馆名单

北京 （22）	北京财贸职业学院图书馆	北京电子科技职业学院图书馆	北京工业职业技术学院图书馆
	北京京北职业技术学院图书馆	北京经济管理职业学院图书馆	北京经贸职业学院图书馆
	北京交通职业技术学院图书馆	北京教育学院图书馆	北京科技经营管理学院图书馆
	北京科技职业学院图书馆	北京劳动保障职业学院图书馆	北京联合大学师范学院图书馆
	北京农业职业学院图书馆	北京培黎职业学院图书馆	北京轻工职业技术学院图书馆
	北京青年政治学院图书馆	北京人民警察学院图书馆	北京信息职业技术学院图书馆
	北京政法职业学院图书馆	北京体育职业学院图书馆	北京卫生职业学院图书馆
	北京北大方正软件职业技术学院图书馆		
天津 （27）	天津渤海职业技术学院图书馆	天津滨海职业学院图书馆	天津城市建设管理职业技术学院图书馆
	天津电子信息职业技术学院图书馆	天津城市职业学院图书馆	天津对外经济贸易职业学院图书馆
	天津工程职业技术学院图书馆	天津公安警官职业学院图书馆	天津广播影视职业学院图书馆
	天津工业职业技术学院图书馆	天津海运职业学院图书馆	天津国土资源和房屋职业学院图书馆
	天津开发区职业技术学院图书馆	天津机电职业技术学院图书馆	天津交通职业学院图书馆
	天津生物工程职业技术学院图书馆	天津轻工职业技术学院图书馆	天津青年职业学院图书馆
	天津现代职业技术学院图书馆	天津石油职业技术学院图书馆	天津铁道职业技术学院图书馆
	天津医学高等专科学校图书馆	天津冶金职业技术学院图书馆	天津艺术职业学院图书馆
	天津广播电视大学图书馆	天津中德职业技术学院图书馆	天津职业大学图书馆
河北 （60）	保定电力职业技术学院图书馆	冀中职业学院图书馆	保定科技职业学院图书馆

	保定职业技术学院图书馆	渤海石油职业学院图书馆	河北旅游职业学院图书馆
	宣化科技职业学院图书馆	承德石油高等专科学校图书馆	沧州医学高等专科学校图书馆
	沧州职业技术学院图书馆	河北劳动关系职业学院图书馆	河北公安警察职业学院图书馆
	河北工程技术高等专科学校图书馆	河北工业职业技术学院图书馆	河北化工医药职业技术学院图书馆
	河北建材职业技术学院图书馆	河北京都高尔夫职业学院图书馆	河北机电职业技术学院图书馆
	河北交通职业技术学院图书馆	河北能源职业技术学院图书馆	河北软件职业技术学院图书馆
	河北司法警官职业学院图书馆	河北省艺术职业学院图书馆	河北石油职业技术学院图书馆
	河北政法职业学院图书馆	河北职业技术学院图书馆	石家庄人民医学高等专科学校图书馆
	泊头职业学院图书馆	邯郸职业技术学院图书馆	衡水职业技术学院图书馆
河北 (60)	廊坊职业技术学院图书馆	曲阜远东职业技术学院图书馆	河北外国语职业学院图书馆
	秦皇岛职业技术学院图书馆	石家庄东方美术职业学院图书馆	河北女子职业技术学院图书馆
	石家庄工商职业学院图书馆	石家庄工程职业学院图书馆	石家庄科技信息职业学院图书馆
	石家庄铁路工程职业技术学院图书馆	石家庄理工职业学院图书馆	石家庄外国语职业学院图书馆
	石家庄外经贸职业学院图书馆	石家庄经济职业学院图书馆	石家庄外语翻译职业学院图书馆
	石家庄信息工程职业学院图书馆	石家庄邮电职业技术学院图书馆	石家庄职业技术学院图书馆
	唐山工业职业技术学院图书馆	唐山科技职业技术学院图书馆	唐山职业技术学院图书馆
	邢台医学高等专科学校图书馆	邢台职业技术学院图书馆	张家口农业高等专科学校图书馆
	廊坊燕京职业技术学院图书馆	张家口职业技术学院图书馆	河北民族师范学院图书馆
	承德护理职业学院图书馆	河北职业技术师范学院图书馆	廊坊卫生职业学院图书馆

上海 （30）	上海邦德职业技术学院图书馆	上海济光职业技术学院图书馆	上海行健职业学院图书馆
	上海出版印刷高等专科学校图书馆	上海交通职业技术学院图书馆	上海工商职业技术学院图书馆
	上海城市管理职业技术学院图书馆	上海科学技术职业学院图书馆	上海医疗器械高等专科学校图书馆
	上海东海职业技术学院图书馆	上海立达职业技术学院图书馆	上海震旦职业学院图书馆
	上海电子信息职业技术学院图书馆	上海旅游高等专科学校图书馆	上海中华职业技术学院图书馆
	上海公安高等专科学校图书馆	上海民航职业技术学院图书馆	上海中侨职业技术学院图书馆
	上海工商外国语职业学院图书馆	上海民远职业技术学院图书馆	上海电影艺术职业学院图书馆
	上海海关高等专科学校图书馆	上海农林职业技术学院图书馆	上海工艺美术职业学院图书馆
	上海海事职业技术学院图书馆	上海思博职业技术学院图书馆	上海欧华职业技术学院图书馆
	上海建峰职业技术学院图书馆	上海托普信息技术职业学院图书馆	上海医药高等专科学校图书馆
江苏 （85）	民办明达职业技术学院图书馆	苏州卫生职业技术学院图书馆	常州机电职业技术学院图书馆
	无锡职业技术学院图书馆	无锡商业职业技术学院图书馆	江阴职业技术学院图书馆
	江苏建筑职业技术学院图书馆	南通航运职业技术学院图书馆	无锡城市职业技术学院图书馆
	南京工业职业技术学院图书馆	南京交通职业技术学院图书馆	无锡工艺职业技术学院图书馆
	江苏工程职业技术学院图书馆	淮安信息职业技术学院图书馆	金山职业技术学院图书馆
	苏州工艺美术职业技术学院图书馆	江苏农牧科技职业学院图书馆	苏州健雄职业技术学院图书馆
	连云港职业技术学院图书馆	常州纺织服装职业技术学院图书馆	盐城工业职业技术学院图书馆
	镇江市高等专科学校图书馆	苏州农业职业技术学院图书馆	江苏财经职业技术学院图书馆
	苏州工业园区职业技术学院图书馆	南通职业大学图书馆	扬州工业职业技术学院图书馆

江苏 (85)	苏州职业大学图书馆	太湖创意职业技术学院图书馆	苏州港大思培科技职业学院图书馆
	沙洲职业工学院图书馆	炎黄职业技术学院图书馆	昆山登云科技职业学院图书馆
	扬州市职业大学图书馆	南京科技职业学院图书馆	南京视觉艺术职业学院图书馆
	连云港师范高等专科学校图书馆	正德职业技术学院图书馆	江苏城市职业学院图书馆
	江苏经贸职业技术学院图书馆	钟山职业技术学院图书馆	南京城市职业学院图书馆
	九州职业技术学院图书馆	无锡南洋职业技术学院图书馆	南京机电职业技术学院图书馆
	硅湖职业技术学院图书馆	江南影视艺术职业学院图书馆	苏州高博软件技术职业学院图书馆
	泰州职业技术学院图书馆	金肯职业技术学院图书馆	南京旅游职业学院图书馆
	常州信息职业技术学院图书馆	常州轻工职业技术学院图书馆	江苏建康职业学院图书馆
	江苏联合职业技术学院图书馆	常州工程职业技术学院图书馆	苏州信息职业技术学院图书馆
	江苏海事职业技术学院图书馆	江苏农林职业技术学院图书馆	宿迁泽达职业技术学院图书馆
	江苏食品药品职业技术学院图书馆	应天职业技术学院图书馆	建东职业技术学院图书馆
	无锡科技职业学院图书馆	江苏城乡建设职业学院图书馆	徐州幼儿师范高等专科学校图书馆
	盐城卫生职业技术学院图书馆	南京铁道职业技术学院图书馆	徐州生物工程职业技术学院图书馆
	扬州环境资源职业技术学院图书馆	徐州工业职业技术学院图书馆	江苏商贸职业学院图书馆
	南通科技职业学院图书馆	江苏信息职业技术学院图书馆	南通师范高等专科学校图书馆
	苏州经贸职业技术学院图书馆	宿迁职业技术学院图书馆	扬州中瑞酒店职业学院图书馆
	苏州工业职业技术学院图书馆	南京信息职业技术学院图书馆	江苏护理职业学院图书馆
	苏州托普信息职业技术学院图书馆	江海职业技术学院图书馆	江苏财会职业学院图书馆
	苏州工业园区服务外包职业学院图书馆		

浙江 (46)	杭州科技职业技术学院图书馆	台州科技职业学院图书馆	浙江警官职业学院图书馆
	杭州万向职业技术学院图书馆	台州职业技术学院图书馆	浙江经济职业技术学院图书馆
	湖州职业技术学院图书馆	温州科技职业学院图书馆	浙江经贸职业技术学院图书馆
	杭州职业技术学院图书馆	温州职业技术学院图书馆	浙江金融职业学院图书馆
	金华教育学院图书馆	义乌工商职业技术学院图书馆	浙江建设职业技术学院图书馆
	金华职业技术学院图书馆	浙江东方职业技术学院图书馆	浙江交通职业技术学院图书馆
	嘉兴职业技术学院图书馆	浙江电力职业技术学院图书馆	浙江旅游职业学院图书馆
	浙江纺织服装职业技术学院图书馆	丽水职业技术学院图书馆	浙江商业职业技术学院图书馆
	宁波城市职业技术学院图书馆	浙江国际海运职业技术学院图书馆	浙江同济科技职业学院图书馆
	宁波教育学院图书馆	浙江工贸职业技术学院图书馆	浙江体育职业技术学院图书馆
	宁波卫生职业技术学院图书馆	浙江邮电职业技术学院图书馆	浙江广厦建设职业技术学院图书馆
	宁波职业技术学院图书馆	浙江工商职业技术学院图书馆	浙江艺术职业学院图书馆
	衢州职业技术学院图书馆	浙江工业职业技术学院图书馆	浙江医学高等专科学校图书馆
	绍兴职业技术学院图书馆	浙江横店影视职业学院图书馆	浙江医药高等专科学校图书馆
	浙江长征职业技术学院图书馆	浙江机电职业技术学院图书馆	浙江育英职业技术学院图书馆
	浙江广播电视大学图书馆		
福建 (34)	泉州工艺美术职业学院图书馆	闽北职业技术学院图书馆	福建幼儿师范高等专科学校图书馆
	福建电力职业技术学院图书馆	闽西职业技术学院图书馆	厦门海洋职业技术学院图书馆
	福建华南女子职业学院图书馆	湄洲湾职业技术学院图书馆	厦门南洋职业学院图书馆
	福建船政交通职业学院图书馆	泉州纺织服装职业学院图书馆	厦门兴才职业技术学院图书馆

福建 (34)	福建商业高等专科学校图书馆	漳州职业技术学院图书馆	厦门医学高等专科学校图书馆
	福建体育职业技术学院图书馆	泉州经贸职业技术学院图书馆	三明职业技术学院图书馆
	福建卫生职业技术学院图书馆	泉州理工职业学院图书馆	武夷山职业学院图书馆
	福建信息职业技术学院图书馆	泉州轻工职业学院图书馆	漳州城市职业学院图书馆
	福州海峡职业技术学院图书馆	泉州泰山航海职业学院图书馆	漳州理工职业学院图书馆
	福州英华职业学院图书馆	厦门安防科技职业学院图书馆	漳州天福茶职业技术学院图书馆
	黎明职业大学图书馆	厦门城市职业学院图书馆	漳州卫生职业学院图书馆
	泉州华光职业学院图书馆		
山东 (41)	滨州职业学院图书馆	山东畜牧兽医职业学院图书馆	山东商业职业技术学院图书馆
	东营职业学院图书馆	山东电力高等专科学校图书馆	山东外贸职业学院图书馆
	德州科技职业学院图书馆	山东东营科技职业学院图书馆	山东信息职业技术学院图书馆
	德州职业技术学院图书馆	山东服装职业学院图书馆	山东医学高等专科学校图书馆
	菏泽医学专科学校图书馆	山东交通职业学院图书馆	山东中医药高等专科学校图书馆
	济宁职业技术学院图书馆	山东军星职业技术学院图书馆	潍坊科技学院图书馆
	聊城职业技术学院图书馆	山东科技职业学院图书馆	潍坊职业学院图书馆
	莱芜职业技术学院图书馆	山东劳动职业技术学院图书馆	威海职业学院图书馆
	青岛飞洋职业技术学院图书馆	山东力明科技职业学院图书馆	烟台工程职业技术学院图书馆
	青岛港湾职业技术学院图书馆	山东旅游职业学院图书馆	烟台南山学院图书馆
	青岛酒店管理职业技术学院图书馆	山东圣翰财贸职业学院图书馆	烟台职业学院图书馆
	青岛职业技术学院图书馆	山东铝业职业学院图书馆	淄博职业学院图书馆
	曲阜远东职业技术学院图书馆	山东水利职业学院图书馆	山东商务职业学院图书馆

山东 (41)	日照职业技术学院图书馆	民办山东万杰医学高等专 科学校图书馆	
广东 (80)	顺德职业技术学院图书馆	罗定职业技术学院图书馆	广东理工职业学院图书馆
	广东轻工职业技术学院图 书馆	阳江职业技术学院图书馆	广州华南商贸职业学院图 书馆
	广东交通职业技术学院图 书馆	河源职业技术学院图书馆	广州华立科技职业学院图 书馆
	广东水利电力职业技术学 院图书馆	广东邮电职业技术学院图 书馆	广州城市职业学院图书馆
	潮汕职业技术学院图书馆	汕头职业技术学院图书馆	广东工程职业技术学院图 书馆
	深圳职业技术学院图书馆	揭阳职业技术学院图书馆	广州铁路职业技术学院图 书馆
	南华工商学院图书馆	深圳信息职业技术学院图 书馆	广东科贸职业学院图书馆
	私立华联学院图书馆	清远职业技术学院图书馆	广州科技贸易职业学院图 书馆
	广州民航职业技术学院图 书馆	广东工贸职业技术学院图 书馆	中山职业技术学院图书馆
	广州番禺职业技术学院图 书馆	广东司法警官职业学院图 书馆	广州珠江职业技术学院图 书馆
	广东松山职业技术学院图 书馆	广东亚视演艺职业学院图 书馆	广州松田职业学院图书馆
	广东农工商职业技术学院 图书馆	广东省外语艺术职业学院 图书馆	广东文理职业学院图书馆
	广东新安职业技术学院图 书馆	广东文艺职业学院图书馆	广州城建职业学院图书馆
	佛山职业技术学院图书馆	广州体育职业技术学院图 书馆	东莞职业技术学院图书馆
	广东科学技术职业学院图 书馆	广州工程技术职业学院图 书馆	广东南方职业学院图书馆
	广东食品药品职业学院图 书馆	中山火炬职业技术学院图 书馆	广州华商职业学院图书馆
	广州康大职业技术学院图 书馆	江门职业技术学院图书馆	广州华夏职业学院图书馆
	珠海艺术职业学院图书馆	茂名职业技术学院图书馆	广东环境保护工程职业学 院图书馆

	广东行政职业学院图书馆	珠海城市职业技术学院图书馆	广东青年职业学院图书馆
广东 (80)	广东体育职业技术学院图书馆	广州东华职业学院图书馆	广州涉外经济职业技术学院图书馆
	广东职业技术学院图书馆	广州南洋理工职业学院图书馆	广东创新科技职业学院图书馆
	广东建设职业技术学院图书馆	广州科技职业技术学院图书馆	广东舞蹈戏剧职业学院图书馆
	广东女子职业技术学院图书馆	惠州经济职业技术学院图书馆	惠州卫生职业技术学院图书馆
	广东机电职业技术学院图书馆	广东工商职业学院图书馆	广东信息工程职业学院图书馆
	广东岭南职业技术学院图书馆	肇庆医学高等专科学校图书馆	广东生态工程职业学院图书馆
	汕尾职业技术学院图书馆	惠州城市职业学院图书馆	公安边防部队高等专科学校图书馆
	广东碧桂园职业学院图书馆	广州现代信息工程职业技术学院图书馆	
海南 (11)	海南职业技术学院图书馆	海南政法职业学院图书馆	海南经贸职业技术学院图书馆
	三亚城市职业学院图书馆	海南外国语职业学院图书馆	海南工商职业学院图书馆
	海南软件职业技术学院图书馆	琼台师范高等专科学校图书馆	三亚航空旅游职业学院图书馆
	海南科技职业学院图书馆	三亚理工职业学院图书馆	
辽宁 (32)	大连汽车职业技术学院图书馆	抚顺职业技术学院图书馆	辽宁农业职业技术学院图书馆
	渤海船舶职业学院图书馆	阜新高等专科学校图书馆	辽宁石化职业技术学院图书馆
	本溪冶金高等专科学校图书馆	锦州师范高等专科学校图书馆	辽宁商贸职业学院图书馆
	朝阳师范高等专科学校图书馆	大连航运职业技术学院图书馆	辽宁税务高等专科学校图书馆
	丹东职业技术学院图书馆	辽宁广告职业学院图书馆	辽宁地质工程职业学院图书馆
	大连东软信息技术职业学院图书馆	辽宁机电职业技术学院图书馆	辽宁医药职业学院图书馆
	大连商务职业学院图书馆	辽宁政法职业学院图书馆	辽宁信息职业技术学院图书馆

辽宁 (32)	大连艺术职业学院图书馆	辽宁经济职业技术学院图书馆	辽宁装备制造职业技术学院图书馆
	大连职业技术学院图书馆	辽宁金融职业学院图书馆	辽阳职业技术学院图书馆
	抚顺师范高等专科学校图书馆	辽宁交通高等专科学校图书馆	盘锦职业技术学院图书馆
	铁岭师范高等专科学校图书馆	营口职业技术学院图书馆	
吉林 (17)	吉林财税高等专科学校图书馆	吉林粮食高等专科学校图书馆	长春东方职业学院图书馆
	吉林对外经贸职业学院图书馆	长春金融高等专科学校图书馆	吉林农业工程职业技术学院图书馆
	吉林电子信息职业技术学院图书馆	吉林司法警官职业学院图书馆	长春汽车工业高等专科学校图书馆
	白城医学高等专科学校图书馆	吉林商业高等专科学校图书馆	长春医学高等专科学校图书馆
	吉林工业职业技术学院图书馆	辽源职业技术学院图书馆	长春职业技术学院图书馆
	吉林交通职业技术学院图书馆	四平职业大学图书馆	
黑龙江 (19)	大庆职业学院图书馆	黑龙江农垦师范专科学校图书馆	黑龙江水利专科学校图书馆
	哈尔滨职业技术学院图书馆	黑龙江农垦职业学院图书馆	黑龙江生物科技职业学院图书馆
	黑龙江科技职业学院图书馆	黑龙江农业工程职业学院图书馆	黑龙江艺术职业学院图书馆
	黑龙江建筑职业技术学院图书馆	黑龙江农业经济职业学院图书馆	鹤岗师范高等专科学校图书馆
	黑龙江林业职业技术学院图书馆	黑龙江农业职业技术学院图书馆	克山师范专科学校图书馆
	黑龙江民族职业学院图书馆	黑龙江司法警官职业学院图书馆	牡丹江大学图书馆
	齐齐哈尔高等师范专科学校图书馆		
山西 (48)	北岳职业技术学院图书馆	山西警官高等专科学校图书馆	山西戏剧职业学院图书馆
	朔州职业技术学院图书馆	山西警官职业学院图书馆	山西信息职业技术学院图书馆
	运城职业技术学院图书馆	山西经济管理干部学院图书馆	山西运城农业职业技术学院图书馆

	晋城职业技术学院图书馆	山西金融职业学院图书馆	山西艺术职业学院图书馆
	晋中职业技术学院图书馆	山西交通职业技术学院图书馆	山西政法管理干部学院图书馆
	潞安职业技术学院图书馆	山西建筑职业技术学院图书馆	山西职工医学院图书馆
	临汾职业技术学院图书馆	山西林业职业技术学院图书馆	山西综合职业技术学院图书馆
	吕梁高等专科学校图书馆	山西旅游职业学院图书馆	太原城市职业技术学院图书馆
	山西兵器工业职工大学图书馆	山西煤炭管理干部学院图书馆	太原电力高等专科学校图书馆
山西 (48)	山西财贸职业技术学院图书馆	山西煤炭职业技术学院图书馆	太原旅游职业学院图书馆
	山西财政税务专科学校图书馆	山西青年管理干部学院图书馆	忻州职业技术学院图书馆
	山西工程职业技术学院图书馆	山西水利职业技术学院图书馆	运城幼儿师范高等专科学校图书馆
	山西国际商务职业学院图书馆	阳泉职业技术学院图书馆	山西生物应用职业技术学院图书馆
	山西管理职业学院图书馆	山西同文外语职业学院图书馆	长治市教育学院图书馆
	山西工商职业学院图书馆	山西体育职业学院图书馆	长治职业技术学院图书馆
	山西华澳商贸职业学院图书馆	山西兴华职业学院图书馆	山西机电职业技术学院图书馆
	安徽电子信息职业技术学院图书馆	安徽职业技术学院图书馆	六安职业技术学院图书馆
	安徽广播影视职业技术学院图书馆	安徽中医药高等专科学校图书馆	马鞍山师范高等专科学校图书馆
	安徽工贸职业技术学院图书馆	安徽文达信息技术职业学院图书馆	淮南联合大学图书馆
安徽 (36)	安徽工商职业学院图书馆	亳州师范高等专科学校图书馆	安徽黄梅戏艺术职业学院图书馆
	安徽工业经济职业技术学院图书馆	池州职业技术学院图书馆	合肥经济技术职业学院图书馆
	安徽机电职业技术学院图书馆	滁州职业技术学院图书馆	安徽对外经贸职业学院图书馆
	安徽警官职业学院图书馆	阜阳职业技术学院图书馆	宿州职业技术学院图书馆

安徽 (36)	安徽交通职业技术学院图书馆	淮北职业技术学院图书馆	桐城师范高等专科学校图书馆
	安徽水利水电职业技术学院图书馆	合肥滨湖职业技术学院图书馆	铜陵职业技术学院图书馆
	安徽商贸职业技术学院图书馆	合肥通用职业技术学院图书馆	芜湖师范专科学校图书馆
	安徽体育运动职业技术学院图书馆	安庆医药高等专科学校图书馆	芜湖职业技术学院图书馆
	安徽医学高等专科学校图书馆	淮南职业技术学院图书馆	宣城职业技术学院图书馆
江西 (40)	抚州师范专科学校图书馆	江西工业工程职业技术学院图书馆	江西信息应用职业技术学院图书馆
	赣西科技职业学院图书馆	江西工业职业技术学院图书馆	江西艺术职业学院图书馆
	共青科技职业学院图书馆	江西环境工程职业学院图书馆	江西应用技术职业学院图书馆
	井冈山医学高等专科学校图书馆	江西护理职业技术学院图书馆	江西渝州科技职业学院图书馆
	井冈山职业技术学院图书馆	江西机电职业技术学院图书馆	江西制造职业技术学院图书馆
	九江财经高等专科学校图书馆	江西经济管理职业学院图书馆	南昌高等专科学校图书馆
	九江医学专科学校图书馆	江西交通职业技术学院图书馆	南昌师范高等专科学校图书馆
	九江职业大学图书馆	江西旅游商贸职业学院图书馆	上饶职业技术学院图书馆
	九江职业技术学院图书馆	江西农业工程职业学院图书馆	南昌影视传播职业学院图书馆
	江西财经职业学院图书馆	江西青年职业学院图书馆	宜春职业技术学院图书馆
	江西电力职业技术学院图书馆	江西司法警官职业学院图书馆	鹰潭职业技术学院图书馆
	江西工程职业学院图书馆	江西洪州职业学院图书馆	吉安职业技术学院图书馆
	江西管理职业学院图书馆	江西现代职业技术学院图书馆	江西公安专科学校图书馆
	江西陶瓷工艺美术职业技术学院图书馆		

河南 （49）	鹤壁职业技术学院图书馆	河南职业技术学院图书馆	濮阳职业技术学院图书馆

河南 （49）	鹤壁职业技术学院图书馆	河南职业技术学院图书馆	濮阳职业技术学院图书馆
	黄河水利职业技术学院图书馆	济源职业技术学院图书馆	许昌职业技术学院图书馆
	河南财政税务高等专科学校图书馆	焦作大学图书馆	嵩山少林武术职业学院图书馆
	河南纺织高等专科学校图书馆	焦作师范高等专科学校图书馆	永城职业学院图书馆
	河南公安高等专科学校图书馆	开封大学图书馆	周口职业技术学院图书馆
	河南工业贸易职业学院图书馆	漯河医学高等专科学校图书馆	郑州电力高等专科学校图书馆
	河南工业职业技术学院图书馆	漯河职业技术学院图书馆	中州大学图书馆
	河南机电高等专科学校图书馆	洛阳工业高等专科学校图书馆	永城职业学院图书馆
	河南经贸职业学院图书馆	洛阳医学高等专科学校图书馆	郑州工业安全职业学院图书馆
	河南交通职业技术学院图书馆	洛阳职业技术学院图书馆	漯河食品职业学院图书馆
	河南农业职业学院图书馆	南阳医学高等专科学校图书馆	黄河交通学院图书馆
	河南司法警官职业学院图书馆	平顶山工业职业技术学院图书馆	驻马店职业技术学院图书馆
	河南水利与环境职业学院图书馆	濮阳职业技术学院图书馆	郑州旅游职业学院图书馆
	河南信息统计职业学院图书馆	三门峡职业技术学院图书馆	长垣烹饪职业学院图书馆
	河南医学高等专科学校图书馆	商丘医学高等专科学校图书馆	郑州澍青医学高等专科学校图书馆
	河南质量工程职业学院图书馆	商丘职业技术学院图书馆	郑州铁路职业技术学院图书馆
	信阳涉外职业技术学院图书馆		
湖北 （50）	鄂东职业技术学院图书馆	荆门职业技术学院图书馆	武汉软件工程职业学院图书馆
	恩施职业技术学院图书馆	荆州职业技术学院图书馆	武汉工贸职业学院图书馆
	鄂州职业大学图书馆	荆州理工职业学院图书馆	武汉商贸职业学院图书馆
	湖北财经高等专科学校图书馆	三峡电力职业学院图书馆	随州职业技术学院图书馆

湖北 (50)	湖北城市建设职业技术学院图书馆	沙洋师范高等专科学校图书馆	武汉铁路职业技术学院图书馆
	湖北交通职业技术学院图书馆	湖北工业职业技术学院图书馆	武汉外语外事职业学院图书馆
	湖北开放职业学院图书馆	随州职业技术学院图书馆	武汉信息传播职业技术学院图书馆
	湖北轻工职业技术学院图书馆	武昌职业学院图书馆	武汉职业技术学院图书馆
	湖北水利水电职业技术学院图书馆	武汉船舶职业技术学院图书馆	襄樊职业技术学院图书馆
	湖北生态工程职业技术学院图书馆	武汉电力职业技术学院图书馆	咸宁职业技术学院图书馆
	湖北三峡职业技术学院图书馆	武汉工程职业技术学院图书馆	仙桃职业学院图书馆
	长江工程职业技术学院图书馆	武汉工交职业学院图书馆	郧阳师范高等专科学校图书馆
	湖北药检高等专科学校图书馆	武汉工贸职业技术学院图书馆	长江职业学院图书馆
	湖北职业技术学院图书馆	武汉航海职业技术学院图书馆	湖北三峡职业技术学院图书馆
	湖北中医药高等专科学校图书馆	武汉警官职业学院图书馆	天门职业学院图书馆
	黄冈职业技术学院图书馆	武汉交通职业学院图书馆	武昌职业学院图书馆
	江汉艺术职业学院图书馆	武汉科技职业技术学院图书馆	
湖南 (83)	保险职业学院图书馆	湖南科技职业学院图书馆	湖南艺术职业学院图书馆
	常德职业技术学院图书馆	湖南理工职业技术学院图书馆	湖南医学高等专科学校图书馆
	郴州医学高等专科学校图书馆	湖南民族职业学院图书馆	湖南中医药高等专科学校图书馆
	郴州职业技术学院图书馆	湖南安全技术职业学院图书馆	衡阳财经工业职业技术学院图书馆
	怀化医学高等专科学校图书馆	湖南汽车工程职业学院图书馆	娄底职业技术学院图书馆
	怀化职业技术学院图书馆	湖南轻工业高等专科学校图书馆	邵阳医学高等专科学校图书馆
	湖南城建高等专科学校图书馆	湖南软件职业学院图书馆	邵阳职业技术学院图书馆
	湖南外贸职业学院图书馆	湖南人文科技学院图书馆	湘潭职业技术学院图书馆

湖南 (83)	湖南城建职业技术学院图书馆	湖南司法警官职业学院图书馆	湘西民族职业技术学院图书馆
	湖南电气职业技术学院图书馆	湖南水利水电职业技术学院图书馆	潇湘职业学院图书馆
	湖南对外经济贸易职业学院图书馆	湖南食品药品职业学院图书馆	益阳师范高等专科学校图书馆
	湖南大众传媒职业技术学院图书馆	湖南税务高等专科学校图书馆	岳阳职业技术学院图书馆
	湖南公安高等专科学校图书馆	益阳职业技术学院图书馆	湖南生物机电职业技术学院图书馆
	湖南工程职业技术学院图书馆	湖南涉外经济学院图书馆	永州职业技术学院图书馆
	湖南高速铁路职业技术学院图书馆	湖南商务职业技术学院图书馆	张家界航空工业职业技术学院图书馆
	湖南工商职业学院图书馆	湖南三一工业职业技术学院图书馆	长沙电力职业技术学院图书馆
	湖南工艺美术职业学院图书馆	湖南石油化工职业技术学院图书馆	长沙环境保护职业技术学院图书馆
	湖南工业职业技术学院图书馆	湖南铁道职业技术学院图书馆	长沙航空职业技术学院图书馆
	湖南化工职业技术学院图书馆	湖南财经工业职业技术学院图书馆	长沙民政职业技术学院图书馆
	湖南环境生物职业技术学院图书馆	湖南铁路科技职业技术学院图书馆	长沙南方职业学院图书馆
	湖南建材高等专科学校图书馆	湖南信息职业技术学院图书馆	长沙社会安全职业技术学院图书馆
	湖南机电职业技术学院图书馆	湖南体育职业学院图书馆	长沙商贸旅游职业技术学院图书馆
	湖南经济管理干部学院图书馆	湖南网络工程职业学院图书馆	长沙职业技术学院图书馆
	湖南吉利汽车职业技术学院图书馆	湖南现代物流职业技术学院图书馆	长沙卫生职业学院图书馆
	湖南外国语职业学院图书馆	湖南信息职业技术学院图书馆	长沙职业技术学院图书馆
	湖南交通职业技术学院图书馆	湖南邮电职业技术学院图书馆	益阳医学高等专科学校图书馆
	湖南九嶷职业技术学院图书馆	湖南都市职业学院图书馆	湖南电子科技职业学院图书馆
	湖南科技经贸职业学院图书馆	湖南有色金属职业技术学院图书馆	

重庆（20）	涪陵职业技术学院图书馆	重庆工程职业技术学院图书馆	重庆石油高等专科学校图书馆
	重庆房地产职业学院图书馆	重庆工贸职业技术学院图书馆	重庆信息技术职业学院图书馆
	重庆城市管理职业学院图书馆	重庆工业职业技术学院图书馆	重庆医药高等专科学校图书馆
	重庆电力高等专科学校图书馆	重庆海联职业技术学院图书馆	重庆工程学院图书馆
	重庆电信职业学院图书馆	重庆警官职业学院图书馆	电子工程职业学院图书馆
	重庆航天职业技术学院图书馆	重庆城市管理职业学院图书馆	重庆工商职业学院图书馆
	重庆传媒职业学院图书馆	重庆三峡职业学院图书馆	
四川（58）	四川国际标榜职业学院图书馆	四川财经职业学院图书馆	四川商务职业学院图书馆
	巴中职业技术学院图书馆	四川城市职业学院图书馆	四川托普信息技术职业学院图书馆
	川北幼儿师范高等专科学校图书馆	四川电力职业技术学院图书馆	四川文化产业职业学院图书馆
	成都纺织高等专科学校图书馆	四川电子机械职业学院图书馆	四川卫生康复职业学院图书馆
	成都工业职业技术学院图书馆	四川工程职业技术学院图书馆	四川文轩职业学院图书馆
	成都航空职业技术学院图书馆	四川国际标榜职业学院图书馆	四川现代职业学院图书馆
	成都理工大学工程技术学院图书馆	四川管理职业学院图书馆	四川西南航空职业学院图书馆
	成都农业科技职业学院图书馆	四川工商职业技术学院图书馆	四川希望汽车职业学院图书馆
	成都艺术职业学院图书馆	四川化工职业技术学院图书馆	四川信息职业技术学院图书馆
	成都职业技术学院图书馆	四川护理职业学院图书馆	四川邮电职业技术学院图书馆
	川南幼儿师范高等专科学校图书馆	四川航天职业技术学院图书馆	四川幼儿师范高等专科学校图书馆
	达州职业技术学院图书馆	四川华新现代职业学院图书馆	四川音乐学院绵阳艺术学院图书馆
	广安职业技术学院图书馆	四川机电职业技术学院图书馆	四川艺术职业学院图书馆

四川 (58)	乐山职业技术学院图书馆	四川交通职业技术学院图书馆	四川长江职业学院图书馆
	泸州职业技术学院图书馆	四川建筑职业技术学院图书馆	四川职业技术学院图书馆
	眉山职业技术学院图书馆	四川科技职业学院图书馆	四川中医药高等专科学校图书馆
	绵阳职业技术学院图书馆	四川汽车职业技术学院图书馆	宜宾职业技术学院图书馆
	南充职业技术学院图书馆	四川司法警官职业学院图书馆	民办四川天一学院图书馆
	内江职业技术学院图书馆	四川三河职业学院图书馆	雅安职业技术学院图书馆
	四川水利职业技术学院图书馆		
贵州 (11)	安顺职业技术学院图书馆	贵州鸿源管理工程职业学院图书馆	黔东南民族职业技术学院图书馆
	贵州电子信息职业技术学院图书馆	贵州警官职业学院图书馆	黔南民族医学高等专科学校图书馆
	贵州航天职业技术学院图书馆	贵州交通职业技术学院图书馆	黔南民族职业技术学院图书馆
	遵义职业技术学院图书馆	贵州广播电视大学图书馆	
云南 (14)	保山学院图书馆	云南国土资源职业学院图书馆	云南司法警官职业学院图书馆
	昆明冶金高等专科学校图书馆	云南交通职业技术学院图书馆	玉溪农业职业技术学院图书馆
	昆明艺术职业学院图书馆	云南科技信息职业学院图书馆	云南体育运动职业技术学院图书馆
	云南热带作物职业学院图书馆	云南农业职业技术学院图书馆	昆明师范高等专科学校图书馆
	西双版纳职业技术学院图书馆	云南能源职业技术学院图书馆	
西藏 (1)	西藏职业技术学院图书馆		
陕西 (28)	安康职业技术学院图书馆	陕西能源职业技术学院图书馆	西安电力高等专科学校图书馆
	宝鸡职业技术学院图书馆	陕西青年职业学院图书馆	西安航空职业技术学院图书馆
	汉中职业技术学院图书馆	陕西省警官职业学院图书馆	西安汽车科技职业学院图书馆

陕西 (28)	商洛职业技术学院图书馆	陕西铁路工程职业技术学院图书馆	西安铁路职业技术学院图书馆
	陕西财经职业技术学院图书馆	陕西邮电职业技术学院图书馆	西安医学高等专科学校图书馆
	陕西电子信息职业技术学院图书馆	陕西职业技术学院图书馆	西安职业技术学院图书馆
	陕西国防工业职业技术学院图书馆	铜川职业技术学院图书馆	咸阳职业技术学院图书馆
	陕西工业职业技术学院图书馆	渭南职业技术学院图书馆	延安职业技术学院图书馆
	陕西交通职业技术学院图书馆	西安城市建设职业学院图书馆	榆林职业技术学院图书馆
	杨凌职业技术学院图书馆		
甘肃 (13)	甘肃畜牧工程职业技术学院图书馆	甘肃建筑职业技术学院图书馆	武威职业学院图书馆
	甘肃工业职业技术学院图书馆	甘肃林业职业技术学院图书馆	白银矿冶职业技术学院图书馆
	甘肃警察职业学院图书馆	合作民族师范高等专科学校图书馆	兰州石化职业技术学院图书馆
	甘肃交通职业技术学院图书馆	酒泉职业技术学院图书馆	兰州外语职业学院图书馆
	兰州职业技术学院图书馆		
宁夏 (10)	宁夏艺术职业学院图书馆	宁夏建设职业技术学院图书馆	宁夏职业技术学院图书馆
	宁夏财经职业技术学院图书馆	宁夏司法警官职业学院图书馆	吴忠职业技术学院图书馆
	宁夏工业职业学院图书馆	宁夏防沙治沙职业技术学院图书馆	宁夏幼儿师范高等专科图书馆
	宁夏经贸职业技术学院图书馆		
青海 (5)	青海畜牧兽医职业技术学院图书馆	青海交通职业技术学院图书馆	青海卫生职业技术学院图书馆
	青海警官职业学院图书馆	青海建筑职业技术学院图书馆	
新疆 (12)	阿克苏职业技术学院图书馆	乌鲁木齐职业大学图书馆	新疆农业职业技术学院图书馆
	昌吉职业技术学院图书馆	新疆工业高等专科学校图书馆	新疆轻工职业技术学院图书馆

新疆 (12)	和田师范专科学校图书馆	新疆机电职业技术学院图书馆	新疆维吾尔医学专科学校图书馆
	克拉玛依职业技术学院图书馆	新疆警官高等专科学校图书馆	伊犁职业技术学院图书馆
内蒙古 (14)	包头轻工职业技术学院图书馆	内蒙古财税职业学院图书馆	内蒙古体育职业学院图书馆
	包头职业技术学院图书馆	兴安职业技术学院图书馆	内蒙古电子信息职业技术学院图书馆
	呼和浩特职业技术学院图书馆	内蒙古丰州职业学院图书馆	科尔沁艺术职业学院图书馆
	呼和浩特职业学院图书馆	内蒙古警察职业学院图书馆	乌海职业技术学院图书馆
	乌兰察布职业学院图书馆	内蒙古建筑职业技术学院图书馆	
广西 (39)	北海宏源足球职业学院图书馆	广西警官高等专科学校图书馆	广西职业技术学院图书馆
	广西英华国际职业学院图书馆	广西经济管理干部学院图书馆	广西壮族自治区广播电视大学图书馆
	北海职业学院图书馆	广西经贸职业技术学院图书馆	河池职业学院图书馆
	贵港职业学院图书馆	广西建设职业技术学院图书馆	广西培贤国际职业学院图书馆
	桂林旅游高等专科学校图书馆	广西交通职业技术学院图书馆	柳州铁道职业技术学院图书馆
	桂林师范高等专科学校图书馆	广西农业职业技术学院图书馆	广西金融职业技术学院图书馆
	桂林山水职业学院图书馆	广西水利电力职业技术学院图书馆	柳州职业技术学院图书馆
	桂林市职工大学图书馆	广西生态工程职业技术学院图书馆	南宁地区教育学院图书馆
	广西电力职业技术学院图书馆	广西商业高等专科学校图书馆	南宁师范高等专科学校图书馆
	广西国际商务职业技术学院图书馆	广西体育高等专科学校图书馆	南宁职业技术学院图书馆
	广西工贸职业技术学院图书馆	广西卫生职业技术学院图书馆	梧州职业学院图书馆
	广西工业职业技术学院图书馆	广西幼儿师范高等专科学校图书馆	百色职业学院图书馆
	广西机电职业技术学院图书馆	广西政法管理干部学院图书馆	广西演艺职业学院图书馆

三、中外合作办学高等学校图书馆名单

1. 上海纽约大学图书馆
2. 西交利物浦大学图书馆
3. 昆山杜克大学图书馆
4. 宁波诺丁汉大学图书馆
5. 温州肯恩大学图书馆
6. 北京师范大学–香港浸会大学联合国际学院图书馆
7. 香港中文大学(深圳)图书馆

四、部分高校图书馆特色数据库建设成果

序号	省市	单位	库数	自建特色数据库名称
1	安徽	安徽大学图书馆	8	安徽大学学位论文检索,馆藏光盘数据库,徽学报纸全文数据库,徽学论文全文数据库,徽学会议全文数据库,馆藏古籍题录数据库,古籍电子书籍,徽学题录数据库
2	北京	中国人民大学图书馆	16	中国人民大学博士生主文献数字化资源库,小学期教参书全文库,读史读经典电子书库,中国人民大学学位论文全文库,人大名师,教师信息,学者专架,校友著作,文库库藏著作,文库藏品展示,馆藏古籍书目数据库,剪报资料库,民国时期图书资源库,民国时期期刊资源库,中国人民大学机构知识库,中国人民大学音乐特色数据库
3	北京	北京大学图书馆	12	电子教参数据库,秘籍琳琅——北京大学数字图书馆古文献资源库,学苑汲古——高校古文献资源库,北大名师,北大博文,北京历史地理,民国旧报刊,仁之玮瑛赠书室,段宝林赠书,宿白书藏,燕京大学学位论文库,北京大学学位论文库

序号	省市	单位	库数	自建特色数据库名称
4	北京	北京外国语大学图书馆	9	北外数字资源共享管理系统,学位论文数据库,教学参考书数据库,国别研究特色资源库,随书光盘数据库,北外泰文电子书数据库,多语种在线语料库检索平台,图书馆馆藏校友学术成果选展,外语教学与研究文献数据库
5	福建	闽南师范大学图书馆	9	闽师文库,英语学习策略专题库,闽南地方文化特色数据库,闽方言专题库,闽台生态农业库,教学参考书数据库,馆际互借全文数据库,闽南师范大学机构知识库,闽南师范大学校友论坛
6	福建	福建中医药大学图书馆	7	闽港澳台中草药图谱数据库,中西医结合重点学科特色数据库,古籍工具书专题库,福建中医药大学博硕士论文库,本校老师著作专题库,馆藏古籍专题库,专业课程参考书专题库
7	福建	华侨大学图书馆	7	华侨大学博硕士学位论文数据库,华侨大学华文教育专题特色数据库,华侨大学图书馆馆藏港台图书全文数据库,华侨大学图书馆订购进口原版期刊篇目数据库,华侨大学图书馆购买的《中国基本古籍数据库》收录古籍书目数据库,华侨大学图书馆随期刊光盘下载,华侨大学图书馆随书光盘数据库
8	福建	厦门大学图书馆	7	厦门大学学术典藏库,厦门大学博硕士论文数据库,厦门大学文库,教学参考书数据库,东南海疆研究数据库,法学学术数据库,信息参考库
9	甘肃	兰州大学图书馆	10	兰州大学馆藏书目数据库,敦煌学数字图书馆,兰大文库,兰州大学研究生学位论文库,兰州大学图书馆影像资料数据库,兰州大学图书馆随书光盘数据库,西部灾害研究数据库,甘肃非物质文化遗产数据库,中亚研究数据库,兰州大学机构知识库
10	广东	暨南大学图书馆	18	华侨华人书刊全文数据库,暨南大学博硕士论文数据库,畅想之星光盘数据库,华侨华人学术资源数据库,华侨华人人物数据库,华侨华人政策法规数据库,政策咨询问答数据库,华侨华人图片数据库,华侨华人视频数据库,海外侨情数据库,侨务信息数据库,应急管理案例库,开放课程视频点播系统,暨南大学学术成果数据库,应急管理信息库,通识教育信息库,暨南大学国际论文资讯网,馆藏图书全文数据库

序号	省市	单位	库数	自建特色数据库名称
11	广东	华南农业大学图书馆	12	馆藏民国时期文献全文数据库,华农图书馆语音磁带库,华南农业大学学位论文库,CALIS重点学科网络资源导航门户,CALIS农学中心学位论文文摘数据库,广州石牌六校免费电子全文库,广州石牌六校创新参考数据库,热带南亚热带园艺库,农业生态学科导航库,国外大学资料库,学术投稿指南信息数据库,华南农业大学专家文献库
12	广西	河池学院图书馆	7	刘三姐研究专题文献数据库,黄庭坚研究专题文献数据库,桂西北作家研究专题文献数据库,韦拔群研究文献数据库,仫佬族文献数据库,桑蚕文献数据库及网络资源导航系统,桂西北特色资源数据库
13	贵州	贵州财经大学图书馆	13	山地经济特色库,生态经济特色库,反贫困研究特色库,经济史特色库,地图经济分析库,县域经济统计库,数据分析平台,图书馆利用统计系统,贵州财经大学图书馆学科服务平台,贵州财经大学图书馆馆藏数字化服务平台,贵州省情特色库,贵州省哲学社会科学获奖成果全文库,贵州财经大学教学辅助用多媒体数据库
14	贵州	贵州民族大学图书馆	12	贵州民族大学学位论文库,贵州民族大学机构知识库,傩文化库,贵州人物库,贵州地方文献库,贵州世居民族文化藏品库,网络民族信息资源导航库,贵州世居民族研究文献,古文献资源库,贵州世居民族研究动态,贵州民族大学馆藏外刊篇名数据库,馆藏书目数据库
15	贵州	贵州师范大学图书馆	9	贵州省地方志全文数据库,贵州省文史资料选辑全文库,基础心理学专业系列数据库,中共党史研究文献数据库,生态文明专题研究文献数据库,喀斯特专题研究文献数据库,学前教育专题全文数据库,贵州省文史资料篇名数据库,贵州民族民间艺术专题视频库
16	贵州	遵义医学院图书馆	8	信息简报数据库,硕士论文数据库,教学参考书数据库,教学课件数据库,查新报告数据库,重点学科导航库,科研成果数据库,医学视频数据库
17	湖南	湖南大学图书馆	8	书院文化数据库,湖南大学学科服务平台,湖南大学学术论文数据库,湖南民俗数据库,湖南人物库,金融文献数据库,李佑增藏品数据库,校经济数据研究中心数据库

序号	省市	单位	库数	自建特色数据库名称
18	海南	海南经贸职业技术学院图书馆	7	海南旅游教学资源库,海南地方特色经济贸易库,酒店管理教学资源库,市场营销教学资源库,模型汽车收藏馆资源库,经贸百科机构知识库,经贸科研成果库
19	河北	华北理工大学图书馆	8	华北理工大学特色专题数据库,学科信息服务平台,煤工尘肺中文库,煤工尘肺外文库,煤矿创伤数据库,煤炭医学行业库,矿山医疗救护专题数据库,本院学位论文数据库
20	黑龙江	哈尔滨商业大学图书馆	18	经济新视野,法学院教学参考书数据库,哈尔滨商业大学学位论文库,会计学院教学参考书数据库,哈尔滨商业大学教师 CSSCI 收录数据库,哈尔滨商业大学教师《复印报刊资料》收录数据库,东北革命和抗日根据地货币图片库,帝国主义列强银行在我国发行流通的货币,外国货币侵华与掠夺史论,人民币特种票券图片库,人民币纸币鉴赏图片库,哈尔滨商业大学校报,哈尔滨商业大学科技成果,研究生学术论坛,冰雪论坛,哈尔滨商业大学教师博士论文,馆藏期刊整合数据库,馆藏外文期刊导航库
21	黑龙江	绥化学院图书馆	12	绥化学院特殊教育文献库,绥化学院毕业生优秀毕业论文库,随书光盘下载,海伦剪纸图片库,兰西挂钱图片库,肇东国画图片库,绥棱农民画图片库,明水篆刻图片库,望奎皮影戏图片库,庆安版画图片库,兰西亚麻图片库,绥棱黑陶图片库
22	湖北	华中科技大学图书馆	17	华中科技大学学位论文数据库,华中科技大学外文教材教参资源管理系统,华中科技大学多媒体资源统一发现系统,华中科技大学机械制造及自动化特色数据库,华中科技大学重点资源导航库,华中科技大学传感器专题文献,华中科技大学传感器专题专利,华中科技大学机械制造、自动化、材料图片库,华中科技大学喻家文库,华中科技大学图书馆热点图书与读者借阅排行榜,让阅读点亮心灵,CALIS 重点学科导航系统本地平台,CALIS 教学资源管理系统本地平台,教育部推荐大学生必读书目,大学生人文素质教育推荐书目,西文全文电子期刊导航,CADAL 数字资源本地发布平台

序号	省市	单位	库数	自建特色数据库名称
23	湖北	武汉理工大学图书馆	9	材料复合新技术信息门户,信息技术信息门户,船舶与海洋工程信息门户,船舶与海洋工程学科平台,控制科学与工程学科平台,信息与通信工程学科平台,机械工程学科平台,本校学位论文数据库,本校出版期刊全文数据库
24	湖北	武汉大学图书馆	8	长江资源库,测绘科技文摘资料库,中国水利工程数据库,武汉大学博硕士学位论文数据库,武汉大学名师库,高影响力国际学术期刊投稿指南系统,武汉大学图书馆CADAL民国珍藏库,武汉大学图书馆西文CADAL典籍库
25	湖北	三峡大学图书馆	7	水利水电文献库,武陵地区资源库,工程移民专题库,三峡濒危植物库,考试视频库,专业课课件库,本校教学参考书库
26	湖北	武汉纺织大学图书馆	7	纺织服装专题图书库,硕士研究生学位论文全文数据库,服装图文影像数据库,数字化影像作品数据库,纺织中文期刊文摘数据库,优秀本科生学位论文全文数据库,纺织外文期刊文摘数据库
27	江苏	南京中医药大学图书馆	10	南京中医药大学学术资源平台,基于"十八反"的中药配伍禁忌理论基础研究平台,江苏省中药资源产业化过程协同创新中心专题资源,澄江针灸学派平台,学科化知识服务平台,馆藏中医药古籍全文数据库,南京中医药大学学位论文提交系统,江苏特色医学流派专题资源数据库,气功古籍提要库,中药炮制专题库
28	江苏	苏州大学图书馆	10	放射医学导航库,非书资源(含随书光盘),古韵今风,历代名人图像库,苏大必读书库,苏大多媒体课件库,苏大讲坛,苏大学位论文库,苏州大学图书馆馆藏线装古籍全文数据库,吴文化数据库
29	江苏	南京航空航天大学图书馆	8	南航博硕士论文数据库,南航会议文献数据库,南航教学参考书数据库,国防科技信息资源镜像服务系统,民航信息资源网,直升机特色数据库,南航非书资料管理系统,馆藏中文电子图书数据库
30	辽宁	沈阳音乐学院图书馆	14	劫夫全文数据库,劫夫视频数据库,东北二人转视频数据库,评剧老唱片数据库,京剧老唱片数据库,音乐理论书籍数据库,古典音乐乐谱数据库,现代音乐乐谱数据库,现代音乐音频数据库,乐亭大鼓视频数据库,说唱音乐珍品数据库,滇剧曲牌及伴奏音频数据库,我院师生演出视频,东北二人转音乐数据库

序号	省市	单位	库数	自建特色数据库名称
31	辽宁	大连医科大学图书馆	9	SARS文献资料专题数据库,超声医学专题数据库,教学参考书数据库,美容医学专题数据库,随书光盘系统,行为医学专题数据库,留学生教学参考数据库,VOD医学视频,中药方剂免疫效应评估系统05药典版
32	辽宁	沈阳药科大学图书馆	7	中药标本数据库,药大文库,药界聚焦,验方数据库,硕、博士论文数据库,随书光盘数据库,数字化图书数据库
33	辽宁	中国刑事警察学院图书馆	7	警院硕士论文数据库,外文警察期刊全文数据库,随书光盘数据库,中文公安期刊数据库,公安院校外文期刊联合目录,敌伪时期资料目录,外文警察知识数据库
34	宁夏	宁夏大学图书馆	7	宁夏生物制药工程文献数据库,本馆馆藏古籍目录,西夏文化数据库,宁夏科技产出数据库,西夏文化题录数据库,西北地区大学网站罗列数据库资源列表,宁夏大学博硕士论文
35	山东	青岛农业大学图书馆	7	学位论文数据库,教师学术成果库,"克隆牛"数据库,"植物源农药"数据库,外文期刊目次数据库,随书数字资源数据库,OA公共资源检索平台
36	上海	复旦大学图书馆	10	地方志数据库,复旦大学教学参考书,复旦大学学位论文,民国书刊,上海地区高校优质资源共建共享平台,明人文集书目,清人文集书目,影印本方志书目,四库系列综合索引,中华再造善本查询
37	上海	上海交通大学图书馆	8	交大文库,交大名师库,交大学位论文数据库,交大会议录,民国报刊数据库,交大多媒体资源管理平台,随书光盘系统,优秀学生论文机构库
38	上海	上海外国语大学图书馆	7	英语教材和教材研究特色文献,跨文化研究特色文献,德语近现代文学特色文献,日语论文库,日语语言学专业文献库,国际工商管理案例库,俄罗斯文学特色文献
39	四川	成都理工大学图书馆	14	地质石油专业库,成都理工大学博硕士论文,成都理工大学优秀毕业论文(学士学位),恐龙数字图书馆,四川省地质矿产资源文献数据库,地质工程重点学科导航,矿产普查与勘探重点学科导航,学科导航指南,网络导航,图书馆光盘资源发布系统,成都理工大学教材库,成都理工大学地学特藏库,成都理工大学理工文库,成都理工大学女性专题图书期刊数据库

序号	省市	单位	库数	自建特色数据库名称
40	四川	西南民族大学图书馆	14	羌族文献数据库,羌族研究文献数据库,青藏高原研究文献数据库,摩梭文献,民族史研究文献数据库,康区藏族研究文献数据库,西南民族大学硕博论文库,学科前沿系列数据库,彝族文献库,藏族信息资源数据库,少数民族信息资源数据库,西部开发信息资源数据库,畜牧兽医信息资源数据库,西南民族大学成果库
41	四川	四川大学图书馆	11	巴蜀文化特色库,口腔医学网络资源导航库,四川大学教学参考书系统,四川大学学位论文数据库,学苑汲古——高校古文献资源库(CALIS),中国循证医学特色库,高等学校中英文图书数字化国际合作计划(CADAL),皮革特色数据库,中国藏学研究及藏文化数据库,中国语言文学网络资源导航库,四川大学图书馆随书光盘发布系统
42	四川	西南财经大学图书馆	11	西南财大博硕学位论文数据库,情报资料,货币证券虚拟博物馆,金融学科特色数据库,统计学科特色数据库,会计学科特色数据库,政治经济学特色数据库,光华财经电子文库,企业管理学特色数据库,西部经济文献特色库,教学案例库
43	四川	成都中医药大学图书馆	10	四川中医骨伤科主要学术流派及其学术思想数据库,巴蜀中医药典籍数据库,本校中医药古籍孤本数据库,巴蜀中医药名家,杏林名师,成都中医药大学基藏数据库,成都中医药大学教材库,基本药剂数据库,中医基本方剂数据库,常见疾病数据库
44	四川	四川农业大学图书馆	10	四川农业大学研究生学位论文数据库,四川农业大学优秀学士论文资源库,大熊猫专题数据库,禽流感中外文专题数据库,四川农业大学教师论著数据库,植物无融合生殖专题数据库,玉米遗传育种专题数据库,小麦遗传育种专题数据库,水稻遗传育种专题数据库,猪的营养中外文专题数据库
45	四川	成都大学图书馆	9	豆腐及豆腐菜肴数据库,民俗研究全文数据库,高校发展研究动态库,建筑精品课程视频库,教育与教学研究数据库,成都大学学报数据库(社科),成都大学学报数据库(自科),巴蜀名人资源数据库,地方文献目次数据库

序号	省市	单位	库数	自建特色数据库名称
46	四川	电子科技大学图书馆	8	自主学习系统,电子科技大学学术典藏库,成电学者库,物理电子学、光电子学网络原生数字资源库,博云非书资料管理系统,数据库导航系统,期刊导航系统,免费网络学术资源导航系统
47	四川	西南交通大学图书馆	7	峨眉山自然文化遗产特色数据库,交大文库,教参书库,博文随书光盘系统,土木工程特色数据库,轨道交通特色数据库,研究生学位论文数据库